●本书为2014年河南省高等教育教学改革重点研究项目暨河南科技大学2014年重大教改立项项目"地方普通本科高校专业结构优化调整的多元耦合机制及实践研究"(2014SJGLX027)的前期研究成果之一

●河南省高等学校哲学社会科学创新团队支持计划(2013-CXTD-06)研究成果

在理论与实践交汇处探索前行

高校学情调查、创业能力培育及学院发展战略的理论与实践

田虎伟　宋书中◎等著

中国社会科学出版社

图书在版编目（CIP）数据

高校学情调查、创业能力培育及学院发展战略的理论与
实践/田虎伟等著.—北京：中国社会科学出版社，2016.11
ISBN 978 - 7 - 5161 - 9612 - 0

Ⅰ.①高…　Ⅱ.①田…　Ⅲ.①高等教育—研究—中国
Ⅳ.①G649.2

中国版本图书馆 CIP 数据核字（2016）第 325832 号

出 版 人	赵剑英	
责任编辑	卢小生	
责任校对	周晓东	
责任印制	王　超	

出　　　版	中国社会科学出版社	
社　　　址	北京鼓楼西大街甲 158 号	
邮　　　编	100720	
网　　　址	http：//www.csspw.cn	
发 行 部	010 - 84083685	
门 市 部	010 - 84029450	
经　　　销	新华书店及其他书店	

印　　　刷	北京明恒达印务有限公司	
装　　　订	廊坊市广阳区广增装订厂	
版　　　次	2016 年 11 月第 1 版	
印　　　次	2016 年 11 月第 1 次印刷	

开　　　本	710 × 1000　1/16	
印　　　张	19.25	
插　　　页	2	
字　　　数	285 千字	
定　　　价	70.00 元	

凡购买中国社会科学出版社图书，如有质量问题请与本社营销中心联系调换
电话：010 - 84083683

内容提要

　　人才培养是高等院校的根本任务，人才培养质量是高校发展的生命线，大学生学习性投入是影响高校人才培养质量的重要变量。大学生学习投入的状况不仅是评估高校教育教学质量的重要指标，也是高校人才培养质量改进的重要参考。创业能力是创新创业教育的核心内容，不仅关乎人才培养质量的高低，也关乎能否落实以创业带动就业、促进高校毕业生充分就业，关乎国家经济发展方式转变、创新型国家和人力资源强国建设。高校的人才培养和创业能力的各项措施最终都要通过学院发展战略才能落地生根。本书以高校学情调查、创业能力培育及学院发展战略的理论与实践为主题，分上、中、下三篇，作专题论述。

　　在高校学情调查篇，本书在对学习性投入的含义及 NSSE 的由来、理论基础等进行系统梳理的基础上，利用 NSSE – China 工具，对河南省两所本科高校的本科生和 1 所高校的研究生进行了问卷调查和深入访谈，并据此对高校教育教学提出了相应的对策建议。

　　在创业能力培育篇，本书在对国内外相关创业能力文献系统梳理的基础上，界定了创业能力的内涵和外延，透视了创业机会和运营管理的内在机理，提出了大学生创业能力培育的战略思路，归纳了大学生创业能力培育的一系列方法与措施，最后以 X 大学就业创业指导课程建设为载体开展大学生创业能力培育进行了案例研究。

　　在学院发展战略篇，本书在论证学院发展战略制定的必要性和特点的基础上，介绍了制定学院发展战略程序步骤，分析了学院战略实施涉及的主要因素及其推进策略，最后以 X 大学农学院 2003 年制定的《全面整合　重点突破　主动出击　应对挑战　X 大学农学院振兴行动计划——"1441"振兴工程》中长期发展战略规划及其实施 10 年的成效为例，对学院发展战略理论进行了验证。

目　录

上篇　高等学校学情调查

中篇　大学生创业能力培育研究

下篇　学院发展战略

附　录

上篇　高等学校学情调查

人才培养是高等院校的根本任务，教学是高校的中心工作，人才培养质量是高校发展的生命线，大学生对学习的投入程度是影响高校人才培养质量的重要变量，投入的有效时间直接影响高校的人才培养质量。大学生学习投入的状况不仅是评估高校教育教学质量的重要指标，也为高校人才培养质量改进提供了重要参考。关注大学生学习性投入，对于倡导建立以"学"为中心、注重教育过程的内在质量评价体系在我国具有重要的现实意义。

课题组在对学习性投入的含义及 NSSE 的由来、研究动态、理论基础进行系统梳理的基础上，利用 NSSE – China 工具，对河南省两所本科高校进行了案例研究。

一　X 大学学情调查

（一）调查情况

在对 X 大学 2011 年、2010 年、2009 年的调查数据进行年度分析的基础上，进行了年度间的比较分析。

通过 2011 年和 2010 年数据对比分析得出，2011 年和 2010 年这两年的数据均显示出一年级的生师互动所处的水平比较低，这是一个相对比较突出的问题，随着年级的升高生师互动质量水平会稍有改善，但不是特别明显；学业挑战度得分在全国范围全部处于较高水平，学生的年级对于学业挑战度得分百分比等级基本上没有区别，相对而言，三年级的学业比较重，专业课难度有点高；随着年级的升高，教育经验的丰富度也会有一定的提高，随着年级的升高，所学的专业课知识加强，这对教师的要求也是很高的，也相应地出现教育经验的丰富度提高的现象。

2011 年和 2009 年数据对比分析以及 2010 年和 2009 年数据对比

分析得出，这两个年级的数据进行比较，显示出生师互动质量随着年级的增高，互动质量有所提高，一年级的生师互动质量水平亟待提高。

根据分析数据得出的问题对 X 大学 2012 年在校本科生进行深入访谈，并针对学生提出的问题以及相关想法向相关部门进行纵深访谈，最后提出了 X 大学提高教育教学质量的若干建议。

（二）若干建议

（1）对学校教学管理和师资培养制度的建议。该校应健全、完善教育教学管理制度，引导学生设计并实施大学生涯规划。高校应该加大资源投入力度，在市场经济下学会运用市场资金为学校的建设铺路。该校应加大对新专业教师和青年教师教学技能与教学方法培训的力度和实效，提高教师整体素质。

（2）提高生师互动水平的建议。首先，学校需要给学生自由发挥的空间；加强师生交流，增进师生感情；丰富课余活动，增进交流；加大师资投入，降低生师比；尽一切可能为生师互动提供合适的平台。其次，教师需要转变教师观念，改变教学模式；同时需要充分运用现代网络工具进行与学生的沟通交流。最后，也是最主要方面，学生要相信自己，突破权威；明确目标，努力学习；提高学习效率，时时学习，及时和教师进行沟通。

二　Y 大学学情调查

Y 大学学情调查结果与全国地方院校常模比较后可以得出如下结论：

（1）与地方本科院校相比，Y 大学在学业挑战程度、主动合作学习水平、教育经验的丰富程度、校园环境的支持程度这四项指标上均高于地方本科院校学生，尤其是校园环境的支持程度指标，差异性显著。

（2）在生师互动指标上，和地方本科院校相比，没有本质差异，但从数据来看，大一学生表现欠佳，大二、大三、大四学生的情况好于地方本科院校。

（3）不同性别非毕业班学生在五项可比指标上的差异性比较显

示，男生和女生在学业挑战度、生师互动、教育经验的丰富程度上没有本质差异，但在主动合作水平和校园环境的支持度上，该校非毕业班男生明显低于女生，亟待得到校方的重视。

（4）不同性别毕业班学生在五项可比指标上差异性比较显示，在学业挑战程度、生师互动这两项指标上，Y大学毕业班男生与女生相比没有较大差异，但是，在主动合作水平、教育经验丰富程度和校园环境支持度三项指标上，该校毕业班男生与女生相比差异显著。女生这三项的得分均显著高于男生，具有统计学意义。

（5）Y大学独生子女与非独生子女非毕业班学生在学业挑战度和校园环境支持度两项指标上没有差异，而在主动合作学习水平、生师互动和教育经验丰富程度三项指标上，独生子女的得分均显著高于非独生子女。

（6）在五项可比指标上，Y大学是否独生子女毕业班学生相比，不存在统计学的显著差异。

第一章　绪论

第一节　问题缘起

一　选题背景

21世纪的竞争是人才的竞争，然而，人才培养是普通高校的根本任务，教学是高校的中心工作，人才培养质量是高校发展的生命线，大学生对学习的投入程度是影响高校教育质量的重要变量，投入时间的有效性直接影响高校的教育质量。[①] 因此，大学生学习投入的状况不仅仅是评估高校教育教学质量的重要指标，也为高校改进教育工作提供了重要参考。

国际方面，国际高等教育质量评估呈现出如下发展趋势与特点：从"关注学校与关注教师"到"关注学校、关注教师与关注学生"并重；从"关注资源投入、办学条件"到"注重学习过程及结果"；从"注重静止状态"到"强调变化及增量"。强调系统分析数据，以评估作为评价、诊断、改进学校教育的方式来提高教学质量。

20世纪六七十年代以来，美国国内对高等教育质量的关注和争论越来越强烈，皮尤慈善信托基金会的教育项目主任拉塞尔·埃杰顿于1998年召集高等教育专家，研制以学生学习投入情况作为衡量大学教育质量的方法。该基金会提供350万美元的启动资金，委托全国高等

---

① Kuhn, G. D., Pascarella, E. T., "What Dose institutional Selectivity Tell Us about Educational Quality?", *Change*, Vol. 36, No. 5, Sep. – Oct. 2004, pp. 52 – 58.

教育管理系统中心的彼得·尤厄尔（Peter Ewell）负责评价方法的开发和设计。评价标准完成后，于 1999 年春秋两季在 70 多所学校进行了两次试测，并由外部教育质量鉴定团队对调查结果进行复审，证实该调查工具切实可行，最终命名为"全国大学生学习性投入调查"（National Survey of Student Engagement，NSSE）。其实质是一个针对全国范围内四年制本科院校学生投入高层次学习程度的年度调查问卷。该调查问卷的内容主要包括学生的学习行为、学校投入有效教学实践的努力以及学生对学校促进学习和自身发展程度的看法等。NSSE 同时配套开发了评价有效教学实践的五项可量化指标："学业挑战度"（LAC）"主动合作学习水平"（ACL）"生师互动"（SFI）"教育经验丰富程度"（EEE）以及"校园环境支持度"（SCE）。

从我国的情况来看，高等教育经过 20 世纪 80 年代的大改革、90 年代的大发展，已经在 21 世纪进入了大提高阶段。标志是：2001 年教育部颁发《关于加强高等学校本科教学工作提高教学的若干意见》；2005 年教育部发布《关于进一步加强高等学校本科教学工作的若干意见》，明确提出实现高等教育工作重心的转移；2006 年 5 月，温家宝总理主持国务院常务会议，强调高等教育要"切实把重点放在提高质量上"，之后正式开始实施"质量工程"；2008 年 8 月启动的"中长期教育改革与发展纲要"工作思路中明确提出"提高质量是新阶段教育工作的迫切任务"。提高质量已成为当代中国高等教育发展的现实选择和迫切任务。在国家教育发展"十二五"规划中，指出要充分调动学生学习积极性和主动性，激励学生刻苦学习，增强诚信意识，养成良好学风。

二　研究意义

以关注大学生投入到有效学习的时间及精力和高校有效吸引及支持学生参与学习活动为特征的美国 NSSE，在其诞生的第一个十年中（2000—2009 年），共吸引了来自美国和加拿大等国家约 1400 所院校参与，参与调查的院校占美国高校总数的一半左右。① NSSE 已成为美

---

① *NSSE Annual Results*，2010 ［EB/OL］，http：//nsse. iub. edu.，2012 年 2 月 28 日。

国大学本科教育质量评价新的风向标。①

　　然而，目前我国大多数高校对提升教育质量的关注点还主要放在高校对教学工作的资源投入（含设备、场地、资金、师资等）上，而对大学生对学习过程的投入还没有引起足够的关注。自 2008 年清华大学发起开展全国大学生学情调查，仅有 28 所高校参与。如果我们认可人才培养是大学的核心任务，那么学生的学习就成为大学教育质量观中的重中之重。学生学习时间和精力的投入在很大程度上会影响学生学习的效果，也会直接影响人才质量。由于学习是一个动态的、多维度的社会活动，所以，除最终的学业成就测试外，对其过程予以考量和评价，无疑是对教育质量内涵一个重要方面的把握。因为学业成就测试只能表明学生学到了什么，却无法揭示他们是怎么学的，以及大学在其中发挥了什么影响。在这个意义上，关注大学生对学习过程的投入指标就显得特别具有质量评价意义。它可以直接带来院校改进的行动——它可以让大学了解到它所提供的学习机会和活动是否充分，以及学生是否有效地使用了这些教育资源，从而让大学政策制定者可以做出具有针对性的有效决策，以提高该校学生的学习过程和效果。因此，关注大学生学习性投入，对于倡导建立以"学"为中心、注重教育过程的内在质量评价体系就具有特别重要的理论意义和现实意义。

　　由于 NSSE 测量工具的学习过程性指标取向，对我国目前注重学校资源投入倾向的本科教学评估体系可构成重要补充，以及其国际比较性等因素②，该工具被汉化修订后，命名为"中国大学生学习性投入调查"（NSSE - China）。2008 年在清华大学进行了初次调查，自 2009 年起在我国开展 3 次有一定规模的年度调查，至今已吸引包括"985"工程院校、"211"工程院校、地方本科院校和高职高专等类

---

① 海蒂·罗斯、罗燕、岑逾豪：《清华大学和美国大学在学习过程指标上的比较：一种高等教育质量观》，《清华大学教育研究》2008 年第 2 期。

② 罗燕、海蒂·罗斯、岑逾豪：《国际比较视野中的高等教育测量——NSSE - China 工具的开发：文化适应与信度、效度报告》，《复旦教育论坛》2009 年第 5 期。

型数十所院校参加，调查学生总数超过 6 万人。① 与此相关的研究主要涉及 NSSE 工具自身介绍及启示的研究和 NSSE – China 的应用研究。但目前还鲜见有人对 NSSE 在我国的研究动态及理论基础等进行系统梳理和专题探讨，这在一定程度上影响了该测量工具在我国的推广。鉴于关注大学生学习性投入，对于倡导建立以"学"为中心、注重教育过程的内在质量评价体系的重要意义，本书拟对学习性投入的含义及 NSSE 的由来、研究动态、理论基础等进行系统的梳理与回顾，以期把对该问题的研究引向深入，进而以 X 大学作为调查对象，分析2009 年、2010 年和 2011 年的基本数据，对这三年的数据进行比较，得出薄弱环节，进而对学生进行访谈，倾听学生声音，并给出相应的对策建议。

本书是清华大学教育研究院主持的国际合作项目"中国大学生学习性投入调查"（1095—0203）的子课题，同时又是河南省教育科学规划 2009 年的获批项目（2009 – JKGHAG – 0235）系列研究成果的一部分。本书首先以 X 大学和 Y 大学在校本科学生为调查对象，通过对该校学生的学习性投入调查，发现其存在的问题，根据这些问题对学生进行分组访谈，面向学生找出问题的成因，并提出相应改进建议；其次以 X 大学的硕士研究生为调查对象，通过自制问卷调查该校研究生的学习和培养情况，据此发现问题提出对策建议。这对于该校转变教育教学质量评价理念和管理方式，提高教育教学质量具有一定的参考价值。

第二节　国内外研究现状

一　文献检索情况介绍

在万方数字化期刊上输入"大学生学习性投入调查"进行搜索，

---

① 《中国大学生学习与发展追踪研究全国课题组培训会议资料》，清华大学教育学院，2011 年 1 月，第 2—3 页。

只有4篇文章，2010年有2篇，2011年和2012年各有1篇，这就显示出国内进行这方面的调查研究是在近期发起的；输入"学习性投入调查"进行搜索，只有9篇文章，2010年有4篇，2011年有2篇，2012年有3篇，这也验证了这方面的研究只是近期发起的；输入"NESS"进行搜索，共有444篇，输入1990年，共有420篇（占所有文章数量将近95%），输入2000年，共有377篇（占所有文章数量的85%），输入2005年，共有283篇（占所有文章数量的64%），其中近一年的有65篇，近三年的有140篇，近五年的有216篇（将近所有文章总数的一半），充分说明该研究调查工具是在近几年才较多地运用，这是一个新兴工具，经过这些年的实践和调整补充，已经逐渐走向成熟阶段。

在中国知网上输入"学习性投入调查"进行模糊搜索，共20条信息，2009年有1条，2010年有5条，2011年有8条，2012年有6条，这也验证了以上所说的我国进行大学生投入性调查比较晚，这方面的论文只有在2009年才开始出现；输入"NESS"进行模糊搜索，共有5356条信息，2000年至今共有4053条相关信息，这也说明近20年的文章占80%的比例，充分说明了NESS是一个相对较新的调查工具，它的出现为学科的发展提供有力的支持。

二　国外研究现状

20世纪80年代以来，美国学界对如何测量高等教育质量进行了卓有成效的研究。然而，高校的核心使命是人才培养，学生学习产出质量的高低才是衡量高校卓越与否的重要尺度。[①]

（一）学生学习性投入

学生学习性投入概念源于人们对学校教育过程与学生学业成就关系的研究。经过70多年的历史演进，美国印第安纳大学教授乔治·D. 库恩（George D. Kuhn）在吸取已有研究成果有益成分的基础上，

---

① Ahlfeldt, S., Mehta, S., Sellnow, T., "Measurement and analysis of student engagement in university classes where varying levels of PBL methods of instruction are in use", *Higher Education Research and Development*, Vol. 24, No. 1, February 2005, pp. 5 – 20.

在《评价何为促进学生学习的关键要素》中给出定义："一个测量学生个体在自己学业与有效教育活动中所投入的时间和精力，以及学生如何看待学校对他们学习的支持力度的概念，其本质就是学生行为与院校条件的相互作用。"[①] 即学习投入性是一个测量学生投入到有效学习活动中的时间和精力，以及学生如何看待学校对他们学习的支持力度的概念。库恩认为，学习性投入应该包括学生"做了什么"和高校"做了什么"两方面的含义。学生的学习性投入除受学生自身因素影响之外，还会受到学校环境及氛围等外部因素的影响，如图 1-1 所示。

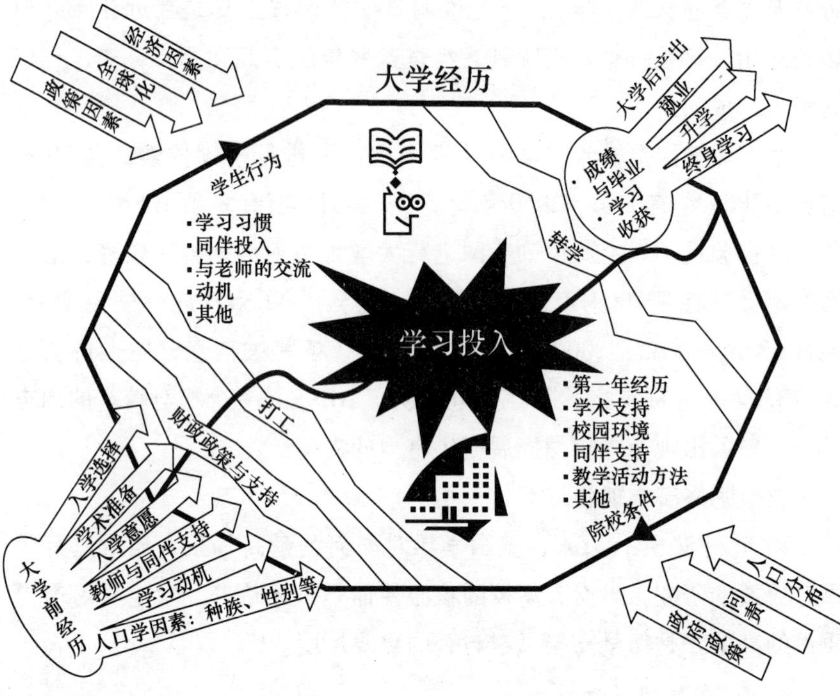

图 1-1　学习性投入理论模型

注：本图摘自"哪些因素影响学生学业成就"（Kuhn，2006），并经过汉化处理及部分调整。

（二）美国 NSSE

当高等教育"量"的扩张达到一定程度之后，人们势必会把目光

[①] 《NSSE - China 2010 文件使用手册》，清华大学教育研究院，2011 年 1 月，第 2—4 页。

转移到对"质"的关注上。20世纪中后叶以来，美国国内对高等教育质量的关注和争论从没有间断过，而且都有国家推动的背景和所谓的面临全球竞争的压力。学术界对教育质量能否测评以及测评什么存在五种主要观点：①虚无主义观。教育质量无法测量和评估。②声望观。依据专家、雇主的观点认同来对高等教育质量进行评估。③资源观。依据院校所拥有的有形资源，如师资、生源、校舍以及财政资源乃至规模等来测量教育质量。④产出观。通过计算毕业生成为社会名流及读研拿博士学位的比例，或者计算学生保持率和校友的终身收入等，以及计算教师和研究生论文发表和引用率等，为主要指标来测量大学产出。⑤增值观。测量高等教育对学生体才能的增加，以及对其人生所带来的积极影响。[①] 鉴于声望观、资源观和产出观对于学生在校的学习投入程度和学习过程以及学校促进学生学习的举措等学习质量议题涉及甚少，开发一种既有信度又有效度的测量工具来完成如下任务成为当务之急：获得学生在校时间利用和技能学习的信息，检测学校对学生的影响，以衡量不同的学科和学校间学生在学业上的投入程度，比较各校教学的有效性，为院校教学改进、教育当局和社会相关人士更深入了解学生学习质量以及学生或家长择校等提供依据，也为教师衡量学生课堂参与水平提供依据。[②]

　　为对学生投入性进行测量，美国皮尤慈善信托基金会教育项目主任拉塞尔·埃杰顿于1998年召集高等教育专家研制以学生学习作为衡量大学教育质量的方法。该基金会提供350万美元的启动费用，委托全国高等教育管理系统中心的彼得·尤厄尔负责评价方法的开发。评价标准完成后，于1999年春秋两季在70多所学校进行了两次试测，并由若干外部教育质量鉴定团体对调查结果进行复审，证实该调查工具切实可行。该成果最终定名为"全国大学生学习性投入调查"

　　① 海蒂·罗斯、罗燕、岑逾豪：《清华大学和美国大学在学习过程指标上的比较：一种高等教育质量观》，《清华大学教育研究》2008年第2期。

　　② Mehta Sudhir, Kou Zhifeng, "Research on measuring and analyzing student engagement in classes across university", *Journal of American Society for Engineering Education*, 2005, pp. 12275 – 12284.

（National Survey of Student Engagement，NSSE）。其实质是一个针对全国范围内四年制本科院校学生投入高层次学习和发展程度的年度调查问卷。调查内容主要包括学生的学习行为、学校投入有效教学实践的努力以及学生对学校促进学习和自身发展程度的看法等。为量化大学对学习的促进程度，NSSE 配套开发了评价有效教学实践的五项指标，即"学习严格要求程度""主动合作学习水平""生师互动质量""教育经验丰富程度"以及"校园环境支持度"。

NSSE 自 2000 年在美国正式推行以来，其影响力逐步增加，参加者逐年递增。许多急于提高学生学习质量、提高办学质量与声望的院校纷纷响应，当年有 276 所大学参加了这项调查。[①] NSSE 年度调查结果显示，在截至 2009 年的十年中，共有来自美国和加拿大的约 1400 所院校参与了调查。[②] 2010 年参加调查院校 564 所，学生 36.2 万人。[③] 该调查已经成为当今院校开展院校研究、进行教学质量评估与诊断的重要工具之一，也代表着美国院校质量评估向更加关注"教育过程"和科学衡量"教育产出"这一新趋势发展。[④] 该调查目前已成为同类研究中应用最广泛、设计最严密、咨询最丰富的一项调查。

三 国内研究现状

（一）大学生学习调查

在国内，大学生投入性调查早在 20 世纪 90 年代被提出。2001年，单艺斌、毕红岩发表了《对在校大学生学习的调查与思考》一文，但基于这方面的调查数据以及调查方法并不很充分。到 2003 年，

---

① 罗晓燕、陈洁瑜：《以学生学习为中心的高等教育质量评估——美国 NSSE "全国学生学习投入调查"解析》，《比较教育研究》2007 年第 10 期。

② Lichtenstein Gary, Mccormick, Alexander C., "Comparing the Undergraduate Experience of Engineers to All Other Majors: Significant Differences Are Programmatic", *American Society for Engineering Education*, No. 10, 2010, pp. 305 – 317.

③ *NSSE Annual Results* 2011, http://nsse. iub. edu/html/stories. cfm? . sg., 2012 年 2 月 28 日。

④ Michael Theall, "New Directions for Research on Teaching: A Rewiew of the Past Twenty Years", *Journal of New Directions for Theaching and Learning*, 1999, p. 80.

刘智运发表了《大学生学情调查与分析研究》，同年，赵巍发表《NSSE：评价美国大学质量的又一标准》，介绍了美国的 NSSE，不过，也没有进行相关方面的实证研究。盛晏发表了《农林院校大学生自主学习调查报告》（2009 年），郭佳、孙婧嫣发表了《在校大学生自主学习的调查与分析》（2009 年），汪圣龙发表了《学情调查：回归教育本质的起点》（2010 年），孙长霞等发表了《我国农林高校大学生自主学习的调查与分析》（2011 年），曹淑豪等发表了《大二学生自主学习的调查分析》（2011 年），等等。这可算作大学生学情调查的雏形。

（二）中国大学生学习性投入调查的由来

2007 年夏，美国印第安纳大学东亚研究中心主任海蒂·罗斯以原版 NSSE 调查 2007 年版本为基础，组成了由博士生岑逾豪和清华大学副教授罗燕为主体的研究小组，启动了对该工具的汉化工作。该研究不仅得到 NSSE 团队有力的支持，而且得到清华大学教育研究所史静寰教授以及北京大学教育学院阎风桥教授的帮助。历时半年多，研究小组通过双向翻译、题项文化适应、认知访谈和试点研究四大步骤对问卷进行了文化适应性调整，得到中国大学生学习性投入调查（NSSE‑China），并获得 NSSE 团队所授予的唯一中文版权。[1]

在清华大学史静寰教授的大力倡导下，该调查在中国推广获得美国福特基金会的资助（课题名称为"改进我国高等教育质量保障观和评估体系——建立以'学'为中心、注重教育过程的内在质量评价体系"）。该课题组于 2009 年 5—6 月，组织了全国 27 所不同类型的高校，在我国开展 NSSE‑China 首轮调查；并根据首轮调查及实地调研的发现，进一步完善调查工具，形成了 NSSE‑China 2010 版问卷。截至 2011 年年底，利用该工具，课题组在我国已经连续完成了三年的调查，参加调查的院校范围不断扩大（2010 年参加院校为 45 所，2011 年为 61 所），被调查人数不断增加（目前已拥有 60684 名学生

---

① 海蒂·罗斯、罗燕、岑逾豪：《清华大学和美国大学在学习过程指标上的比较：一种高等教育质量观》，《清华大学教育研究》2008 年第 2 期。

的有效数据），并且构建了中国大学生学情常模。[①]

（三）NSSE 在我国的研究进展

NSSE 在我国的研究情况大体可以分为两种类型：一是关于 NSSE 工具自身及启示的研究；二是关于 NSSE – China 的应用研究。

1. 关于 NSSE 工具自身及启示的研究

2003 年，赵巍在《NSSE：评价美国大学质量的又一标准》中对美国的 NSSE 做了新闻式介绍[②]，但当时并没有引起学界的关注。时隔四年之后，罗晓燕、陈洁瑜从产生背景、调查流程、评价指标等方面对美国 NSSE 进行了系统介绍。[③] 自此，NSSE 开始正式进入中国教育学界的视野。

张德启、汪霞基于美国 NSSE 比较视角，对我国《普通高校本科教学工作水平评估方案》的改进提出了若干建议：在"评估方向"上需要更好地评估学生的学习参与程度和学校在促进学生学习、发展方面的举措；在"评估主体"上强调多元化，引入竞争机制，切实推动学术机构、社会团体积极参加教育评估；在"评估实施"方面要注重分类指导，以校为本；在"评估结果应用"方面要考虑和研究在同类高校比较、办学资源配置、捐资办学取向、高考志愿填报等更为广泛的社会领域里的应用。[④]

张文毅、李汉邦在系统分析 NSSE 的运作机制和实施状况基础上，深入地审视我国高等学校本科教学评估现状，获得促进本科教学评估工作顺利发展的几点启示：评估工作新视角即评估工作必须重视对学生学习经验的关注，评估主体可以多元化，评估运作常规化，评估结

---

① 《中国大学生学习与发展追踪研究全国课题组培训会议资料》，清华大学，2011 年 1 月，第 2—3 页。

② ［美］Ben Wildavsky：《NSSE：评价美国大学质量的又一标准》，赵巍译，《英语沙龙》（实战版）2003 年第 3 期。

③ 罗晓燕、陈洁瑜：《以学生学习为中心的高等教育质量评估——美国 NSSE "全国学生学习投入调查"解析》，《比较教育研究》2007 年第 10 期。

④ 张德启、汪霞：《对普通高校本科教学工作水平评估方案改进的商榷——基于与美国 NSSE 比较的视角》，《高等理科教育》2008 年第 5 期。

果实用化。①

罗燕、海蒂·罗斯、岑逾豪对 NSSE 的汉化工作进行了介绍，并证明了经过文化适应后的 NSSE 调查工具（NSSE – China）信度、效度良好。②

蒋华林、李华、吴芳等在系统地介绍了 NSSE 的基础上，重点阐述了 NSSE 对我国本科教育质量保障的借鉴意义：本科教育质量保障应将质量关注的视点从学校主体转向学生主体，将质量保障的焦点从资源投入转向资源利用，将质量监控的重点从教育结果转向教育过程，将质量评估的落脚点从等级评估转向诊断改进。③

包列克、曹领祺、申晓鹏从 NSSE 调查的概况介绍中得出其对新一轮军队院校教学工作评价的四点启示：关注学员发展、评价主体吸纳中介组织参与、评价方法坚持科学有效、评价结果体现客观实用。④

吴宏元、金凤认为，NSSE – China 这一测量工具可以用来进行个性化的院校研究。即通过对院校五项可比指标和教育过程诊断指标进行比较，实现院校教育质量的总体测量以及对院校的教学过程进行自我诊断。⑤

关于 NSSE 工具自身及启示的研究，为 NSSE 汉化版的推广应用及其研究打下一定的知识基础。

2. 关于 NSSE – China 的应用研究

关于 NSSE 汉化版的应用研究，按照发表的时间顺序，主要有以下研究：

海蒂·罗斯、罗燕、岑逾豪在对当前各种高等教育质量评估取向

---

① 张文毅、李汉邦：《NSSE 对我国本科教学工作评估的启示》，《中国高教研究》2009 年第 10 期。

② 罗燕、海蒂·罗斯、岑逾豪：《国际比较视野中的高等教育测量——NSSE – China 工具的开发：文化适应与信度、效度报告》，《复旦教育论坛》2009 年第 5 期。

③ 蒋华林、李华、吴芳、王平：《学习性投入调查：本科教育质量保障的新视角》，《高教发展与评估》2010 年第 4 期。

④ 包列克、曹领祺、申晓鹏：《"美国 NSSE"对新一轮军队院校教学工作评价的启示》，《继续教育》2011 年第 4 期。

⑤ 吴宏元、金凤：《学习性投入视角下的教学质量测评与诊断——NESS – China 工具在院校研究中的应用》，《现代教育管理》2011 年第 9 期。

进行了分析和批判的基础上指出，学习过程性指标对于高等教育质量评估和保障具有重要意义。同时，利用其 NSSE 汉化版问卷，2008 年首次正式对我国大学——清华大学进行了学情调查。调查结果显示，在整体水平（五项可比指标）上来说，清华大学的本科教学和美国同类院校乃至美国总体大学水平之间不存在根本差异，但和美国最优异的本科教育相比清华还存在一定差距。①

罗燕、史静寰、涂冬波使用 NSSE – China 调查工具，对清华大学本科教育在五项可比指标、主要的教育环节以及学生收获上与美国同类院校的表现进行了比较。研究发现，清华的本科教育从总体上说，和美国同类大学伯仲相当，各有优势。②

钟春玲、陈华、陈兴明等以 NSSE – China 为调查工具，以福州大学为案例，通过福州大学与"985"工程、"211"工程院校常模在五项可比指标、主要教育环节上的比较研究，发现福州大学在本科教育方面存在三大问题：一是教师课堂教学模式、单向式的以知识灌输为主的教学法等亟待改变；二是教师对学生的关注与投入有待进一步加强，教师应承担起教书和育人的双重责任；三是学校对学生的合作、交流能力方面的教育要进一步加强。并就此提出三点改进意见：第一，以学生为中心，树立注重学生实际收获的教育理念，多渠道促进教师改进课堂教学模式；第二，落实本科生导师制，建立教师与学生紧密联系的纽带；第三，加强学生的团队协作教育。③

吴玫等利用 NSSE – China 对云南大学调查后发现，云南大学在"教育经验丰富程度"上高于全国平均水平，与"985"工程院校没有明显区别；与"211"工程同类院校相比，除"教育经验丰富程度"和"校园环境支持度"没有明显差别外，云南大学在"学业

①　海蒂·罗斯、罗燕、岑逾豪：《清华大学和美国大学在学习过程指标上的比较：一种高等教育质量观》，《清华大学教育研究》2008 年第 2 期。
②　罗燕、史静寰、涂冬波：《清华大学本科教育学情调查报告 2009——与美国顶尖研究型大学的比较》，《清华大学教育研究》2009 年第 5 期。
③　钟春玲、陈华、陈兴明等：《大学生学习性投入调查研究》，《高等理科教育》2010 年第 6 期。

挑战度""主动合作学习水平""生师互动"三方面高于其平均水平；与地方本科院校相比，云大"生师互动"和"校园环境支持度"比较弱，而"教育经验丰富程度"比较高。[①]

陈宇、陈冬松使用 NSSE–China 调查工具，分析了吉林化工学院在五项可比指标上与学业排名的关系、与其他地方本科院校的比较和学校自身的比较，发现吉林化工学院在本科教育中的一些优势与不足。[②]

王纾采用 NSSE–China 2009 年数据，通过结构方程模型取向的路径分析方法，建构了包括大学生教育过程"输入""过程"和"输出"三大类变量的因果关系模型，重点考察研究型大学中学生学习性投入对学习收获的影响机制。其结果表明，学生学习性投入作为"过程"变量对学生学业收获的影响比院校环境和学生家庭背景等"输入"因素的影响更大；学生学习性投入的各维度对学生学习收获的作用机制及影响大小各不相同。因此，各院校教育质量的改进，应当以院校为主导的改善学生学习性投入为抓手，加大挑战与强化支持并举，刺激并带动学生主导的学习性投入，促进学生全面发展。[③]

综上所述，现有研究成果对于我国高等教育界正确认识、评价、应用、推广 NSSE 工具打下了一定知识基础和实践基础。但是，现有研究也存在一些不足或值得进一步完善的地方。具体体现在：第一，理论研究尚显不足。仅仅把 NSSE–China 当作一种教育质量的测量工具对待，没有深入挖掘其理论基础和方法论上的意义。第二，在 NSSE–China 应用研究方面，一方面，由于受参与 NSSE–China 院校数量特别是同类型院校数量的限制，应用研究中所使用的全国常模有待进一步确定，因此其应用研究中同类型院校比较的信度有待进一步

---

① 吴玫、Forrest W. Parkay：《云南大学本科生学习性投入程度与全国大学院校的对比》，《学园》2011 年第 3 期，第 33—39 页。
② 陈宇、陈冬松：《新视角下地方本科院校的高等教育评价——吉林化工学院 2009 年学情调查报告》，《吉林化工学院学报》2011 年第 2 期。
③ 王纾：《研究型大学学生学习性投入对学习收获的影响机制研究——基于 2009 年"中国大学生学情调查"的数据分析》，《清华大学教育研究》2011 年第 8 期。

完善；另一方面，由于参与 NSSE – China 调查起步较晚，目前依据 NSSE – China 结果进行深入挖掘研究的成果很少，更没有见到对依据 NSSE – China 结果所提出改进措施的有效性研究。

第三节　研究设计

一　学情调查设计

X 大学属于普通类本科，清华大学第一次（2009 年）发起调查时就加入其中，在 2009—2011 年的调查中，逐渐健全的调查方式使得调查越来越接近学生的实际情况，得到的数据更加接近实际。在这三年对 NSSE – China 调查的运用已经走上成熟的道路调查，随之数据也具有进一步的全面性发展。

本书是在大学生学习性投入调查的基础上做的一个研究。本书主要运用学校投入和学生投入中的学生投入方面的数据，学生在学习过程中投入的有效时间和精力以及这些投入对学校和学生自身的影响。

首先，阐述 NSSE 的理论基础，为本书提供理论指导。

其次，①对 X 大学 2011 年、2010 年和 2009 年这三年的数据整体做一个分析；②分别对这三年的数据进行内部分析，分析总结差异；③根据分析的结果设计访谈对象的题目；④根据目前 X 大学在校本科生情况以及所要访谈问题对在校本科生进行分院系的随机抽样，对所抽取的学生进行分组访谈讨论问题；⑤根据访谈所做的记录（录音和笔记），整理每一组的访谈结果（列两组内容，其他组略）；⑥把各组的访谈结果进行汇总、整理，得出访谈结论；⑦根据访谈结论查找相关资料找出问题的症结所在，给出相应的对策。

Y 大学的学情调查由于 2009 年的抽样存在严重缺陷，不足使用，所以，只选用 2010 年的调查数据进行分析。

最后，使用自制"X 大学硕士毕业生调查问卷"为调查工具，对该校的研究生进行了调查。

二　研究方法

本书坚持定性与定量研究相结合的研究方法论，具体研究方法有：

（一）文献调查法

所谓文献调查法就是根据特定的研究目的，在一定的范围内查阅、收集文献，并对具有与研究目的相吻合特征的文献进行归纳分类、整理、统计分析的一种特殊的调查方法。[①] 这是一种间接收集数据的方法。笔者通过图书馆的电子书库对与本书研究相关的文献进行综述。

（二）问卷调查法

采用问卷调查的方法是全国大学生学习性投入调查的主要方法。本书将在 X 大学使用 NSSE – China 作为调查工具，在同一时间段内，运用完全随机抽样的方法选择调查对象，采用学生自我报告（问卷）方式进行调查，以便尽可能真实、全面地反映该校在校大学生的学习状态。

（三）统计分析法

统计分析的方法是目前应用比较广泛的分析方法，本书运用统计学软件 SPSS 对 2009 年、2010 年和 2011 年这三年的调查数据进行统计、分析和整理。

（四）比较法

首先，把 X 大学学情调查结果与全国地方本科院校常模进行比较，得出该校的五项指标的得分在全国所处的位置，进行优缺点对比；其次，把该校数据进行内部比较（分年级和专业比较）；最后，把该校三年的数据进行对比分析，找出相似或者相近的问题。根据这些问题对学生进行更加深入的了解，为寻找解决方法奠定基础。

（五）访谈法

"顾名思义，'访谈'就是研究者'寻访'被研究者并且与其进

---

① 田虎伟：《中国高等教育研究方法的反思与重构》，中国社会科学出版社 2009 年版，第 24 页。

行'交谈'和'询问'的一种活动。'访谈'是一种研究性交谈，是研究者通过口头交谈的方式从被研究者那里收集（或者说'建构'）第一手资料的一种研究方法。"① 本书根据存在的问题对目前在校大学生进行深入访谈，从学生方面了解问题的成因。充分突出以学生为中心的教育理念，使学生在本次访谈中充分发挥主人翁地位，为高校从根本解决教育问题提供第一手可靠资料。

_____

① 陈向明：《质的研究方法与社会科学研究》，教育科学出版社 2000 年版，第 165 页。

第二章 理论基础

第一节 六大经典理论

"学习性投入"理论的创立者、NSSE 调查的设计者、美国印第安纳大学教授乔治·库恩认为[①]，NSSE 调查得到了如下六大经典研究或理论的支撑。

（1）泰勒（Tyler）的"任务时间"理论。20 世纪 30 年代，泰勒研究发现：学生投入学习中的时间越多，其收获就越大，它们之间存在正相关。

（2）佩斯（Pace）的"努力质量"理论。[②] 1960—1970 年，佩斯提出：不能仅仅关注学生投入学习时间的长短，还要关注这些时间所投入的行为和活动。在相等的时间投入条件下，那些把时间用于有教育意义的活动，所取得的学习效果更好。

（3）阿斯汀（Astin）的"学生参与"理论。[③] 他认为，学生的最终学习成效与校园生活的方方面面都是有关联的，学生学习的过程就是学生参与的过程，学生只有积极地参与到学校的各项活动中才能获

---

① Kuhn，G. D.，"Assessing What Really Matters to Student Learning"，*Change*，Vol. 33，No. 3，May – Jun. 2001，pp. 10 – 17. 转引自《NSSE – China 2010 文件使用手册》，清华大学教育研究院，2011 年 1 月，第 2—4 页。

② Pace，C. R.，"Measuring the Quality of Student Effort"，*Current Issues in Higher Education*，No. 2，1980，pp. 10 – 16.

③ Astin，A. W.，"Student Involvement：A Development Theory for Higher Education"，*Journal of College Student Development*，Vol. 25，No. 4，Sep. – Oct. 1984，pp. 297 – 308.

得更大的收获，学得更好；衡量一所高校的好坏，主要是看其是否能更好地促进所有学生参与到学校的各项活动中。

（4）汀托等（Tinto）的"社会与学术整合"理论。[①] 该理论认为，大学生活的本质是"转型"，转型包括学术整合与社会整合。学术整合是指学生是否很好地遵循了大学组织所蕴含的学术价值观以及与之匹配的行为规范；其一般通过学生对专业学习的行为和过程，以及认同和归属感乃至满意度来测量。社会整合主要指学生与大学环境的融合度；一般通过生际互动和生师间互动来测量。好的大学教育就是能帮助学生个体顺利实现学术整合和社会整合的大学组织实践行为和过程。

（5）帕斯卡雷拉等（Pascarella）的"变化评定模型"。[②] 该模型指出，学生认知的发展直接受到学生先前经验、与教师和同伴群体的交往程度以及个体的努力程度三个因素的影响。大学的结构和组织特征，通过校园环境、师生关系、生生关系以及学生个体的行为等间接地影响学生的发展。

（6）齐克林和甘姆森（Chickering and Gamson）的"本科教育有效教学七原则"。[③] 他们通过实证研究发现，有七种有效的教学实践会影响学生的学习效果以及学生就读经验的质量。这七项原则是：鼓励师生交往、养成学生合作互惠的学习习惯、促使学生学会主动学习、给予学生及时反馈、强调学习任务的时间性、对学生抱有较高的期望、尊重学生之间的差异。这证实了学生学习行为与高等院校教学质量之间的密切联系。

---

① Tinto and Vincent eds. , *Leaving Colleg: Rethinking the Causes and Cures of Student Attrition*, Chicago: University of Chicago Press, 1987.

② Pascarella, E. T. and Terenzini, T. T. eds. , *How College Affects Student: A Third Decade of Research*, San Francisco: Jossey-Bass, 2005.

③ Chickering, A. W. , Gamson, Z. F. , "Seven Princples for Good Practice in Undergraduate Education", *AAHE Bulletin*, Vol. 39, No. 7, 1987, pp. 3-7.

第二节　学生发展理论

清华大学罗燕等认为，大学生发展理论也构成对 NSSE 的理论支撑。从 NSSE 具体题项的设计来看，工具的设计者显然将学生的学习和发展看作以下三类因素影响的产物：①个体先赋因素，主要是指个体所具有的种族以及家庭的经济、社会和文化属性，在该调查中体现为学生背景信息的调查；②个体自身的因素，比如个体在学业投入上的时间和精力差异以及既有的学业基础和学习习惯养成等；③个体与院校教育实践之间的互动。后两者构成了 NSSE 工具测量题项的主体。①

笔者认为，NSSE 诞生在世纪之交，在 21 世纪得到迅速推广，还与以下一些理论对其形成强有力的支撑有关。

第三节　学习融入理论

库恩在《评价何为促进学生学习的关键要素》中给出以下定义：学习融入性是一个测量学生投入到有效学习活动中的时间和精力，以及学生如何看待学校对他们学习的支持力度的概念。库恩认为，学习融入性应该包括"学生做了什么"和"高校做了什么"两方面的含义。对学生融入性的测量是一种间接的价值增值评估，它克服了直接观测教育质量而存在的概念以及实践上的障碍，也避免了直接测量很难将研究结果直接转化为可以用来改进教与学政策的弊端。②

---

① 罗燕、海蒂·罗斯、岑逾豪：《国际比较视野中的高等教育测量——NSSE - China 工具的开发：文化适应与信度、效度报告》，《复旦教育论坛》2009 年第 5 期。

② Kuhn, G. D., "Assessing What Really Matters to Student Learning", *Change*, Vol. 33, No. 3, May - Jun. 2001, pp. 12 - 13.

第四节 建构主义理论

建构主义理论起源于心理学，其最早提出者可追溯至瑞士的皮亚杰。其后汲取了历史文化心理学理论、意义学习理论和发现学习理论等基础上而逐步形成的。

关于学习的定义，建构主义认为，学习是获取知识的过程。知识不是通过教师传授得到的，而是学习者在一定的情境即社会文化背景下，借助其他人（包括教师和学习伙伴）的帮助，利用必要的学习资料，通过意义建构的方式而获得。由于学习是在一定情境即社会文化背景下，借助其他人的帮助即通过人际间的协作活动而实现的意义建构过程，因此建构主义学习理论认为"情境""协作""会话"和"意义建构"是学习环境中的四大要素或四大属性。

关于学习的方法，建构主义提倡在教师指导下的、以学习者为中心的学习，教师是意义建构的帮助者、促进者，而不是知识的传授者与灌输者。学生是信息加工的主体、是意义的主动建构者，而不是外部刺激的被动接受者和被灌输的对象。建构主义的主要教学模式与教学方法有：支架式教学、抛锚式教学、随机进入教学等。

因此，建构主义学习理论强调的是学习者主动学习的有效性以及能否与他人（包括教师和学习伙伴）协作完成学习过程。[①]

第五节 全面质量管理理论

全面质量管理（Total Quality Management，TQM）是 20 世纪 60 年代出现的一种全新的质量管理理念和管理方法。在《质量管理与质量

---

① 何克抗：《建构主义革新传统教学的理论基础（上）》，《电化教育研究》1997 年第3 期。

保证术语》（ISO8402：1994）中被定义为：一个组织以质量为中心，以全员参与为基础，目的在于通过让顾客满意和本组织成员及社会受益而达到长期成功的管理途径。

在国际上，有关高等教育全面质量管理的研究及其具体应用，起于 20 世纪 80 年代末，但作为学校管理层面改革，推行全面质量管理模式是在 90 年代初开始的。其主要标志之一是于 1991 年的"国际高等教育质量保证联络网"及在此前后召开的一系列国际会议。当前，高等教育质量问题受到社会和高校的普遍重视。从高校层面看，借鉴全面质量管理的思想、原理和程序，建立基于高校基础上的教育质量监控和保证体系，是高校管理的一个重要发展方向。

人才培养过程中的任何一个环节，都是全过程质量管理的要素，忽视任何环节的质量管理，都会直接影响到整体教育质量的提高。因此，要从传统的"事后把关"转变为"事先预防"，从管理结果转变为管理过程中的各个要素。① 我国现行的普通本科评估方案恰恰忽视了学生这个关键因素，特别是忽视了学生投入到有效学习的程度这个关键变量。全面质量管理理论无疑有助于提醒院校和政府应该关注这些来自学生方面的因素。

---

① 钟敏真：《高等职业教育全面质量管理新探》，《职业技术教育》（教育科学版）2006 年第 10 期。

第三章 X大学学情调查的情况与原因分析

第一节 X大学学情调查的情况

一 2009年数据分析

2009年，该校参与调查的有效问卷共有1487份。

（一）分值显示及分析

2009年是该校第一年参与学情调查，该校参与调查的学生年级分布情况是：一年级占34.5%、二年级占27.5%、三年级占22.1%、四年级占16.0%；图3-1是按照年级在学业挑战度（LAC）、主动合作学习水平（ACL）、生师互动（SFL）、教育经验丰富程度（EEE）和校园环境支持度（SCE）五项指标的得分情况。

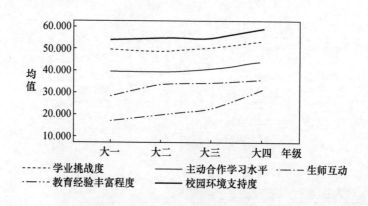

图3-1 分年级五项指标得分情况

2009 年调查的五项指标对比情况，见表 3 - 1。

表 3 - 1　　　　　　　　分年级五项指标均值情况

	学业挑战度	主动合作学习水平	生师互动	教育经验丰富程度	校园环境支持度
一年级	49.51	39.49	16.91	28.45	53.84
地方本科常模	44.85	37.67	19.60	30.02	54.15
二年级	48.62	39.46	19.59	33.76	55.08
地方本科常模	45.57	37.26	21.19	32.95	52.73
三年级	50.33	40.58	22.19	34.52	54.53
地方本科常模	47.58	38.10	22.63	34.13	53.24
四年级	53.27	43.97	31.10	35.87	58.65
地方本科常模	48.79	39.56	31.26	37.18	56.20

注：常模均值不包括毕业生。

由图 3 - 1 和表 3 - 1 可知：

（1）学业挑战度、主动合作学习水平、生师互动和教育经验丰富程度四个方面显示出该校数据与全国地方本科数据的增减模式一致，具有简单的一致性。

（2）在校园环境支持度方面显示出不一致，这也显示出该校的特殊性，2009 年该校的分校区教学现象比较严重，这会在一定程度上影响该项学生的认可程度。

（3）四个年级的学业挑战度都比地方本科常模高出不少，这就是一个相对比较突出的问题。

（4）大一年级的生师互动水平相对于其他年级都比较低，教育经验丰富程度相比较四个年级也是比较低的。

（5）大二年级的学业挑战度相比较而言，会比其他三个年级略微低一点。

（6）大三年级处于专业课开设阶段，学生也处于适应阶段，其各项得分都相对比较合理。

（7）大四年级的五项指标得分都处于一个相对比较高的水平。

（二）年级对比分析

表 3-2　　　　　　　　分年级五项因素对比分析数值（1）

		平方和	自由度	均值平方	f分布的统计量	显著性水平
LAC	组间	3529.437	3	1176.479	6.849	0.000
	组内	253874.186	1478	171.769		
	总和	257403.623	1481			
ACL	组间	3840.448	3	1280.149	5.547	0.001
	组内	339959.535	1473	230.794		
	总和	343799.983	1476			
SFL	组间	34336.411	3	11445.470	53.160	0.000
	组内	318003.279	1477	215.304		
	总和	352339.690	1480			
EEE	组间	12912.169	3	4304.056	19.906	0.000
	组内	319579.573	1478	216.224		
	总和	332491.742	1481			
SCE	组间	3835.020	3	1278.340	4.882	0.002
	组内	386972.434	1478	261.822		
	总和	390807.454	1481			

表 3-3　　　　　　　　分年级五项因素对比分析数值（2）

选项	(I)年级	(J)年级	平均差(I-J)	标准差	显著性水平	95%置信区间 下限	95%置信区间 上限
LAC	1	2	0.962657	0.870734	0.269	-0.74535	2.67066
		3	-0.698831	0.928132	0.452	-2.51943	1.12177
		4	-3.759621 *	1.030002	0.000	-5.78004	-1.73920
	2	1	-0.962657	0.870734	0.269	-2.67066	0.74535
		3	-1.661488	0.973305	0.088	-3.57069	0.24772
		4	-4.722279 *	1.070887	0.000	-6.82290	-2.62166
	3	1	0.698831	0.928132	0.452	-1.12177	2.51943
		2	1.661488	0.973305	0.088	-0.24772	3.57069
		4	-3.060790 *	1.118056	0.006	-5.25394	-0.86764

续表

选项	（I）年级	（J）年级	平均差（I－J）	标准差	显著性水平	95％置信区间	
						下限	上限
LAC	4	1	3.759621*	1.030002	0.000	1.73920	5.78004
		2	4.722279*	1.070887	0.000	2.62166	6.82290
		3	3.060790*	1.118056	0.006	0.86764	5.25394
ACL	1	2	0.037906	1.010883	0.970	－1.94502	2.02083
		3	－1.089842	1.077675	0.312	－3.20378	1.02410
		4	－4.502549*	1.196397	0.000	－6.84937	－2.15572
	2	1	－0.037906	1.010883	0.970	－2.02083	1.94502
		3	－1.127747	1.129785	0.318	－3.34391	1.08841
		4	－4.540454*	1.243543	0.000	－6.97976	－2.10115
	3	1	1.089842	1.077675	0.312	－1.02410	3.20378
		2	1.127747	1.129785	0.318	－1.08841	3.34391
		4	－3.412707*	1.298421	0.009	－5.95966	－0.86576
	4	1	4.502549*	1.196397	0.000	2.15572	6.84937
		2	4.540454*	1.243543	0.000	2.10115	6.97976
		3	3.412707*	1.298421	0.009	0.86576	5.95966
SFI	1	2	－2.636752*	0.974853	0.007	－4.54900	－0.72451
		3	－5.228414*	1.039114	0.000	－7.26671	－3.19012
		4	－14.281227*	1.154834	0.000	－16.54652	－12.01594
	2	1	2.636752*	0.974853	0.007	0.72451	4.54900
		3	－2.591662*	1.089689	0.018	－4.72916	－0.45416
		4	－11.644475*	1.200543	0.000	－13.99943	－9.28952
	3	1	5.228414*	1.039114	0.000	3.19012	7.26671
		2	2.591662*	1.089689	0.018	0.45416	4.72916
		4	－9.052813*	1.253285	0.000	－11.51122	－6.59441
	4	1	14.281227*	1.154834	0.000	12.01594	16.54652
		2	11.644475*	1.200543	0.000	9.28952	13.99943
		3	9.052813*	1.253285	0.000	6.59441	11.51122

注：*平均差在 0.05 以内的显著性水平。

表 3 - 4　　　　　　　　分年级五项因素对比分析数值（3）

选项	(I) 年级	(J) 年级	平均差 (I - J)	标准差	显著性水平	95% 置信区间	
						下限	上限
EEE	1	2	- 5. 203608 *	0.976936	0.000	- 7. 11994	- 3. 28728
		3	- 6. 060103 *	1.041334	0.000	- 8. 10275	- 4. 01745
		4	- 7. 413921 *	1.155629	0.000	- 9. 68077	- 5. 14707
	2	1	5. 203608 *	0.976936	0.000	3. 28728	7. 11994
		3	- 0. 856495	1.092017	0.433	- 2. 99856	1. 28557
		4	- 2. 210313	1.201500	0.066	- 4. 56714	0. 14651
	3	1	6. 060103 *	1.041334	0.000	4. 01745	8. 10275
		2	0. 856495	1.092017	0.433	- 1. 28557	2. 99856
		4	- 1. 353818	1.254422	0.281	- 3. 81446	1. 10682
	4	1	7. 413921 *	1.155629	0.000	5. 14707	9. 68077
		2	2. 210313	1.201500	0.066	- 0. 14651	4. 56714
		3	1. 353818	1.254422	0.281	- 1. 10682	3. 81446
SCE	1	2	- 1. 125944	1.075020	0.295	- 3. 23467	0. 98278
		3	- 0. 615226	1.145884	0.591	- 2. 86296	1. 63251
		4	- 4. 749027 *	1.271654	0.000	- 7. 24347	- 2. 25459
	2	1	1. 125944	1.075020	0.295	- 0. 98278	3. 23467
		3	0. 510719	1.201655	0.671	- 1. 84641	2. 86785
		4	- 3. 623083 *	1.322131	0.006	- 6. 21654	- 1. 02963
	3	1	0. 615226	1.145884	0.591	- 1. 63251	2. 86296
		2	- 0. 510719	1.201655	0.671	- 2. 86785	1. 84641
		4	- 4. 133802 *	1.380366	0.003	- 6. 84149	- 1. 42612
	4	1	4. 749027 *	1.271654	0.000	2. 25459	7. 24347
		2	3. 623083 *	1.322131	0.006	1. 02963	6. 21654
		3	4. 133802 *	1.380366	0.003	1. 42612	6. 84149

注：* 平均差在 0. 05 以内的显著性水平。

由以上数据可知：

◆ 学业挑战度：大四和各个年级均存在显著差异，其他各个年级之间不存在显著差异；从数值上从高到低依次是大四、大三、大一和大二。

◇　主动合作学习水平：大四和各个年级均存在显著差异，其他各个年级之间不存在显著差异；从数值上从高到低依次是大四、大三、大一和大二，根据年级呈递增趋势。

◇　生师互动：各个年级差异均很显著；从数值上从高到低依次是大四、大三、大二和大一，依年级呈递增趋势。

◇　教育经验丰富程度：大二和大三、大二和大四、大三和大四这三组的两个年级差异不显著，其他各个年级差异显著；从数值上从高到低依次是大四、大三、大二和大一，依年级呈递增趋势。

◇　校园环境支持度：大四和各个年级均存在显著差异，其他各个年级之间不存在显著差异；从数值上从高到低依次是大四、大二、大三和大一。

二　2010 年数据分析

2010 年，回收有效调查问卷1174 份。

（一）分值显示

2010 年是该校第二年参与学情调查，该校参与调查的学生年级分布情况是：一年级占33.7%，二年级占33.9%，三年级占29.9%、四年级及以上年级占2.5%；图3-2是按照年级在学业挑战度、主动合作学习水平、生师互动、教育经验丰富程度和校园环境支持度五项指标得分情况。

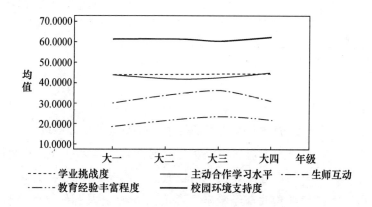

图3-2　分年级五项指标得分情况

注："四年级及以上年级"，有部分医学院学生为五年制本科。

2010 年调查的五项指标对比情况，见表 3 – 5。

表 3 – 5 分年级五项指标具体情况

	学业挑战度	主动合作学习水平	生师互动	教育经验丰富程度	校园环境支持度
一年级	44.00	43.96	18.34	30.13	61.35
常模均值	42.71	43.73	21.47	31.45	63.14
全国百分等级	70%—80%	50%—60%	20%—30%	50%—60%	20%—30%
地方本科常模	42.93	44.19	21.87	29.58	63.63
二年级	44.20	42.01	21.52	33.79	61.77
常模均值	42.70	44.31	23.65	35.41	61.66
全国百分等级	70%—80%	50%—60%	50%—60%	40%—50%	60%—70%
地方本科常模	42.72	43.19	23.27	33.16	62.04
三年级	44.28	42.11	23.53	36.67	60.71
常模均值	42.93	43.28	24.49	35.16	60.45
全国百分等级	70%—80%	30%—40%	40%—50%	60%—70%	40%—50%
地方本科常模	42.91	43.26	24.66	34.60	60.45
四年级	44.88	45.95	22.35	31.43	62.87
常模均值	47.17	48.33	36.18	39.40	65.58

注：常模均值不包括毕业生。

由图 3 – 2 和表 3 – 5 可知：

◆ 四个年级的学业挑战度都处于相同的全国百分等级。

◆ 大一年级的生师互动所处的全国百分比等级过低、校园环境支持度所处的全国百分比等级也比较低。

◆ 大二年级的教育经验丰富程度所处的全国百分比等级较低、校园环境支持度所处的全国百分比等级比较高。

◆ 大三年级的主动合作学习水平所处的全国百分比等级较低。

（二）年级对比分析

表 3 - 6　　　分年级五项因素对比分析数值（1）：方差分析

		总平方和	自由度	均方	f 分布的统计量	显著性水平
LAC	组间	23.039	3	7.680	0.057	0.982
	组内	156701.900	1166	134.393		
	总和	156724.939	1169			
ACL	组间	1148.864	3	382.955	1.691	0.167
	组内	264262.177	1167	226.446		
	总和	265411.041	1170			
SFL	组间	5128.384	3	1709.461	6.870	0.000
	组内	290371.144	1167	248.818		
	总和	295499.527	1170			
EEE	组间	8089.672	3	2696.557	15.532	0.000
	组内	202430.852	1166	173.611		
	总和	210520.524	1169			
SCE	组间	253.878	3	84.626	0.320	0.811
	组内	308775.675	1167	264.589		
	总和	309029.553	1170			

表 3 - 7　　　分年级五项因素对比分析数值（2）：多重比较

选项	(I) 年级	(J) 年级	平均差 (I−J)	标准差	显著性水平	95% 置信区间 下限	95% 置信区间 上限
LAC	大一	大二	−0.1919579	0.8243900	0.816	−1.809412	1.425496
		大三	−0.2694920	0.8515148	0.752	−1.940165	1.401180
		大四	−0.6969751	2.2305E0	0.755	−5.073305	3.679355
	大二	大一	−0.1919579	0.8243900	0.816	−1.425496	1.809412
		大三	−0.0775341	0.8499999	0.927	−1.745234	1.590166
		大四	−0.5050172	2.2299E0	0.821	−4.4880213	3.870179

续表

选项	(I)年级	(J)年级	平均差(I-J)	标准差	显著性水平	95% 置信区间	
						下限	上限
LAC	大三	大一	0.2694920	0.8515148	0.752	− 1.401180	1.940165
		大二	0.0775341	0.8499999	0.927	− 1.590166	1.745234
		大四	− 0.4274831	2.2401E0	0.849	− 4.822632	3.967666
	大四	大一	0.6969751	2.2305E0	0.755	− 3.679355	5.073305
		大二	0.5050172	2.2299E0	0.821	− 3.870179	4.880213
		大三	0.4274831	2.2401E0	0.849	− 3.967666	4.822632
ACL	大一	大二	2.0143800	1.0694E0	0.060	− 0.083833	4.112593
		大三	1.9020494	1.1046E0	0.085	− 0.265287	4.069386
		大四	− 1.0363745	2.8951E0	0.720	− 6.716608	4.643859
	大二	大一	− 2.0143800	1.0694E0	0.060	− 4.112593	0.083833
		大三	− 0.1123306	1.1033E0	0.919	− 2.277101	2.052440
		大四	− 3.0507545	2.8946E0	0.292	− 8.730010	2.628501
	大三	大一	− 1.9020494	1.1046E0	0.085	− 4.069386	0.265287
		大二	0.1123306	1.1033E0	0.919	− 2.052440	2.277101
		大四	− 2.9384238	2.9078E0	0.312	− 8.643578	2.766731
	大四	大一	1.0363745	2.8951E0	0.720	− 4.643859	6.716608
		大二	3.0507545	2.8946E0	0.292	− 2.628501	8.730010
		大三	2.9384238	2.9078E0	0.312	− 2.766731	8.643578
SFL	大一	大二	− 3.1704379 *	1.1210E0	0.005	− 5.369861	− 0.971015
		大三	− 5.1745194 *	1.1579E0	0.000	7.446401	− 2.902638
		大四	− 3.4858217	3.0347E0	0.251	− 9.440049	2.468406
	大二	大一	3.1704379 *	1.1210E0	0.005	0.971015	5.369861
		大三	− 2.0040815	1.1565E0	0.083	− 4.273273	0.265110
		大四	− 0.3153838	3.0342E0	0.917	− 6.268586	5.637818
	大三	大一	5.1745194 *	1.1579E0	0.000	2.902638	7.446401
		大二	2.0040815	1.1565E0	0.083	− 0.265110	4.273273
		大四	1.6886976	3.0480E0	0.580	− 4.291653	7.669048
	大四	大一	3.4858217	3.0347E0	0.251	− 2.468406	9.440049
		大二	0.3153838	3.0342E0	0.917	− 5.637818	6.268586
		大三	− 1.6886976	3.0480E0	0.580	− 7.669048	4.291653

注：＊平均差在 0.05 以内的显著性水平。

表 3 - 8　　　　　　五项因素分年级对比分析数值（3）

选项	（I）年级	（J）年级	平均差（I-J）	标准差	显著性水平	95% 置信区间 下限	上限
EEE	大一	大二	− 3.6275949 *	0.9363924	0.000	− 5.464797	− 1.790393
		大三	− 6.4983002 *	0.9679753	0.000	− 8.397468	− 4.599132
		大四	− 0.7380800	2.5349E0	0.771	− 5.711711	4.235551
	大二	大一	3.6275949 *	0.9363924	0.000	1.790393	5.464797
		大三	− 2.8707053 *	0.9668309	0.003	− 4.767628	− 9.73783
		大四	2.8895150	2.5345E0	0.254	− 2.083259	7.862289
	大三	大一	6.4983002 *	0.9679753	0.000	4.599132	8.397468
		大二	2.8707053 *	0.9668309	0.003	0.973783	4.767628
		大四	5.7602203 *	2.5463E0	0.024	0.764221	10.756220
	大四	大一	0.7380800	2.5349E0	0.771	− 4.235551	5.711711
		大二	− 2.8895150	2.5345E0	0.254	− 7.862289	2.083259
		大三	− 5.7602203 *	2.5463E0	0.024	− 10.756220	− 0.764221
SCE	大一	大二	− 0.3952129	1.1559E0	0.733	− 2.663268	1.872842
		大三	0.6576073	1.1940E0	0.582	− 1.685167	3.000381
		大四	− 1.2002303	3.1294E0	0.701	− 7.340257	4.939796
	大二	大一	0.3952129	1.1559E0	0.733	− 1.872842	2.663268
		大三	1.0528202	1.1926E0	0.378	− 1.1287180	3.92820
		大四	− 0.8050174	3.1289E0	0.797	− 6.943986	5.333951
	大三	大一	− 0.6576073	1.1940E0	0.582	− 3.000381	1.685167
		大二	− 1.0528202	1.1926E0	0.378	− 3.392820	1.287180
		大四	− 1.8578376	3.1432E0	0.555	− 8.024802	4.309127
	大四	大一	1.2002303	3.1294E0	0.701	− 4.9399796	7.340257
		大二	0.8050174	3.1289E0	0.797	− 5.333951	6.943986
		大三	1.8578376	3.1432E0	0.555	− 4.309127	8.024802

由以上数据可知：

◆　学业挑战度：各个年级均不存在显著差异；从数值上从高到低依次是大四、大三、大二和大一，根据年级呈递增趋势。

◆　主动合作学习水平：各个年级均不存在显著差异；从数值上

从高到低依次是大四、大一、大三和大二。

◇ 生师互动：大一和大四、大二和大三、大二和大四、大三和大四这四组的两个年级差异均很显著，其他各个年级差异不显著；在数值上从高到低依次是大三、大四、大二和大一。

◇ 教育经验丰富程度：大一和大四、大二和大四这两组的两个年级差异显著，其他各个年级差异不显著；在数值上从高到低依次是大三、大二、大四和大一。

◇ 校园环境支持度：各个年级均不存在显著差异；从数值上从高到低依次是大四、大二、大一和大三。

三 2011 年数据分析

2011 年，该校参与调查的有效问卷共有 1367 份，涉及该校各个学科。

（一）分年级情况介绍

1. 分值显示

2011 年是该校第三年参与学情调查，该校参与调查的学生年级分布情况是：一年级占 28.5%，二年级占 28.8%，三年级占 28.5%，四年级占 14.2%；图 3-3 是按照年级在学业挑战度、主动合作学习水平、生师互动、教育经验丰富程度和校园环境支持度五项指标得分情况。

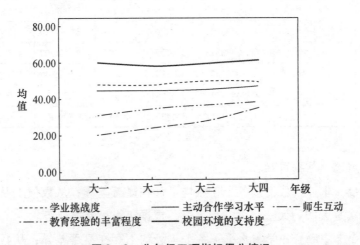

图 3-3 分年级五项指标得分情况

为了调查学生对社会的认可程度，2011 年的调查对社会称许效应的调查加强了。结果见表 3 - 9。

表 3 - 9　　　　　分年级五项指标及社会称许效应情况

	学业挑战度	主动合作学习水平	生师互动	教育经验丰富程度	校园环境支持度	社会称许效应
一年级	47.85	44.50	19.52	30.76	60.05	55.51
常模均值	45.97	43.55	23.26	31.59	60.56	52.64
百分比等级	70%—80%	60%—70%	10%	20%—30%	40%—50%	80%—90%
二年级	47.71	44.72	23.91	34.76	58.07	54.33
常模均值	46.44	44.04	26.08	34.88	58.78	53.40
百分比等级	70%—80%	80%—90%	40%—50%	50%—60%	50%—60%	60%—70%
三年级	49.97	45.13	27.29	36.75	59.26	54.74
常模均值	47.39	45.41	29.29	36.43	59.08	53.89
百分比等级	80%—90%	50%—60%	20%—30%	40%—50%	60%—70%	60%—70%
四年级	49.58	46.92	35.18	38.47	61.65	55.76
常模均值	48.77	47.53	36.60	36.59	61.76	56.49
百分比等级	70%—80%	50%—60%	40%—50%	70%—80%	50%—60%	30%—40%

注释：百分比等级是指例如 70%—80% 是指和全国高校相比之下，比 70% 的普通高校得分高，同时低于 20% 的普通高校得分。常模均值指全国普通高校在相应项目上的平均数值。

由图 3 - 3 和表 3 - 9 可知，相比较四个年级而言，一年级的生师互动得分过低、教育经验丰富程度得分也低、社会称许效应得分较高；二年级的主动合作学习水平得分较高，三年级的学业挑战度得分较高、校园环境支持度得分较高；四年级及更高在生师互动这项得分较高、教育经验丰富程度得分也较高、社会称许效应得分较低。

2. 对比分析 Post Hoc Tests

由以上数据可知：

◇　学业挑战度：大一和大三、大二和大三这两组的两个年级存在显著差异，其他各个年级均不存在显著差异；在数值上从高到低依次是大三、大四、大一和大二。

表 3 - 10 分年级六项因素对比分析数值 （1）

		平方和	自由度	均值平方	f 分布的统计量	显著性水平
学业挑战度	组间	1364.433	3	454.811	3.117	0.025
	组内	198749.701	1362	145.925		
	总和	200114.134	1365			
主动合作学习水平	组间	838.398	3	279.466	1.098	0.349
	组内	346577.852	1362	254.462		
	总和	347416.250	1365			
生师互动	组间	33731.610	3	11243.870	35.427	0.000
	组内	432276.929	1362	317.384		
	总和	466008.538	1365			
教育经验丰富程度	组间	10227.222	3	3409.074	17.274	0.000
	组内	268791.271	1362	197.350		
	总和	279018.493	1365			
校园环境支持度	组间	1852.778	3	617.593	2.200	0.086
	组内	382554.329	1363	280.671		
	总和	384407.106	1366			
社会称许效应	组间	415.793	3	138.598	0.349	0.790
	组内	538775.087	1357	397.034		
	总和	539190.880	1360			

表 3 - 11 六项因素分年级对比分析数值 （2）

因变量	(I) 年龄	(J) 年级	平均差 (I - J)	标准差	显著性水平	95% 置信区间 下限	95% 置信区间 上限
学业挑战度	大一	大二	0.13697	0.86341	0.874	- 1.5568	1.8307
		大三	- 2.07997 *	0.86506	0.016	- 3.7770	- 0.3830
		大四	- 1.62456	1.06313	0.127	- 3.7101	0.4610
	大二	大一	- 0.13697	0.86341	0.874	- 1.8307	1.5568
		大三	- 2.21694 *	0.86341	0.010	- 3.9107	- 0.5232
		大四	- 1.76153	1.06179	0.097	- 3.8444	0.3214

续表

因变量	（I）年龄	（J）年级	平均差（I－J）	标准差	显著性水平	95%置信区间	
						下限	上限
学业挑战度	大三	大一	2.07997*	0.86506	0.016	0.3830	3.7770
		大二	2.21694*	0.86341	0.010	0.5232	3.9107
		大四	0.45541	1.06313	0.668	－1.6301	2.5410
	大四及更高	大一	1.62456	1.06313	0.127	－0.4610	3.7101
		大二	1.76153	1.06179	0.097	－0.3214	3.8444
		大三	－0.45541	1.06313	0.668	－2.5410	1.6301
主动合作学习水平	大一	大二	－0.22013	1.14016	0.847	－2.4568	2.0165
		大三	－0.56410	1.14234	0.622	－2.8050	1.6768
		大四	－2.42425	1.40390	0.084	－5.1783	0.3298
	大二	大一	0.22013	1.14016	0.847	－2.0165	2.4568
		大三	－0.34397	1.14016	0.763	－2.5806	1.8927
		大四	－2.20412	1.40212	0.116	－4.9547	0.5464
	大三	大一	0.56410	1.14234	0.622	－1.6768	2.8050
		大二	0.34397	1.14016	0.763	－1.8927	2.5806
		大四	－1.86015	1.40390	0.185	－4.6142	0.8939
	大四及更高	大一	2.42425	1.40390	0.084	－0.3298	5.1783
		大二	2.20412	1.40212	0.116	－0.5464	4.9547
		大三	1.86015	1.40390	0.185	－0.8939	4.6142
生师互动	大一	大二	－4.31585*	1.27334	0.001	－6.8138	－1.8179
		大三	－7.62759*	1.27578	0.000	－10.1303	－5.1249
		大四	－15.58715*	1.56789	0.000	－18.6629	－12.5114
	大二	大一	4.31585*	1.27334	0.001	1.8179	6.8138
		大三	－3.31174*	1.27334	0.009	－5.8097	－0.8138
		大四	－11.27130*	1.56591	0.000	－14.3432	－8.1994
	大三	大一	7.62759*	1.27578	0.000	5.1249	10.1303
		大二	3.31174*	1.27334	0.009	0.8138	5.8097
		大四	－7.95956*	1.56789	0.000	－11.0353	－4.8838
	大四及更高	大一	15.58715*	1.56789	0.000	12.5114	18.6629
		大二	11.27130*	1.56591	0.000	8.1994	14.3432
		大三	7.95956*	1.56789	0.000	4.8838	11.0353

注：*平均差在0.05以内的显著性水平。

表 3 - 12　　　　　　　　六项因素分年级对比分析数值（3）

因变量	(I)年龄	(J)年级	平均差(I-J)	标准差	显著性水平	95%置信区间 下限	95%置信区间 上限
教育经验丰富程度	大一	大二	-3.97237*	1.00409	0.000	-5.9421	-2.0026
		大三	-5.91136*	1.00601	0.000	-7.8849	-3.9379
		大四	-7.65111*	1.23635	0.000	-10.0765	-5.2258
	大二	大一	3.97237*	1.00409	0.000	2.0026	5.9421
		大二	-1.93899	1.00409	0.054	-3.9087	0.0307
		大四	-3.67874*	1.23479	0.003	-6.1010	-1.2564
	大三	大一	5.91136*	1.00601	0.000	3.9379	7.8849
		大二	1.93899	1.00409	0.054	-0.0307	3.9087
		大四	-1.73975	1.23635	0.160	-4.1651	0.6856
	大四及更高	大一	7.65111*	1.23635	0.000	5.2258	10.0765
		大二	3.67874*	1.23479	0.003	1.2564	6.1010
		大三	1.73975	1.23635	0.160	-0.6856	4.1651
校园环境支持度	大一	大二	2.10713	1.19668	0.078	-0.2404	4.4547
		大三	0.86386	1.19972	0.472	-1.4896	3.2174
		大四	-1.42829	1.47442	0.333	-4.3207	1.4641
	大二	大一	-2.10713	1.19668	0.078	-4.4547	0.2404
		大三	-1.24327	1.19668	0.299	-3.5908	1.1043
		大四	-3.53542*	1.47442	0.016	-6.4229	-0.6479
	大三	大一	-0.86386	1.19972	0.472	-3.2174	1.4896
		大二	1.24327	1.19668	0.299	-1.1043	3.5908
		大四	-2.29215	1.47194	0.120	-5.1845	0.6002
	大四及更高	大一	1.42829	1.47442	0.333	-1.4641	4.3207
		大二	3.53542*	1.47194	0.016	0.6479	6.4229
		大三	2.29215	1.47442	0.120	-0.6002	5.1845
社会称许效应	大一	大二	1.18137	1.42510	0.407	-1.6143	3.9770
		大三	0.76711	1.42966	0.592	-2.0375	3.5717
		大四	-0.25606	1.76050	0.884	-3.7097	3.1975

续表

因变量	(I) 年龄	(J) 年级	平均差 (I-J)	标准差	显著性 水平	95% 置信区间	
						下限	上限
社会 称许效应	大二	大一	-1.18137	1.42510	0.407	-3.9770	1.6143
		大三	-0.41426	1.42603	0.771	-3.2117	2.3832
		大四	-1.43743	1.75755	0.414	-4.8852	2.0104
	大三	大一	-0.76711	1.42966	0.592	-3.5717	2.0375
		大二	0.41426	1.42603	0.771	-2.3832	3.2117
		大四	-1.02317	1.76125	0.561	-4.4782	2.4319
	大四及 更高	大一	0.25606	1.76050	0.884	-3.1975	3.7097
		大二	1.43743	1.75755	0.414	-2.0104	4.8852
		大三	1.02317	1.76125	0.561	-2.4319	4.4782

注：＊平均差在 0.05 以内的显著性水平。

◆　主动合作学习水平：各个年级均不存在显著差异；在数值上从高到低依次是大四、大三、大二和大一，年级越高得分越高。

◆　生师互动：各个年级差异均很显著；从数值上看，年级越高得分越高，呈现出递增形式。这也说明学生进入校园的时间长短会间接地影响其和老师互动的积极性。

◆　教育经验丰富程度：大二和大三、大三和大四这两组的两个年级不存在显著差异，其他各个年级均存在显著差异；从数值上看，年级越高得分越高，呈现出递增形式。这和院校越高年级投入教师经验丰富程度有关，这也间接显示生师互动和教师教育经验丰富程度的关系。

◆　校园环境支持度：大二和大四这一组的两个年级存在显著差异，其他各个年级均不存在显著差异；在数值上从高到低依次是大四、大一、大三和大二。

◆　社会称许效应：各个年级均不存在显著差异；从数值上从高到低依次是大四、大一、大三和大二。

（二）分学科情况介绍

1. 分值显示

图 3 - 4 显示该校 2011 年参加调查人员的学科分布。

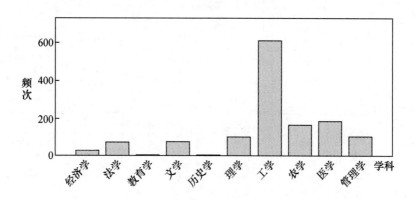

图 3 - 4　学生学科分布情况

图 3 - 5 显示的是 2011 年调查的根据学科划分在五项指标和社会称许效应这六项的得分情况。

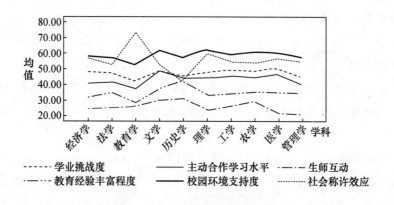

图 3 - 5　各学科六项指标得分

表 3 - 13 显示了 2011 年调查的数据根据学科得分情况。

表 3 - 13 分专业六项指标值对比

	学业挑战度	主动合作学习水平	生师互动	教育经验丰富程度	校园环境支持度	社会称许效应
文史学科	48.01	48.54	30.09	37.72	61.61	52.88
均值	47.85	47.12	29.70	36.72	61.18	53.45
经济学	47.96	40.53	24.66	31.90	58.27	56.41
均值	47.00	44.34	26.09	36.15	60.18	53.07
法学	47.13	41.56	25.46	34.74	57.18	52.16
均值	47.64	42.57	25.70	36.28	59.96	51.95
教育学	42.32	37.50	26.19	28.57	52.60	73.08
均值	46.54	44.92	31.04	36.36	62.39	56.04
理学	47.47	43.82	23.72	33.56	62.04	59.21
均值	45.99	43.06	25.08	34.10	60.54	53.76
工学	49.25	45.89	25.73	34.34	59.18	54.67
均值	46.12	43.48	25.90	32.81	58.79	53.72
农学	48.77	44.73	28.88	35.12	60.85	53.95
均值	46.56	44.25	28.77	33.82	59.75	53.26
医学	50.72	46.53	21.68	35.23	60.02	56.32
均值	48.52	44.07	21.61	34.10	60.32	53.25
管理学	44.67	40.43	20.87	35.04	57.45	54.81
均值	46.95	44.03	26.44	35.40	59.62	53.60

注：均值指全国普通高校在相应项目上的平均数值，即全国常模。

由图 3 - 5 和表 3 - 13 可知：

◆ 社会称许效应方面除文史学科略低于全国常模外，其他均高于全国常模。

◆ 法学学科、教育学学科、管理学学科的学业挑战度、主动合作学习水平、生师互动、教育经验丰富程度和校园环境支持度五项得分均低于全国常模。

◆ 经济学学科在主动合作学习水平、生师互动、教育经验丰富程度和校园环境支持度四项得分均低于全国常模。

◆ 理学学科在生师互动和教育经验丰富程度两项得分均低于全

国常模。

◆ 工学学科的生师互动和医学学科的校园环境支持度低于全国常模。

◆ 文史学科、农学学科五项指标得分均高于全国常模。

2. 对比分析

表 3 – 14　　　　　　六项因素分专业对比分析数值
ANOVA

		平方和	自由度	均值平方	ƒ分布的统计量	显著性水平
学业挑战度	组间	3180.010	9	353.334	2.425	0.01
	组内	194660.320	1336	145.704		
	总和	197840.330	1345			
主动合作学习水平	组间	5742.188	9	638.021	2.515	0.007
	组内	338891.944	1336	253.662		
	总和	344634.132	1345			
生师互动	组间	8673.014	9	963.668	2.841	0.003
	组内	453222.003	1336	339.238		
	总和	461895.017	1345			
教育经验丰富程度	组间	1476.310	9	164.034	0.799	0.617
	组内	274224.478	1336	205.258		
	总和	275700.789	1345			
校园环境支持度	组间	2558.164	9	284.240	1.005	0.434
	组内	378258.535	1337	282.916		
	总和	380816.699	1346			
社会称许效应	组间	5108.769	9	567.641	1.438	0.167
	组内	525381.132	1331	394.727		
	总和	530489.901	1340			

具体分析对比数值见附录（显示学业挑战度方面，其他方面略）。

由以上数据可知：

◆ 学业挑战度：法学和医学、理学和医学、工学和管理学、农学和管理学、医学和管理学五组的两个学科存在显著差异，其他各个学科均不存在显著差异；从数值上看，医学类分值最高，教育学类分值最低，中间依次是工学、农学、文学、经济学、理学、法学、历史学、管理学。

◆ 主动合作学习水平：经济学和文学、法学和工学、法学和医学、文学和经济学、文学和理学、文学和管理学、工学和管理学、农学和管理学、医学和管理学这九组的两个学科存在显著差异，其他各个学科均不存在显著差异；从数值上看，文学类分值最高，教育学类分值最低，中间依次是医学、工学、农学、历史学、理学、法学、经济学、管理学。

◆ 生师互动：文学和理学、文学和医学、文学和管理学、理学和农学、工学和医学、工学和管理学、农学和医学、农学和管理学这八组的两个学科存在显著差异，其他各个学科均不存在显著差异；从数值上看，历史学类分值最高，管理学类分值最低，中间依次是文学、农学、教育学、工学、法学、经济学、理学、医学。

◆ 教育经验丰富程度：各个学科均不存在显著差异；从数值上看，教育学类分值最高，历史学类分值最低，中间依次是经济学、理学、工学、法学、管理学、农学、医学、文学。

◆ 校园环境支持度：各个学科均不存在显著差异；从数值上看，教育学类分值最高，理学类分值最低，中间依次是法学、历史学、管理学、经济学、工学、医学、农学、文学。

◆ 社会称许效应：法学和教育学、法学和理学、教育学和历史学、理学和工学、理学和农学这五组的两个学科存在显著差异，其他各个学科均不存在显著差异；从数值上看，教育学类分值最高，历史学类分值最低，中间依次是理学、经济学、医学、管理学、工学、农学、文学、法学。

四 三年数据的对比分析

2011 年和 2010 年数据对比分析得出，2011 年和 2010 年这两年的数据均显示出一年级的生师互动所处的水平比较低，这是一个相对比较突出的问题，随着年级的升高生师互动质量水平会稍有改善，但不是特别明显；学业挑战度得分在全国范围全部处于较高水平，学生的年级对于学业挑战度得分百分比等级基本上没有区别，相对而言，三年级的学业比较重，专业课难度有点高；随着年级的升高，教育经验丰富程度也会有一定的提高，随着年级的升高，所学的专业课知识加强，这对教师的要求也是很高的，这也就相应地会出现教育经验丰富程度提高的现象。

2011 年和 2009 年数据对比分析以及 2010 年和 2009 年数据对比分析得出，这两个年级的数据进行比较，显示出生师互动质量随着年级的增高，互动质量有所提高，一年级的生师互动质量水平亟待提高。

由上述对比分析可知，四个年级的生师互动水平处于一个比较低的水平，尤其是一年级的生师互动水平处于几个年级中最低的位置。为了解其中原因及倾听学生的声音，笔者组织了小组进行访谈活动。

第二节　基于访谈的原因分析

一　访谈及其研究设计

访谈即研究性交谈，是研究者通过口头交谈的方式从被研究者那里收集第一手资料的一种研究方法。笔者根据 2011 年数据对在校生进行访谈。

访谈期间每名学生发放一份调查问卷，问卷内容涉及学业挑战度、主动合作学习水平、生师互动、教育经验丰富程度、校园环境支持度以及社会称许效应六项指标的具体内容，使学生对本次访谈内容有一个更加理性的认识。

（一）学生访谈对象的抽查方式

本课题抽查对象的确定方法如下：

（1）确定抽取人数为 150 人左右，10 人一组进行访谈，每组访谈时讨论 2—3 个话题（一个问题时间大概需要 15 分钟，每组讨论时间 40 分钟比较合适，便于组织学生，也不会影响他们的正常生活和学习）。

（2）按照年级比例（大一占 28.5%、大二占 28.8%、大三占 28.5%、大四及更高占 14.2%），大一、大二、大三分别抽取 4 组每组 10 人，大四及更高抽取 20 人。

（3）由于大二处于过渡的中间年级（笔者认为，中间年级为过渡的阶段，一年级和三年级即能反映这个阶段的具体情况），大二的抽取人数减为 20 人，即抽取 2 组。

（4）由于每组讨论 2—3 个话题，则调查人数调整为大一和大三每年级抽查 5 组 50 人，大二 2 组 20 人，大四及其更高 2 组 20 人。

（5）根据年级五项指标和社会称许效应在全国百分等级得出的结论（大一生师互动得分较低、大二主动合作学习水平高、大三学业挑战度高、大四社会称许效应低）。大一每组都讨论生师互动这个话题，其他各项一组选取一项进行讨论；大二每组讨论学业挑战度、主动合作学习水平、生师互动这三个话题；大三每组都讨论学业挑战度，其他各项一组选取一项进行讨论；大四每组讨论学业挑战度、生师互动、社会称许效应这三个话题。

（6）按照专业比例（文史哲占 5.9%、经济学占 2.0%、法学占 5.3%、教育学占 0.3%、理学占 7.5%、工学占 45.8%、农学占 12.0%、医学占 13.7%、管理学占 7.5%）以及涉及面的全面程度，文史哲专业访谈 1 组 10 人、经济学专业访谈 1 组 10 人、法学专业访谈 1 组 10 人、教育学专业访谈 1 组 10 人、理学专业访谈 2 组 20 人、工学专业访谈 3 组 30 人、农学专业访谈 2 组 20 人、医学专业访谈 2 组 20 人、管理学专业访谈 1 组 10 人。

（7）按照年级和专业的五项指标及社会称许效应的得分与全国常模均值差值的绝对值中，选取绝对值相对较大的组项（绝对值相比如果较大，说明这项和全国常模均值相差比较大，更具有特殊性）。

综上可得：大一访谈专业为管理学（讨论话题：学业挑战度、生师互动）、法学（讨论话题：主动合作学习水平、生师互动）、理学（讨论话题：生师互动、校园环境支持度）、农学（讨论话题：生师互动、社会称许效应）、工学（讨论话题：生师互动、教育经验丰富程度）；大二访谈专业为经济学（讨论话题：学业挑战度、主动合作学习水平、生师互动）、农学（讨论话题：学业挑战度、主动合作学习水平、生师互动）；大三访谈专业为文史哲（讨论话题：学业挑战度、主动合作学习水平）、工学（讨论话题：学业挑战度、生师互动）、教育学（讨论话题：学业挑战度、教育经验丰富程度）、医学（讨论话题：学业挑战度、校园环境支持度）、理学（讨论话题：学业挑战度、社会称许效应）；大四及更高访谈专业为工学（讨论话题：学业挑战度、生师互动、社会称许效应）、医学（讨论话题：学业挑战度、生师互动、社会称许效应）。

最后，每组访谈的 10 个人根据学生学号随机抽取，每人再次发放调查问卷一份，调查问卷由笔者自己根据 2011 年调查问卷抽取本书所研究的六项选项。

（二）教师及管理人员访谈对象的抽查方式

访谈对象的选择：首先，上述这些问题主要是涉及学校的教学方面，所以应采访教学方面的负责人；其次，机电学院是 X 大学较大的学院，应访谈该学院的负责人；最后反映学生问题比较突出的两位学院负责人：医学院和法学院负责人。

二　访谈结果

（一）学生的访谈结果

根据访谈结果，按照反映问题涉及面由大到小的顺序，经整理依次分述如下：

（1）很大一部分学生认为大学一年级这一年对其人生成长特别重要，对于他们的生活学习模式的形成有着至关重要的影响；他们反映不能很快适应大学的生活节奏，课程安排不够合理，感到所学课程泛而不精，专业课开设较晚，密度较大，没有一个适应和逐渐加深的过程。他们希望可以多开展一些和学习有关的活动或者讲座，介绍和专业相关的比较浅显的知识，使其有一个逐渐适应的过程；希望教师尽早地详细地介绍本专业，使学生首先能对自己的专业产生兴趣，积极地投入到学习中去，也可以使学生的学习更具有目标性，同时，学生也可以根据学校和专业对自己的要求来规划自己的大学生涯，为以后走向社会做铺垫。

（2）学校目前是多校区办学，这就会给教师和学生带来很多不方便之处。比如："住宿和上课不在同一个校区""来回搬迁宿舍"，适应的过程会给他们带来很多困惑；同样，教师和学生不在同一个校区生活也为沟通带来很大困难。由于学校目前还处于建设中，教室、宿舍和餐厅的位置不是很合理，给学生和教师的生活和学习带来诸多不便。学校上自习的地方不是很方便，这就在很大程度上影响了学生学习的积极性，事实上，如今要求考研的学生所占比例有所提升，这就要求学校给他们提供一些方便。

（3）学生和教师之间没有建立良好的沟通平台，学生不能积极主动地发现问题，不能有效地和教师进行沟通。一些学生认为，和老师互动没有必要，很多问题学生之间讨论一下就可以解决了，去和老师讨论会比较麻烦。目前，学校仍是大班教学，和教师课堂上互动本来就存在很多制约因素，事实上，生师互动的主动权掌握在学生的手中，大班教学不能保证教师顾及每一位学生，但是，教师都会留下自己的联系方式，这就要求学生主动去和老师沟通、解决问题。

（4）学生认为学校对实践不够重视，实验设施不够齐全，使得学生不能很好地将理论和实践结合起来；他们认为，所学课程和社会发展脱节，学了理论知识，但不会实际操作，也就不能体会到动手时的乐趣，没有乐趣的话，学生就不愿意把更多的时间和精力投入到学习中去，就没有学习的动力，对学习抱一种应付的心态。

（5）每当学生感到学习有压力时，基本上都是已经积累了太多不会的问题，不会的问题一多就没有了去弄懂的动力，这样，学习的效果就会大打折扣。有的专业更是需要社会的洗礼才能真正学到东西。有的专业本身对学生要求就高（例如，医学类专业要求学生从零开始，从基础类型课程经过对实验和实习一点一滴地掌握专业技能），如果实验设施不够完善的话，就不能很好地满足学生的学习要求。

（6）学生希望教师可以尝试引导学生主动地学习自己应会的课程。比如，"法律类专业可以在课堂上提出一个案例，让同学课后进行学习，课下组织学生进行讨论，然后，教师进行总结与补充，接着提出下一个案例"。教师要在主动合作学习水平上发挥积极主动的作用，引导和组织学生去进行团队合作。例如，课堂上进行案例分析，组织学生分组讨论，进行模拟实践。在实践当中，还可以组织学生分批进行社会实践，在课堂上进行视频观摩。学生也应该主动地去找教师进行学术上的一些讨论。

（7）学校的学分制不够合理，没有实行完全学分制，学生不能根据自己的需要和喜好去选择自己想要上的课程，所选的课程强制性较大，基本上很少可以提前毕业的，不能根据自己的人生规划去安排自己的大学生活；也不能根据自己的需要去选修第二专业。这样一来就会影响学生自己的人生规划。

（8）学校里面很多制度制定得很严格，很具有公平性，但是，执行起来就会考虑很多人情因素，比如，考试——本来一个学生成绩不及格，要挂科，老师就会把平时成绩打得很高，使其可以顺利通过考试。"学校设置留级等制度基本上没有约束力"。学校的学风不是很好，不能很好地督促学生去储备知识，尤其是专业技能的储备比较匮乏。

（9）新开设的专业的学生反映在师资方面没有及时地跟上，"使得一名教师需要同时上几门课程"，既不能保证教学质量，更不能有效地传授知识。学生认为第一遍学习很重要，如果第一遍教师讲解到位的话，会为以后的学习带来很大的帮助，但是，有的教师讲课不能跟上时代的步伐，讲课的课件有的还是几年以前的课件，同时，教师之间讲课水平差距也比较大。学生希望教师之间可以通过相互学习、相互沟通把专业基础知识之间的联系理顺，然后，按照专业课程之间的联系进行授课，使得学生学习更加有效。相应的，学生希望老师可以换一种教学方式，不要照本宣科，可以采用启发式教学，给学生以充分发挥潜能的空间。

（10）在大学期间，学生自己认为学习知识的同时更重要的是学会做人，接受社会这个大课堂的洗礼，大学期间是人一生当中最为关键的时刻，对于人生观、价值观的形成具有不可磨灭的影响，所以，在这期间学会做人在一定程度上比学习本身更为重要。这就要求学生要有更多的机会接触社会。事实上，学生并不能很好地与人沟通，遇事并不能沉着冷静地对待，很多情况下，学生本身知道应该怎样去做，但是，当自己去做的时候就是另一种情况了。大学期间，学生希望他们可以更多地参加社会实践，在社会的大环境中逐渐成长，经历磨难，学会正确地面对事和物，从自身做起，学会感恩。

（二）教师及管理人员的访谈结果

（1）学校在学生还没有开课的时候就已经根据对学生的了解，对课程有一个全面的规划，其实，"大一、大二课程并不少，只是学生课余时间不知道该去干什么"，"学生不能主动学习"，独立能力差，"还不能从安排学习转变为自己主动学习"，不能很快适应大学生活。

（2）"学生的实践动手能力差是有根源的，我国目前的教育大环境，使得学生从小动手能力就差"，教育理念和教育过程都没有很好地促进学生去动手学习。

（3）教师认为，"机会是留给主动的学生的"，该校目前还是大班教学，面对一个几百名学生的班级，一个教师根本没有能力和精力对每一个学生都关心照顾到位，这就要求学生积极主动地参与进来。

（4）教学质量和教师能力有关，教师并不是不想把课讲好，教师需要经验，尤其是年轻教师都有一个成长和慢慢积累经验的过程。教学质量也和教师的敬业精神有关，好的教师讲课是很有吸引力的，上课水平也很高，他们也愿意为自己的事业付出；但是，也不排除有的教师讲课不太好。有些学生学习没有积极性，教师辛苦付出学生却不认真学习，使得新上任的教师的教学积极性降低，教学质量也受到影响。同样地，这和教师的职业观以及学生的学习气氛有关，现在的大环境改变了，青年学生的人生观、价值观改变了，不再是为祖国、为父母而努力学习改变命运的年代了。社会环境对学生的影响很大，学习风气也具有多样性，使得很多学生不会也不愿全身心地投入到学习中去，教师和学生的配合也不能发挥到很好的效果。

（5）学校目前虽然实施了学分制，但并不是完全的学分制。这和教师资源、教学安排有关，而且学分制也不是可以一步到位的，也得有一个过程，逐步走向成熟。

（6）学校的实验器材有的很贵，学校没能做到很方便地服务于学生，这方面的资金投入是要有一个过程的，慢慢地增加，也会根据学生需要逐渐完善校园生活，但是，学校也有很多资源学生都没有很好地利用，使得资源浪费的现象比较严重。

三 访谈中发现的问题

（1）生师互动这方面的问题比较突出，需要校方、教师和学生这三个方面的努力，才能进一步得到改善。第四章具体介绍生师互动的改善方法。

（2）学业挑战度高这一方面学生普遍反映这个难度他们都还可以接受，没有必要降低难度，这也显示出以工科为主的高校学生需要更强的学习强度才能很好地完成学业，学到扎实的基本功，为以后为社会贡献力量提供保障。

（3）学校的管理制度不够健全，不能很好地为大家服务，让学生不能很好地根据学业要求和自己的人生理想去规划自己的大学生涯。学校教学管理部门应进一步完善学分制，发挥学分制在满足学生学习兴趣和提高学生学习动机等方面的作用。学生应尽快适应大学生活，做好人生职业生涯规划，用远大的目标来激发学习动机，用规划来引导大学的行动，全面提供综合素质，争取早日成为社会需要的人才。

（4）教育资源投入不到位，学生不能根据自己的需要进行理论联系实际，不能很好地达到学以致用的地步。学校应尽快加大对教育教学设施资金的投入力度，完善教育教学设施，使学生得到更多的动手锻炼机会，促进理论与实践相结合，提高大学生的动手能力。同时，学校的新校区功能也要尽快完善，尽快结束多校区办学局面，从而为师生互动创造条件。

（5）学校应加大对新专业教师和青年教师教学技能与教学方法培训的力度和实效，提高教师整体素质，以提升教学质量。

第四章　提高 X 大学教育教学
质量的若干建议

第一节　对学校教学管理和师资
培养制度的建议

一　学校应健全、完善教育教学管理制度不够，引导学生设计并实施好大学生涯规划

学校教学管理部门应进一步完善学分制，发挥学分制在满足学生学习兴趣和提高学生学习动机等方面的作用。学校应引导学生应尽快适应大学生活，做好人生职业生涯规划，用远大的目标来激发学习动机，用规划来引导大学的行动，全面提高综合素质，争取早日成为社会需要的人才。① 近几年，社会上的证书考取浪潮高涨，大学里面也掀起一股"考证热"，考证会占用学生很大精力和很多时间，如何正确、合理地处理"考证热"②，这就要求高校根据学生自身特点、专业要求和国家政策等多因素对大学生进行全方位的引导，使其在大学学习的路上学到更多有用的东西，不会做一个贪心的小熊，最后什么

---

① Anaya, G., "College Impact on Student Learning: Comparing the Use of Self – reported Gains, Standardized Test Scores, and College Grades", *Change*, Vol. 33, No. 3, 2001, pp. 10 – 17.

② 张宇斌：《浅析高校如何引导大学生理性面对"考证热"》，《中国校外教育》2010年第1期。

都没有得到。①

事实上，高校辅导员在对大学生的引导上占主导因素，辅导员作为一线学生工作者，在大学生能否成为合格的社会主义接班人方面起决定因素，这就要求高校辅导员在了解学生自身情况的同时，根据社会需求、专业特点和国家政策等方面因素对大学生的大学生涯设计给予全方位的引导，使大学生在大学这个人生的关键时刻可以健康成长。②

二　学校应加大教育资源投入力度，为学生提供实践锻炼机会

如今的社会是一个市场经济社会，高校想在这样的大环境下生存，就要适应社会的发展，引进资金就会方便很多。首先，可以直接引进个人或者企业的投资；其次，也可以向银行贷款和向社会募捐；再次，可以将与高校教学、科研、后勤服务相关的校办企业中的优秀企业进行上市；最后，可以运用高校教师的聪明才智发光发热。③　不过，在引进资金的同时也要注意权益等问题，不能有损高校、教师和学生的利益，也不能影响高校的正常运转。④

学校有了经济基础，应尽快加大对教育教学设施资金的投入力度，完善教育教学设施，使学生得到更多的动手锻炼机会，促进理论与实践相结合，提高大学生的动手能力。同时，充足的资金为新校区功能的完善提供了条件，也为尽快结束多校区办学局面创造了可能性，从而为师生互动也创造了有利条件。

三　学校应加大对新专业教师和青年教师教学技能与教学方法培训的力度和实效，提高教师整体素质，以提升教学质量

从小我们就听说过"学习雷锋好榜样""榜样的力量是无穷的"，

---

①　Hu Wen – Bin, Meng Bo, Wang Shao – Mei, "Research on Weights Self – learning Method Based on Bayes Net", *IMS*, No. 12, 2005, pp. 1781 – 1784.

②　曾裕华：《高校辅导员应如何引导大学生健康成长》，《当代教育理论与实践》2012年第7期。

③　胡明文、刘步英：《国有高校引进社会资金（融资）方式研究》，《高等农业教育》2005年第1期。

④　宋本强：《高校引进社会资金亟待考虑和解决的几个财务问题》，《上海商业职业技术学院学报》2002年第1期。

这就给我们很好的提示，教师可以相互学习，取长补短，这不仅可以在本校实施，也可以向其他高校学习人家的长处，给青年教师的快速成长创造有利的环境条件。在青年教师教学技能提升的同时也不要忽略教师自身修养的提升。①

正如在《X大学2014年度本科教学质量报告》中"需要解决的问题"所言：

......

（二）青年教师培养工作需要进一步加强。近年来，基于当前高等教育体制、高校毕业生就业形势和我省人力资源制度，并结合该校实际，每年新进教师均为高学历学位应届毕业生学生，博士研究生占绝对比例。由于该校大部分专业师资紧缺，新进青年教师大多跳过助教环节，直接由学生转变为主讲教师，缺少必要的教学实践历练。在教学技能方面缺乏经验，在心理上还未完全完成学生到教师角色的转变，在思想上还缺乏对师德师风的深入思考。基于该校当前教学工作中面临的主要问题，迫切需要进一步加强青年教师培养工作。

建设措施：一是加强青年教师教学技能培养。加强和完善指导教师制度，细化督查、考核、评价和激励措施，确保着重实效地开展"传""帮""带"指导工作。鼓励有条件的专业继续实行新教师助教模式，要求新进教师必须完成一年或至少半年助教工作，才能成为主讲教师。继续开展教学名师和教学优秀奖评选、教学技能竞赛、青年教师教学比赛等系列活动，充分发挥先进教师的带动、辐射和示范作用，加强青年教师教学基本技能培养。同时，为适应当前深化高等教育教学改革，促进创新创业教育和专业认证工作顺利开展，对于缺乏工程实践背景的青年教师，学院应有组织、有计划地安排到企业、校内外实训基地实习或调研，进行一定时间的专业实践锻炼。二是加强师德师风建设。加强青年教师师德、师风教育工作，自觉遵守教学规范，认真履行各个环节教学任务。树立师德师风模范，加强宣传，增强教师职业尊崇感，增强教师教书育人的使命感和责任感，尽快使青

---

① 颜秀红：《浅谈如何提升高校教师素质》，《内蒙古电大学刊》2006年第6期。

年教师把教师职业和职责内化到自己的思想上、外化到行动上，促进教师关爱学生，严谨治学、淡泊名利、为人师表，以人格魅力和学识魅力教育和感染学生。三是完善制度，强化教书育人为本、学术至上理念。在学校宏观政策制定上，切实把握"教学与科研并重，以研促教"的关系，强化教书育人为本、学术至上理念。在业绩考核、利益分配等方面通过制度建立正确导向，让青年教师真正从思想上明白大学教师首先把教书育人作为教师职业的根本职责，在此基础上开展学术研究是实现自身价值体现的有效途径，将科学研究成果作为促进教学、作为提升自己教学技能和获得更高荣誉的必要手段。完善教师教学评价与荣誉体系，健全教师教学工作档案，实行重大教学事故在教师个人年度考核、评先、评优和职称晋升中一票否决制等制度，提高广大教师重视教学的责任心，落实教学中心地位。①

第二节　校方、教师和学生三方共同努力，提高生师互动水平

一　学校方面

（一）给学生自由发挥的空间

叶老先生说过："人人可以做我们的先生，随手抓来都是活书，都是学问，都是本领。"② 这表明了一个既定事实，学生需要的是自主学习，不能一味地灌输，学校要给他们创造一个可以自由发挥的空间。③ 为此，学校要适当压缩课程数量和教学时数，给学生自由自主学习创造条件。

---

① 《X 大学本科教学质量报告》编制发布工作小组：《X 大学 2014 年本科教学质量》http：//www. haust. edu. cn/notice/detail. aspx？。
② 钟淑莲：《构建师生互动关系应把握好的几个方面》，《陕西教育》2011 年第 12 期。
③ Issakova Marinal，Lepp Dmitri1，Prank Rein，"Input Design in Interactive Learning Environment"，Institute of Electrical and Electronics Engineers Computer Society，2005，pp. 489 – 491.

（二）加强师生交流，增进师生感情

大学课堂是教师和学生共同经营的，课堂氛围的好与坏在很大程度上会影响教学质量，如果师生关系和谐，就会增进课堂师生互动，也会在一定程度上提升教学质量。[①]

（三）丰富课余活动，增进交流

课堂教学受到时间、环境的制约，使得师生互动在一定程度上受到影响，这就要求利用课外教学环节进行交流沟通和信息反馈，这不失为一个良好的师生互动方法。[②]

师生互动还要注意连续性，不能间断，如果间断就会影响先前的互动效果。[③]

（四）加大师资投入，降低生师比

该校很多时候是大班教学，一个教室里面同时上课的学生有二三百人，这样就会给师生互动带来很大难度，一个人对几百人，这种情况下就很难保证教学质量的同时也影响师生互动，学校方面应该加大师资投入，降低生师比。[④]

二　教师方面

（一）转变教师观念

教师要认识到学生的学习主导地位，树立以学生学习为中心的观念，充分发挥学生的主导地位[⑤]；教师应该加强自身修养，提高自身素质，教师应该把自己的一颗心交给自己的每一名学生，对待学生要有耐心，和学生进行充分的接触和沟通。[⑥] 学生和教师的互动在很大

[①] 曾天德：《大学课堂教学中师生情感互动的研究》，《现代教育科学》2012 年第 9 期。

[②] 韩时琳：《注重师生互动提高教学效果》，《中国高教研究》2003 年第 4 期。

[③] 王玫、岳峰、仇洪冰：《生师互动是提升高校人才培养质量的关键——对〈清华大学本科教育学情调查报告 2009〉的思考》，《柳州职业技术学院学报》2010 年第 1 期。

[④] 万圆：《试答钱学森之问：加强高校师生互动——基于控制师生比和班级规模的探讨》，《教育与考试》2011 年第 3 期。

[⑤] 靳海卿：《NSSE 在高校生师互动中的运用——基于 H 大学的案例研究》，沈阳师范大学，2011 年，第 28 页。

[⑥] 侯立元、高光：《课堂师生互动不平等现象的成因与对策》，《教育学术月刊》2009 年第 10 期。

程度上会影响学生学习的动机，教师要适时把握时机对学生进行引导。[①]

（二）改变教学模式

高校目前大部分还无法改变大班教学模式，但是，教师可以试着改变教课模式，上课期间可以采取分组讨论的模式，加强学生的学习积极性的同时也可以增进教师和学生之间的交流。[②]

（三）充分运用现代网络工具进行交流

牛津大学的导师制在形式上具有借鉴方面："导师与二、三学子相聚一堂，或坐斗室相对论学，或集诸子茶点小饮于导师之家，剖析疑难而外，并得指示学生修养之法，解答学生个人问题。导师视门人如子弟，门人视导师如良师益友，从学之期虽暂，而缔交则终身，受其潜移默化，不觉品德与学问俱进也。"[③] 我们可以借鉴一下，现如今的生活方式发生很大的改变，我们既可以运用互联网上的大学 BBS、聊天室，也可以组织旅游，参与俱乐部等方式辅助教学。

三　学生方面

（一）相信自己，突破权威

学生和教师的互动，在很多情况下，学生本身不够自信，不相信自己具有一定的专业能力，认为教师就是权威，所以，为了更好地交流，学生要勇于突破教师的权威，提出自己的观点和看法。[④]

（二）明确目标，努力学习

学生应该有自己的学习目标，端正自己的学习态度，积极主动地投入到学习实践当中去，努力发挥自己学习的主动性，把被动接受转

---

① Winters Katherine, Matusovich Holly, Streveler Ruth, "How Student – faculty Interactions Influence Student Motivation: A longitudinal Study Using self – determination theory", *American Society for Engineering Education*, No. 6, 2010, pp. 1 – 23.

② 李宝波：《课堂师生互动提高课堂效率》，《价值工程》2010 年第 33 期。

③ 张彬、邹红娟：《在师生互动中建立新型的师生关系》，《中国高教研究》2002 年第 10 期。

④ 何源、姜柏生：《高效课堂情境下生师言语互动分析》，《教学研究》2011 年第 4 期。

化为积极参与，竭尽全力地、积极地融入教学当中。①

（三）提高学习效率，时时学习

目前，努力学习的学生大有人在，但是，学习效率不高是很多学生比较头疼的事情，这就要求学生之间相互学习，提高学习效率。②学生应该有每时每刻都可以学习的心态，不放过任何学习的时机，使自己的知识量不断地提升，可以迅速达到由量变到质变的过程。③

四　对该校管理学院提升本科生培养质量的若干建议

管理类专业是我国企业后备专业管理人才来源的主渠道，其人才培养质量从某种程度上直接影响了我国企业后备专业管理人才的质量，该专业的学生毕业后大部分要走向中小企业的管理岗位，是企业发展的中坚力量，管理人才的培养在很大程度上决定企业的发展方向，企业是国家的支柱，因此，大学中的管理类专业是否能培养出适合社会发展的人才是至关重要的。

前述调查结果显示，X大学管理类本科专业在学业挑战度（该学院得分44.67，常模均值46.95）、主动合作学习水平（该学院得分40.43，常模均值44.03）、生师互动（该学院得分20.87，常模均值26.44）、教育经验丰富程度（该学院得分35.04，常模均值35.40）、校园环境支持度（该学院得分57.45，常模均值59.62）五项指标均低于全国常模均值；管理类本科专业与该校其他九类学科相比，管理类专业学业挑战度排名第九、主动合作学习水平排名第九、生师互动排名第十、教育经验丰富程度排名第六、校园环境支持度排名第四。

在笔者组织的针对管理学院一年级10名管理类专业学生访谈中，学生反映：①与教师沟通不方便，自己可以解决的问题或者和同学交流可以解决的问题没有必要去和教师沟通；②目前学校仍然是大班教学，和教师互动不起来，一节课如果一个人一句话这节课就没有时间

---

① 吴文秀：《注重师生全面互动，提高课堂教学实践》，《理论研究》2010年第9期。

② Hongmei Tang, *The experimental study on the effects of active input and active output learning method based on feedback theory*, Springer Verlag, 2011, pp. 355 – 362.

③ Sripan Rungaroon, Suksawat Bandit, "Propose of fuzzy logic – based students' learning assessment", *IEEE Computer Society*, 2010, pp. 414 – 417.

了；③对于计算机普及的今天，学院基于一些因素的考虑，不允许学生带电脑，但是这样给学生带来诸多不便；④计算机上课上机做实验限制很多，不能及时将理论学习和实践操作相结合；⑤教师讲课不能跟上时代的步伐，讲课的课件有的还是几年以前的课件，教师对学生要求不高，学生的自觉性不够，大一入学课程又比较松，这样一来，学生就容易产生堕落心理；⑥校区的上课区域和生活区域相距较远，下午后三节连上的话下课就会比较晚，晚自习前的时间就很紧。这些问题都是很贴近学生生活的问题，关乎学生大学学习质量和生活质量，为学生的成长埋下伏笔。

鉴于前面数据分析和访谈结构，那么作为管理类学科人才培养的主要阵地的该校管理学院应该在人才培养方案、课程教学等方面适度提高对学生的要求，以提高学生的整体素质，使学生在专业知识、专业技能、综合素质等方面均能提升到一个更高的层次；为学生的学习提供方便，让学生与教师充分合作，提高学生学习的积极性，使学生变被动学习为主动学习，也为学生走向管理岗位做铺垫。

五　X大学本科学情调查小结

一所高校的发展会牵一发而动全身，高校肩负着祖国未来发展的使命，大学生是祖国未来发展的中坚力量，让高校培养出高素质人才是大势所趋。

该校的四个年级的生师互动水平处于一个比较低的水平，尤其是一年级的生师互动水平处于几个年级中最低的位置。生师互动的加强可以通过三个方面：首先是学校方面给学生自由发挥的空间；加强师生交流，增进师生感情；丰富课余活动，增进交流；加大师资投入，降低生师比；尽一切可能为生师互动提供合适的平台。其次是教师方面需要转变教师观念、改变教学模式；同时也需要充分运用现代网络工具进行与学生的沟通交流。最后是学生要相信自己，突破权威；明确目标，努力学习；提高学习效率，时时学习，及时和教师进行沟通。

该校的管理制度不够健全，不能很好地为大家服务。学校应健全、完善教育教学管理制度不够，引导学生设计并实施好大学生涯规划，引导学生应尽快适应大学生活，用远大的目标来激发学习动机，用规划来引导大学的行动，全面提高综合素质，争取早日成为社会需要的人才。高校辅导员也要发挥其积极主动性，为学生指明人生前进的方向。

教育资源投入不到位，学生不能根据自己的需要进行理论联系实际，不能很好地达到学以致用的地步。高校要在市场经济下生存必须学会运用市场，充分调动市场资金为自己的建设铺路。

该校应加大对新专业教师和青年教师教学技能与教学方法培训的力度和实效，提高教师整体素质，以提升教学质量。加强榜样的影响力，教师可以相互学习，取长补短，这不仅可以在本校实施，也可以向其他高校学习人家的长处，给青年教师的快速成长创造有利的环境条件。在青年教师教学技能提升的同时也不要忽略教师自身修养的提升。

第五章　Y大学大学生学习性投入状况的调查研究

第一节　背景与方法

一　背景

教育质量是高校教育发展的永恒主题，是高等教育机构赖以生存的生命线。不同的高等教育质量观产生了不同的教育评价方式。传统的高等教育质量观认为，本科教育的质量是由大学的声誉和资源等外在因素决定的，比如，学校的师资力量、财政资源、生源情况、科研数量、学校的配套设施等方面。然而，教育条件和教育资源的有效保障并不能保证培养出高素质的学生，这种传统的教育评价方式是一种以资源投入评价为主的范式，缺乏对一些真正体现教育质量核心要素的分析。在过去的十年里，随着大规模扩招而急速进入高等教育大众化阶段，本科教育已不再成为令人炫目的"精英教育"，而慢慢成为一种必备的学历要求。然而，有限的资源与膨胀的招生规模之间、社会发展要求与人才培养水平之间的矛盾不断加剧，高等教育质量问题成为学术界乃至全社会都关注的焦点。

《国家中长期教育改革和发展规划纲要》把"教育质量"确立为我国未来二十年教育发展的重要战略之一，其中，"全面提高高等教育质量"和"提高人才培养质量"更是位居高等教育五个项发展议题之首。在这种背景下，我国高等教育的发展模式正从单纯的外部体制变革转化为内部质量的提升。

　　对 Y 大学这样立志建成"以工为主、特色显著、省内一流、国内知名的多科性大学"而言，我们必须认识到：要想成为一所高水平大学，就要具备"卓越的教导学生的能力"，还要能"激发学生的雄心大志"，这也使我们明确了新时期 Y 大学人才培养的方向。该校按照人才培养目标的要求，结合学校实际，制定了一套完善、合理，体现学校水平和定位的"二维"教学质量标准，并在教学过程中严格执行。一是学生知识、能力和素质发展的质量标准，包括专业培养目标（含业务规格）和课程教学目标，分别体现在专业培养计划和课程教学大纲中；二是教师在实施教学过程中的工作质量标准，主要包括教师教学工作及教学管理工作规范和各主要教学环节教学质量评估指标体系。近年来，该校进一步修订和完善了教学质量标准，以适应深化教学改革、提高教学质量的需要。

　　现代社会的大学生具有多重身份：既是学校及教育的管理对象，也是教育市场的消费者，还是独立自主的学习者。对大学教育的水平评价不仅由教育条件和教育资源的多寡所决定，还有赖于学生的学习态度、学习投入和努力程度，以及由师生互动、教与学行为共同构成的教学过程。后者是现行教育评价的薄弱之处，正是我们此次调查研究的重中之重。

二　调查工具及方法

　　本次调查采用学生问卷数据分析与学生访谈相结合的方式。使用的工具是"全美大学生学习性投入调查"（NSSE）问卷的汉化版。NSSE 作为测量工具，主要围绕学生的学习和发展而设计。该工具由四部分题项构成：学生行为、院校行为和要求、学生对院校行为和要求的反应以及学生的背景信息。

　　本次调查采用完全随机抽样的方式，在 Y 大学共发放问卷 1600份，回收 1514 份，回收率为 94.63%。对抽查到的 1514 份数据，通过对总体和样本进行匹配检验，对研究结果采用 SPSS17.0 统计软件进行分析和处理。在对 Y 大学与地方本科院校在五项可比指标均值进行比较时，主要使用 T 检验。

第二节 调查数据与研究发现

一 Y大学与地方本科院校在五项可比指标上的比较

(一) Y大学学生在"学业挑战程度"上的表现

从表5-1可知,在学业挑战程度指标上,Y大学大一学生与地方本科院校的学生相比没有较大差异,但是大二、大三、大四的学生与地方本科院校相比差异显著。该校学生(大二、大三、大四)与地方本科院校的学生相比,都有较好的表现,在学业挑战程度指标上表现优异。

表5-1 Y大学学生在"学业挑战程度"上与
地方本科院校的比较 (x±s)

	Y大学	地方本科院校	t	P值
大一	44.08 ± 13.39	42.92 ± 12	1.687	0.092
大二	47.67 ± 12.80	42.72 ± 13	7.490	0.000***
大三	47.52 ± 12.73	42.91 ± 12.97	7.079	0.000***
大四	50.95 ± 12.10	47.17 ± 12.79	5.959	0.000***

注: *表示P<0.05, **表示P<0.01, ***表示P<0.001,下同。

此外,结合本指标的组成题项对Y大学进行了年级分析,发现无论从阅读量、写作量还是花在课堂之外的学习时间,高年级学生都远远高于大一学生。造成这一现象的原因是什么呢?通过对大一学生的访谈,笔者了解到,从该校的课程设置来看:大一学生主要以对英语、数学、毛泽东思想概论等学校的公共课和学科基础课的学习为主,学生感觉到这些课程原来已经学过,不太感兴趣。并且大一的课程设置很少涉及关于自身专业的专业课学习,这就造成了大一学生阅读指定教材或参考书、预习或复习相关文献或专业期刊、做实验较少。另外,有大一学生谈到大一下学期时间比较空闲,院系的不同也造成了课程设置也不太一样。还有学生反映大一时参加社团活动比较多,到大二时就开始忙自己的专业了,所以,大一相比大二、大三来说学习的时间较少。还有学生谈到,由于高中生活太紧张,压力大,考入大学以后,自己不由自主地就对学习有了松懈,而随着年龄的增长,进入大二、大三以后有了新的奋斗目标,才在思想上对学习更加重视起来。

(二)Y大学学生在"主动合作学习水平"上的表现

从表5-2可知,在主动合作学习水平指标上,Y大学大一学生与地方本科院校的学生相比没有较大差异,但是大二、大三、大四的学生与地方本科院校相比差异显著。该校学生(大二、大三、大四)与地方本科院校的学生相比,都有较好的表现,在主动合作学习水平指标上表现优异。

表5-2 Y大学学生在"主动合作学习水平"上
与地方本科院校的比较($x \pm s$)

	Y大学	地方本科院校	t	P值
大一	44.42±16.71	44.19±16	0.271	0.787
大二	49.12±16.64	43.19±16	6.899	0.000***
大三	48.13±15.34	43.26±15.96	6.194	0.000***
大四	51.64±15.73	48.33±17.09	4.001	0.000***

从具体数据来看:有52.5%的学生经常在课堂上和同学合作完成老师布置的任务或课堂练习,有17.3%的学生经常在课堂上和同学合作完成课业与任务。由此可见,Y大学学生主动合作学习程度较高,在课堂内外能积极思考,主动提问或参与讨论,并且能在课后或课余时间与同学或朋友、家人讨论学习中的观点和问题,这也从一个侧面反映出该校的教学方法和教学模式比较开放,学生在课堂上回答问题、课下和同学讨论、集体学习的机会比较多,与传统的教师讲授法相比有了很大的提高。

（三）Y大学学生在"生师互动"上的表现

从表5-3可知，在"生师互动"指标上，Y大学学生与地方本科院校的常模相比，不存在统计学的显著差异。但是从数据来看，大一学生与常模相比表现欠佳，大二、大三、大四的学生好于地方本科院校的学生。这一点与前面的"学业挑战程度"和"主动合作学习水平"比较相似。为深入诊断该校大一学生究竟在哪些方面存在问题，笔者结合构成这一指标的题项对大一学生进行了分析：有47%的学生从未和任课老师讨论过自己的职业规划，而经常和老师讨论职业规划的只有1.6%；有80%以上的学生从未或者只是有时和任课老师一起参与课程以外的工作（比如社团活动、迎新等），而经常和老师互动的学生在15%以下。

表5-3　　　　　　　Y大学学生在"生师互动"上与
地方本科院校的比较（x±s）

	Y大学	地方本科院校	t	P值
大一	21.67±17.08	21.87±17	-0.233	0.816
大二	24.95±17.44	23.27±17	1.861	0.064
大三	26.00±16.72	24.66±17.72	1.569	0.118
大四	37.63±18.49	36.18±18.49	1.487	0.138

（四）Y大学学生在"教育经验丰富程度"上的表现

积极参加各种教育实践活动，培养具有一定动手能力的实践性人才是高等教育人才培养的重要目标之一。通过分析，我们可以很清楚地发现：Y大学在"教育经验丰富程度"这一指标上远远高于地方本科院校的学生。从表5-4可知，该校大学生参加各种实习、社会实践、各类竞赛、课外活动、选修、辅修以及做志愿者和社区服务的比例较高。比如，有95%的学生打算做或已经做了实习、社会实践或田野调查；有85%的学生已经参加或打算参加社区服务或志愿者活动。有89%的学生已经报考或准备报考专业资格证书或技能等级证书。由此可见，以上数据足以证明 Y 大学的大学生有着较为丰富的教育活动经历和经验，可能也正是由于这一点，该校的毕业生就业率一直保持较高水平，我们的学生一毕业就受到用人单位的欢迎。

表 5－4　　　Y 大学学生在"教育经验丰富程度"上与
地方本科院校的比较（x±s）

	Y 大学	地方本科院校	t	P 值
大一	31.23 ± 13.06	29.58 ± 13	2.465	0.014 *
大二	36.78 ± 14.34	33.16 ± 15	4.888	0.000 ***
大三	37.67 ± 14.47	34.60 ± 14.84	4.148	0.000 ***
大四	40.33 ± 15.13	39.40 ± 16.39	1.166	0.244

（五）Y 大学学生在"校园环境支持度"上的表现

从表 5－5 可知，在"校园环境支持度"指标上，Y 大学四个年级和地方本科院校相比，具有显著性的优势。尤其是大二和大四的学生分值更高。这一组数据表明，该校的学生对学校提供的支持与帮助，包括对自己学业方面、应对人际关系或情感问题、组织集体活动以及应对经济问题等方面的指导以及来自校方的理解与支持等都是相当认同和满意的。

表 5－5　　　Y 大学学生在"校园环境支持度"上与
地方本科院校的比较（x±s）

	Y 大学	地方本科院校	t	P 值
大一	67.29 ± 16.31	63.63 ± 17	4.385	0.000 ***
大二	68.09 ± 16.01	62.04 ± 17	7.314	0.000 ***
大三	64.34 ± 15.60	60.45 ± 16.84	4.906	0.000 ***
大四	70.64 ± 15.33	65.58 ± 16.17	6.275	0.000 ***

二　不同性别非毕业班学生在五个可比指标上差异性比较

从表 5－6 可知，在学业挑战程度、生师互动、教育经验丰富程度这三大指标上，Y 大学非毕业班男生与女生相比没有较大差异，但是在主动合作水平和校园环境支持度这两项指标上，该校非毕业班男生与女生相比差异显著。女生在这两项的得分均显著高于男生。

结合主动合作学习水平指标的组成题项对 Y 大学非毕业班男女生进行了不同性别分析，发现无论从课堂上主动提问或参与讨论还是课后和同学讨论作业实验等方面，女生都远远高于男生。有71%的女生在课堂上能很经常或经常和同学合作完成老师布置的学习任务，而男生的比例只有60%；有58%的女生能经常或很经常在课余和家人、朋友讨论学习中的观点和问题，男生只有46%能做到。通过访谈，笔者发现造成这一现象的原因主要有以下几个方面，一是因为女生比较合群，愿意和同伴共同讨论、合作，而男生往往比较独立自主，愿意自己摸索，不愿寻求别人的帮助；二是由于在大学这个相对宽松的教育环境中，女生更愿意展示自己的长处和优势，更乐意表现自己，让自己更自信，愿意让自己得到更多的锻炼，从而性格更为外向一点，所以得分比例较男生高。还有一位在班上学习刻苦的女生谈到，之所以这么用功读书，是因为希望自己能拿到奖学金，能够给父母和家庭减少负担。

表 5 - 6　　　　　Y 大学不同性别非毕业班学生在五项可比指标上差异性比较（x±s）

	LAC	ACL	SFI	EEE	SCE
男	46.35±13.82	45.80±16.30	25.53±17.53	36.37±14.92	61.92±15.78
女	48.87±11.33	50.62±13.87	26.62±15.79	39.02±13.88	67.10±15.01
t	-1.948	-3.087	-0.634	-1.786	-3.270
P值	0.052	0.002**	0.526	0.075	0.001***

在对校园环境支持度这一指标的访谈上，笔者发现女生对学校往往存在比男生更深的情感。大多数女生都表示如果重新选择，还会选择 Y 大学完成四年的大学生活。而对这一问题，男生则有不同的见解，有的男生表示自己也没有机会在别的学校读本科，所以是不是别

的学校比我们学校强也说不定；有的男生表示自己对所学专业并不是特别满意，当初来学校是调剂过来的，所以，对专业和学校都有一定的陌生感；有的男生感觉在平时的学习生活中，不受老师重视，每次上完课老师都是急于去赶校车，丧失了一些与老师交流的机会，也让自己感觉到失落，从而也影响了对学校的感情。针对男生说的这些情况，女生们觉得，即使我们学校在教育教学方面有一些不尽如人意的地方，但这些方面并不影响自己对学校的感情。这就比如我们是一个大家庭，可能成员之间存在一些矛盾或者成员本身存在一些缺点，但这些都是内部可以解决的，我们自己可以提出来改进，但如果别人说我们家庭不好的地方，我们都会尽力维护它。另外在访谈中，一位女同学满怀深情地诉说，当年她进到我们学校来是通过绿色通道，一直到现在都对我们学校心存感激。从这些方面可以很明显地看出：女生在这一维度上的得分确实比男生要高，从一个侧面反映了男女生心身特点的不同，男生思考问题趋向于理性一些，女生则更感性一些。

三　不同性别毕业班学生在五个可比指标上差异性比较

从表5－7可知，在学业挑战程度和生师互动两项指标上，Y大学毕业班男生与女生相比没有较大差异，但是，在主动合作水平、教育经验丰富程度和校园环境支持度三项指标上，该校毕业班男生与女生相比差异显著。女生在这三项的得分均显著高于男生，具有统计学意义。

表5－7　　　　Y大学不同性别毕业班学生在五项可比
指标上差异性比较（x±s）

	LAC	ACL	SFI	EEE	SCE
男	50.26±12.24	49.65±16.70	37.24±19.65	38.22±15.32	68.64±15.27
女	51.95±11.94	54.64±13.84	38.40±16.77	43.37±14.41	73.60±15.02
t	−1.296	−3.088	−0.584	−3.211	−3.045
P值	0.196	0.002**	0.559	0.001***	0.003**

结合数据，我们可以看出，与非毕业班男女生在五项可比指标的

数据相比，毕业班男女生的数据与非毕业班的比较相似，只有在教育经验丰富程度上，非毕业班是没有显著差异，毕业班是具有显著差异。结合此指标的组成题项，我们对其展开分析，有83%的女生认为，校方非常强调或者强调在学业方面投入大量时间，而男生只有72%；有86%的女生认为，校方非常强调或者强调组织集体生活，使自己能更好地融入大学生活，而男生只有72%。这也同样说明女生比男生更能感觉到学校对自己学业方面提供的帮助，也说明女生有比男生更为积极的学习态度。

四　是否独生子女非毕业班学生在五个可比指标上差异性比较

从表5-8可知，Y大学独生子女与非独生子女非毕业班学生在学业挑战度和校园环境支持度两项指标上没有差异，而在主动合作学习水平、生师互动和教育经验丰富程度三大指标上，独生子女的得分均显著高于非独生子女，具有统计学意义。

表5-8　　　　Y大学是否独生子女非毕业班学生在五个可比
指标上差异性比较（x±s）

	LAC	ACL	SFI	EEE	SCE
独生子女	50.04±12.80	52.36±16	30.98±20.76	41.37±16.14	66.95±17.77
非独生子女	46.71±12.66	46.77±14.95	24.45±15.03	36.52±13.80	63.65±14.83
t	2.163	3.034	2.755	2.785	1.744
P值	0.031	0.003**	0.007**	0.006**	0.082

通过以上数据，笔者对非毕业班的独生子女与非独生子女进行了访谈。通过访谈我们得知：独生子女与非独生子女的学生相比，大多来自城市，原来的受教育条件和家庭环境较好，进入大学后各方面素质也相对较高，容易使他们形成一种积极的学习态度，在课堂上更愿意做口头回答，课余能与家人、朋友更多地讨论学习、生活乃至人生观、事业观，并且与非独相比，能很经常地和任课老师、辅导员、班主任等讨论自己的职业规划，在平时的学习生活中，活跃于各个社

团，积极参加社会实践、愿意为社区服务或成为志愿者，得到的机会与奖励也更多。相比之下，非独生子女的学生大多来自农村，受教育条件和家庭环境要比独生子女差得多。有一位男生告诉我，他直到上高中才第一次见到电脑。一位女生谈到她的初中和高中基本上没有开展过像样的文艺活动。来到大学以后，看到同学们多才多艺，能歌善舞，使自己产生一种心理压力和自卑情绪。从而在课堂上不愿意积极发言，对社团活动漠不关心，不愿与同学和老师交流等。这就带给我们校方一些思考：如何能让全体学生都健康、自由地发展，如何更好地体现"以人为本"的教育思想，这就需要我们校方加大对贫困学生和农村学生的关心和重视，让教师和辅导员多关心他们的思想动态，在平时的生活和学习中多给予重视，为他们创造更多展现自己的机会；另外在班级里开展"帮扶小组"，鼓励他们积极地加入到学校和班级的各项活动中来，使他们也能像独生子女学生那样健康、快乐地成长。

五　是否独生子女毕业班学生在五项可比指标上差异性比较

从表5-9可知，在五项可比指标上，Y大学是否独生子女毕业班学生的比较，不存在统计学的显著差异。这个结果与非毕业班学生是否独生子女的数据相比，存在着很大差异。通过访谈笔者了解到：首先是因为经过几年的学习，农村的孩子更加刻苦，个人素质得到显著提高，到毕业时和独生子女已没有显著差异了。另外，到了大四，由于临近毕业，学生往往觉得对社会有一些迷茫，在就业与继续深造的选择上，同学们之间或与教师之间的交流比较密切；有一位同学反映，在他找工作的时候，发现一些用人单位往往喜欢招非独生子女而舍弃独生子女，这是因为，用人单位觉得独生子女对工作薪酬的期望值太高，容易跳槽。另外，如果公司和独生子女的家庭离得太远，有可能该同学就会很快不安心工作。而非独生子女由于家庭里有其他兄弟姐妹，对家庭的责任要相对小一点。他还谈到他们宿舍有一独生子女在最初找工作的时候屡屡碰壁，后来声称自己家里还有其他兄弟姐妹，现在在西安一家很不错的私营企业找到了工作。

表5-9   Y大学是否独生子女毕业班学生在五项可比
指标上差异性比较（x±s）

	LAC	ACL	SFI	EEE	SCE
独生子女	51.01±12.30	53.31±15.51	38.23±18.97	42.60±15.35	69.25±15.45
非独生子女	50.80±12.03	51±15.78	37.36±18.31	39.49±15.02	70.94±15.23
t 值	0.147	1.194	0.383	1.674	-0.896
P 值	0.883	0.233	0.702	0.095	0.371

六　结论和建议

（一）结论

通过比较研究可以得出如下结论：

（1）与地方本科院校相比，Y大学在学业挑战程度、主动合作学习水平、教育经验丰富程度和校园环境支持度四大指标上均高于地方本科院校学生，尤其是校园环境支持度指标，差异性显著。

（2）在生师互动指标上，和地方本科院校相比，没有本质差异，但从数据来看，大一学生表现欠佳，大二、大三、大四的学生情况好于地方本科院校的学生。

（3）不同性别非毕业班学生在五项可比指标上的差异性比较显示，男生和女生在学业挑战度、生师互动、教育经验丰富程度上没有本质差异，但在主动合作学习水平和校园环境支持度上，该校非毕业班男生明显低于女生，亟待得到校方的重视。

（4）不同性别毕业班学生在五个可比指标上差异性比较显示，在学业挑战程度、生师互动这两大指标上，Y大学毕业班男生与女生相比没有较大差异，但是，在主动合作学习水平、教育经验丰富程度和校园环境支持度三项指标上，该校毕业班男生与女生相比差异显著。女生在这三项的得分均显著高于男生，具有统计学意义。

（5）Y大学独生子女与非独生子女非毕业班学生在学业挑战度和校园环境支持度两大指标上没有差异，而在主动合作学习水平、生师互动和教育经验丰富程度三项指标上，独生子女的得分均显著高于非独生子女。

（6）在五项可比指标上，Y 大学是否独生子女毕业班学生的比较，不存在统计学的显著差异。

据此，结合数据，笔者认为，在整体水平上，Y 大学学生在学习方面的表现和同类地方本科院校相比存在显著差异，我们学校明显高于同类地方本科院校。从这一比较中，反映出 Y 大学在教学中对学生的引导、支持，教师对学生的严格要求程度以及教学方法和模式等方面都是很让人满意的。所存在的问题包括：如何调动大一学生主动学习的积极性；如何更好地缩短男生和女生在五大指标上的差距；如何让农村学生或贫困学生在非毕业阶段更好地发展。

从 Y 大学各指标的表现来看，既得益于我们学校地处全省经济、金融中心的省会郑州，思想比较活跃、教育实践机会较多的先天优势，又得益于 Y 大学长期重视培养应用型人才的培养模式。现代大学的教育水平不仅取决于学校的人才培养计划、教育教学条件，还有赖于学生的学习态度、学习投入和努力程度。所以，对于我们发展中的 Y 大学来说，要建成"以工为主、特色显著、省内一流、国内知名的多科性大学"，就要继续关注学生的学习性投入，在保持其传统优势的基础上，采取有效的措施，保证学生最大限度地实现自我增值。

（二）建议

课题组通过三天对不同院系、不同年级、不同专业的男女生进行访谈，在一种轻松的氛围中，同学们畅所欲言，纷纷表达了自己的观点。笔者在此把一些有代表性的、学生们比较关心的问题总结了一下，希望引起有关部门的重视：

（1）有学生反映希望学校能多增加一些与教师交流的机会。因为教师一般下了课就离开教室，不知去哪里找老师；另外老师也不住在学校，有些问题也不能及时和老师交流。

（2）安全专业的学生反映他们专业课老师太少，有的教师专业课都带了两三门，工作量太大。并且有同学反映该专业有一门课是考试课，却由一位从来没有教过此门课的教师来教授，学生们觉得不太妥。希望能多一些有实际操作经验的老师，而对于教师的高学历并不做太高要求。

（3）有学生反映能否将大学英语四级考试放在大一下学期，到大二再考，觉得时间跨度有些大，反而不利于自己英语水平的发挥。另外大一的一次英语考试就把学生分为 A、B 班，而艺术类学生直接就是 C 班，同学们觉得这种分班有些伤自尊心。

（4）有学生呼吁每学期的最后四周不要再开展一些活动，让他们能专心复习考试。

（5）有学生提出他们专业上一届学生的实习时间是三周，而这一届因为经费问题五天就回来了，并且是让同学们自己拿路费坐火车去的。觉得学校这样让大家集体坐火车没有安全保障，另外实习时间太短，也没有起到预期的作用。

（6）还有一些学生建议能否搞一个交流的书店，有些教材没有怎么用就搁置起来都浪费了，通过这种交流的形式，能供跨专业的同学或下一届学生使用。这些同学希望这种情况能得到进一步改善。

第六章 硕士研究生学情调查

第一节 硕士研究生学情调查概述

一 问题提出及研究文献述评

据教育部发布的 2014 年教育统计数据显示，我国硕士研究生当年招生数 548689 人，在校生数 1535013 人，预计毕业 482210 人，我国已成为硕士研究生教育大国。[①]

然而，伴随着我国硕士研究生教育规模的扩大，也使得我国硕士研究生教育投资滞后，教学设施、实验条件落后，师生比过大，导师质量不高、培养方式不合理等问题日益凸显，由此引发了人们对硕士研究生教育质量的忧虑，使我国硕士研究生教育面临着重大挑战。为此，国务院学位委员会办公室及其部分高校和学者，围绕硕士研究生教育质量开展了一系列的调查研究。

刘朔、陆根书、席酉民等通过调研发现，研究生自己对研究生教育的评价并不令人乐观，他们对与研究生学习经验和研究生教育质量相关的七个方面，即"导师指导""研究条件""研究氛围""论文评审""能力发展""导师魅力"和"学校管理"的满意程度都不高。[②]陈闻、宋大伟的调查发现，三年制研究生培养模式存在着培养时间分

---

① 教育部：《各级各类学历教育学生情况》，2014 年教育统计数据，http://www.moe.edu.cn/s78/A03/moe_560/。

② 刘朔、陆根书、席酉民、梁磊：《对我国硕士研究生学习经验的调查分析》，《复旦教育论坛》2006 年第 3 期。

配不合理、培养过程不完善、培养评价不科学等问题。① 赵婷婷等的调查表明，硕士研究生在年龄、入学方式、工作经历、入学目的等方面所表现出的差异越来越明显；传统的师徒关系仍然在我国研究生教育中占据主导地位；研究生教学中存在着不少问题。②

2007年，清华大学王孙禺教授等受国务院学位办委托，就"我国研究生教育质量现状"问题做了一次全国范围内的抽样调查，结论为：近年来我国研究生教育总体质量保持了稳定。但与五年前相比，生源质量、论文质量都没有大的提高。高质量的论文太少且分布不均；研究生的创新能力，尤其是原创能力差；研究生的外部适应性整体表现较差。③ 同年，徐翠华通过对江苏省六所高校的研究生、导师及管理人员的问卷调查，全面分析了研究生招生管理、日常管理、社团管理、教学管理、科研管理、导师管理、学位管理等方面的现状及存在问题。④

陈光奎等对安徽大学硕士毕业生进行了包括个人情况、生源和录取情况、培养模式和学制、导师指导情况、课程设置和教学、科研和科研环境、考核制度等的调查分析，找出了安徽大学研究生培养、管理中存在的问题，并提出了改进措施。⑤

王碧云等通过对全国43所高校580名硕士生的调查发现，近年来在研究生招生、培养及就业等方面存在不少问题。⑥

张瑞、陈富针对目前研究生培养的质量问题，以太原、兰州、长

---

① 陈闻、宋大伟：《地方院校三年制硕士研究生培养模式调查研究——以某省属大学为例》，《高教论坛》2006年第6期。

② 赵婷婷、李莉：《硕士研究生教育质量现状调查研究报告——以某大学为例》，《大学教育科学》2006年第2期。

③ 王孙禺、袁本涛、赵伟：《我国研究生教育质量状况综合调研报告》，《中国高等教育》2007年第9期。

④ 徐翠华：《高校硕士研究生培养管理现状调查及对策研究》，《黑龙江高教研究》2007年第12期。

⑤ 陈光奎等：《关于硕士研究生培养质量的实证研究——以安徽大学2008届硕士研究生为例》，《法制与社会》2010年第2期。

⑥ 王碧云、陈国平、邱均平：《硕士研究生教育质量调查分析——对全国43所高校硕士生的调查》，《教育与现代化》2010年第1期。

春三市部分高校的硕士研究生为调查对象，开展了问卷调查，并对其中部分在读的研究生采取了面对面的方式或电话的方式进行访谈。结果表明：重点大学的硕士研究生对其培养质量持肯定态度，但满意度不高；非重点大学的硕士研究生对其培养质量持否定态度，且较不满意。①

李永红、洪书生通过问卷调查和实地访谈，了解江西省硕士研究生培养质量的现状，分析硕士研究生培养过程中存在的问题，提出了解决这些问题的一些策略。②

翟洪江、孙立群通过对 A 大学硕士研究生培养质量的调查，分析了研究生自身、导师、课程、培养环境、学生自我投入、培养质量、在校满意度等方面的现状及存在问题，针对调查结果提出根据研究生期望加强就业能力培养、加强创新能力培养、提高课程质量、改善培养环境等改进对策。③

涂丽娜通过对广东某师范大学 150 名硕士研究生的问卷调查，发现硕士研究生确实普遍存在学习倦怠的现象，其中表现突出的是行为不当。不同特征硕士研究生的学习倦怠情况调查结果显示，是否跨专业的硕士研究生存在显著性差异，跨专业高于没有跨专业的。④

易璐通过调查结果表明，目前硕士研究生学风存在的问题主要有：学习目的偏离培养目标；学习的自觉性程度不高；科研意识不够强；学术道德观念比较淡薄。这些问题产生的原因，宏观上可归于社会不良现象的影响，中观上可归于培养单位硕士研究生培养质量保证与监督体系的不够完善及学风建设机制的不够健全，微观上可归于硕士研究生的自律意识还不够强。为解决硕士研究生学风上存在的上述

---

① 张瑞、陈富：《硕士研究生培养质量满意度调查研究》，《西南农业大学学报》（社会科学版）2011 年第 10 期。

② 李永红、洪书生：《重视和提高研究生教育质量——基于江西省硕士研究生培养质量调查》，《教育学术月刊》2011 年第 12 期。

③ 翟洪江、孙立群：《农科院校硕士研究生质量调查分析——以 A 大学为例》，《高等农业教育》2012 年第 8 期。

④ 涂丽娜：《硕士研究生学习倦怠现状调查与分析》，《教育教学论坛》2014 年第 15 期。

问题，须从宏观、中观和微观三个层面进行综合治理，建立长效的硕士研究生学风建设机制。[①]

综上所述，我国当前硕士研究生教育在生源质量、培养模式、课程设置、教学过程、研究经费投入、导师指导方式、管理制度等方面存在不少问题，堵塞质量漏洞，加强薄弱环节建设，建立健全硕士研究生教育质量保障体系已经成为我国当前乃至今后相当长一个时期研究生教育工作的中心任务之一。

二　研究目的

X大学对硕士研究生培养质量一直比较重视，陆续建立了一套比较规范的研究生培养管理制度，特别是 2010 年 12 月相继出台了《X大学研究生教育督导工作暂行规定》《X大学硕士研究生指导教师评聘办法》《X大学全日制学术型硕士学位论文开题报告和中期检查工作的规定》等一系列管理规范，健全了研究生培养制度，保证了该校研究生教育的基本培养质量。但同时应当清醒地看到，学校硕士研究生生源质量不高、培养模式单一、课程设置不尽合理、教学过程较随意、研究条件与研究氛围有待改善、导师质量及指导方式有待提高等问题依然存在，如果不采取切实有效措施加以改进，势必会影响该校硕士研究生的培养质量的进一步提高，进而影响该校博士研究生培养质量。因此，加强影响该校硕士研究生培养过程中的薄弱环节建设，堵塞质量漏洞，健全、完善硕士研究生教育质量保障体系已经成为该校研究生教育发展的主要矛盾。

本章以 X大学 2012 届硕士研究生为调查对象，以"X大学硕士毕业生调查问卷"为调查工具，在问卷调查的基础上进行统计分析，根据调查所反映出来的突出问题分析原因，并据此提出提升学校硕士研究生培养质量的若干建议，为形成学校硕士研究生质量保障体系提供参考。

---

① 易璐：《硕士研究生学风存在的问题及其对策——基于湖南省硕士研究生学风现状的调查》，《云梦学刊》2015 年第 6 期。

第二节　基于学生视角的 X 大学硕士研究生培养质量调查

一　调查目的

为了解该校硕士研究生在考试与入学、导师指导、课程学习、科研训练、培养条件、考核考查等相关培养方面的情况，以便准确把握 X 大学研究生培养质量状况，发现研究生培养过程中存在的问题，提出提升研究生培养质量的相关建议，本课题组设计了"X 大学硕士毕业生调查问卷"。在学校研究生工作部的大力支持下，于 2012 年 4—5 月对即将毕业的 2012 届学生开展了问卷调查。具体情况如下。

二　调查方法

（一）调查工具

本次调查采用的调查工具是由本课题组自行设计的"X 大学硕士毕业生调查问卷"。该问卷是田虎伟教授在广泛文献调研、课题组成员研讨、对部分学生进行前测等基础上修订而成的。该问卷主要为选择题型，内容由考试与入学、培养过程和考核考查三个部分组成，包括 50 个小题。

（二）调查对象

本次调查对象为 X 大学 2012 届硕士研究生，涉及全校 22 个学院，涵盖了工学、理学、农学、医学、文学、经济学、管理学、历史学、法学 9 个学科门类。问卷实发 350 份，回收 292 份；其中，有效问卷 261 份，无效问卷 31 份，回收率 83.4%，有效问卷回收率达 89.4%。

在回收的有效问卷中，文科类问卷 42 份，占 16.1%；理工农医类问卷 219 份，占 83.9%。全日制学术型学位 201 份，占 77.0%；专业学位 60 份，占 23.0%。

（三）分析工具

采用 SPSS17.0 进行统计分析。

三 调查结果与分析

（一）考试与入学

从回收的 261 份有效问卷中，我们可以得知，2012 届硕士研究生被录取的原因及生源等方面的基本情况是：

第一，有 34.10% 的学生认为自己能被录取读研的主要原因是"入学考试成绩名次"靠前，有 33% 的学生认为是因为综合素质使自己能够脱颖而出。两项合计占 67.10%。这说明学校研究生录取时是考试成绩和综合素质并重。

第二，硕士研究生入学前的第一学历为普通本科的人数占67.40%，并且有近 57.10% 的学生目前专业与原来专业一致（含完全一致和跨校同一专业调剂），就读专业与报考志愿相一致的人数占71.30%。这说明学校硕士研究生第一学历较高，而且所学专业与原来专业、就读专业与高考志愿等的一致性较高。

第三，大约 35.20% 的学生希望通过读研"改变目前的生活环境"，"不想马上就业"而读研的比例为 23.40%，"评职称或晋升时具有竞争优势"占 11.90%，"觉得自己适合做研究"而读研学生仅占 10.30%。这说明一方面学生读研的动机呈现出多样化的态势，另一方面说明学校学生读研主要受外在动机驱使，而非自己真正适合读研。

第四，71.30% 的学生是依照第一志愿录取的，"校内调剂专业"的比例为 20.70%，"跨校同一专业调剂""跨校跨专业调剂"和"其他"共计只占 8%。这说明学校社会声誉好，生源较充足（见表6-1）。

表6-1 考试与入学

被学校录取的最主要原因			读研前的第一学历		
选项	人数	比例（%）	选项	人数	比例（%）
入学考试成绩名次	89	34.10	中专、中师、高中	13	5.00
研究能力	51	19.50	普通大专	62	23.80
理论基础	20	7.70	普通本科	176	67.40
综合素质	86	33.00	其他	10	3.80

续表

被学校录取的最主要原因			读研前的第一学历		
其他	15	5.70			

读硕士最主要的目的			就读专业与志愿的一致性		
选项	人数	比例(%)	选项	人数	比例(%)
不想马上就业	61	23.40	完全一致	186	71.30
改变目前的生活环境	92	35.20	校内调剂专业	54	20.70
评职称或晋升时具有竞争优势	31	11.90	跨校同一专业调剂	9	3.40
觉得自己适合做研究	27	10.30	跨校跨专业调剂	8	3.10
工作需要充电	25	9.60	其他	4	1.50
其他	25	9.50			

目前专业与原来专业的一致性			工作经历与学习之间的关系		
选项	人数	比例(%)	选项	人数	比例(%)
完全一致	130	49.80	有很大帮助	36	13.80
校内调剂专业	100	38.30	有帮助	53	20.30
跨校同一专业调剂	19	7.30	说不准	29	11.10
跨校跨专业调剂	6	2.30	帮助不大	40	15.30
其他	6	2.30	完全没有帮助	26	10.00
			其他	77	29.50

（二）培养过程

1. 导师指导

（1）导师制。调查表明，目前学校导师指导方式主要是单一导师制。其中，文科生中单一导师制占71.4%，理科生占59.8%。而正副导师制、指导小组制以及其他导师指导方式，在学校导师指导中比例较少（见表6-2）。

文科生与理科生所认同的理想导师方式存在较大差异。赞同单一导师制，文科生占35.7%，理科生占45.2%；正副导师制，文科生占40.5%，理科生占30.1%；指导小组制，文科生占14.3%，理科生占17.4%。

表 6 - 2   目前所接受的导师指导方式

	单一导师制		正副导师制		指导小组制		其他	
	数目	百分比（%）	数目	百分比（%）	数目	百分比（%）	数目	百分比（%）
总人数	161	61.70	54	20.70	32	12.30	14	5.40
文科生	30	71.42	8	3.06	2	0.076	2	0.076
理科生	131	59.82	46	17.62	30	11.50	12	4.60

在导师与学生的组合方式上，较少学生赞同导师选学生，更多的是支持学生选导师（文科生占 33.3%，理科生占 19.6%）和导师与学生双向选择（文科生占 54.8%，理科生占 63%）。

（2）导师指导频率及效果。从接受导师指导的频率来看，学校约60%的学生每周接受导师指导一次。21.1%的受访学生选择"每两周一次"，11.9%的学生"每月一次"，0.8%的学生选择"每一个半月一次"，6.1%的学生选择"每两月一次"（见表 6 - 3）。

表 6 - 3   接受导师指导的频率

	每周一次		每两周一次		每月一次	
	数目	百分比（%）	数目	百分比（%）	数目	百分比（%）
总人数	155	59.40	55	21.10	31	11.90
文科生	15	35.70	10	23.80	8	19.00
理科生	140	63.90	45	20.50	23	10.50

	每一个半月一次		每两月一次		其他	
	数目	百分比（%）	数目	百分比（%）	数目	百分比（%）
总人数	2	0.80	16	6.10	2	0.80
文科生	2	4.80	7	16.70	0	0.00
理科生	0	0.00	9	4.10	2	0.90

从导师的要求来看，学生普遍认为，导师的要求很严格（20.7%）和严格（47.9%），远高于认为导师很不严格（4.6%）。

总体上，文科生和理科生对导师指导效果给予了积极评价。对导师的指导很满意和满意，文科生占 71.4%，理科生占 74%。而不满意和很不满意的学生人数比例较少，文科生占 4.8%，理科生占 11%。

（3）导师指导数量。目前学校导师指导的在校生数量集中在 1—10 人。其中，1—4 人（文科生占 45.2%，理科生占 63.5%），5—10 人（文科生占 35.7%，理科生占 25.6%）。相对而言，学生认为导师指导研究生的最佳数量为 1—4 人，赞同 1—4 人（文科生占 81%，理科生占 75.3%），5—10 人（文科生占 9.5%，理科生占 16.9%）。由此可见，学生普遍认为导师指导学生人数较多，也将间接造成导师指导学生的频率减少，同时也反映单一导师制的不足。自研究生扩招以来，导师数量引进缓慢，学生数量猛增，这形成了一个导师带多个学生的现象。

2. 课程学习

学校研究生普遍认为，目前专业课程的数量、覆盖面、前沿性一般。其中，认为专业课程数量一般，文科生占 59.5%，理科生占 48.4%；认为覆盖面一般，文科生占 47.6%，理科生占 26.9%；认为前沿性一般，文科生占 47.6%，理科生占 30.1%（见表 6 - 4、表 6 - 5 和表 6 - 6）。

表 6 - 4　　　　　　　　　对专业课程数量的评价

	很大		大		一般		小		很小		其他	
	数目	百分比（%）	数目	百分比（%）	数目	百分比（%）	数目	百分比（%）	数目	百分比（%）	数目	百分比（%）
总人数	22	8.4	63	24.1	131	50.2	24	9.2	18	6.9	3	1.1
文科生	0	0.0	9	21.4	25	59.5	4	9.5	2	4.8	2	4.8
理科生	22	10.0	54	24.7	106	48.4	20	9.1	16	7.3	1	0.5

表 6 - 5　　　　　　　　　对专业课程覆盖面的评价

	很宽		宽		一般		窄		很窄		其他	
	数目	百分比（%）	数目	百分比（%）	数目	百分比（%）	数目	百分比（%）	数目	百分比（%）	数目	百分比（%）
总人数	32	12.3	101	38.7	79	30.3	30	11.5	16	6.1	3	1.1
文科生	1	2.4	11	26.2	20	47.6	8	19.0	2	4.8	0	0.0
理科生	31	14.2	90	41.1	59	26.9	22	10.0	14	6.4	3	1.4

表 6 - 6   对专业课前沿性的评价

	很强		强		一般		弱		很弱		其他	
	数目	百分比(%)	数目	百分比(%)	数目	百分比(%)	数目	百分比(%)	数目	百分比(%)	数目	百分比(%)
总人数	57	21.8	65	24.9	86	33.0	33	12.6	16	6.1	4	1.5
文科生	2	4.8	12	28.6	20	47.6	5	11.9	2	4.8	1	2.4
理科生	55	25.1	53	24.2	66	30.1	28	12.8	14	6.4	3	1.4

　　而在对专业课程数量的建议中，文科生和理科生存在一定的差异性。选择"压缩"的文科生占9.5%，理科生占16.4%；选择"保持不变"的文科生占42.9%，理科生占46.1%；选择"增加"的文科生占45.2%，理科生占36.5%。可见，文科生比理科生更倾向于增加专业课数量。

　　在对待学习过程中实践环节态度这一选项中，绝大多数学生认为实践环节非常重要。其中，选择"实践环节很重要，能够锻炼实际能力"的文科生占71.4%，理科生占66.7%。而选择"没有必要"的文科生仅占7.1%，理科生占7.3%。

　　在课程结构的最主要建议中，文科生和理科生无显著差异。大部分学生认为，应该增加研究方法和工具类必修课程。选择"增加研究方法和工具类必修课程"的占52.5%，选择"增加研究前沿类选修课程"的占32.2%，选择"保持现状"的占7.3%，选择"压缩一些必修课程"的占6.9%。如表6-7所示。

表 6 - 7   改进专业课程结构的主要建议

	增加研究方法和工具类必修课程		增加研究前沿类选修课程		保持现状		压缩一些必修课程		其他	
	数目	百分比(%)	数目	百分比(%)	数目	百分比(%)	数目	百分比(%)	数目	百分比(%)
总人数	137	52.5	84	32.2	19	7.3	18	6.9	2	0.8
文科生	22	52.4	13	31.0	1	2.4	6	14.3	0	0.0
理科生	115	52.5	71	32.4	18	8.2	12	5.5	2	0.9

在专业课程学习期间，以教师讲授与学生自学相结合是目前研究生教育的主要形式。选择"以教师讲授为主"的占 36.80%，选择"教师讲授与学生自学相结合"的占 47.90%，选择"以在教师指导下的学生自学和自由讨论为主"的占 10.30%，选择"以做课程论文或实验为主"的占 4.60%，选择"说不准"的占 0.40%。如表 6 - 8 所示。

表 6 - 8　　　　　在专业课程学习中，多数老师的授课方式

	以教师讲授为主		教师讲授与学生自学相结合		以在教师指导下的学生自学和自由讨论为主		以做课程论文或实验为主		说不准	
	数目	百分比(%)	数目	百分比(%)	数目	百分比(%)	数目	百分比(%)	数目	百分比(%)
总人数	96	36.80	125	47.90	27	10.30	12	4.60	1	0.40
文科生	10	23.80	18	42.90	12	28.60	1	2.40	1	2.40
理科生	86	39.30	107	48.90	15	6.80	11	5.00	0	0.00

在课程学习过程中，文科生和理科生无显著差异，半数以上的学生都会认真对待老师布置的作业。选择"看作是研究能力的实际训练，认真做好"的占 71.3%，选择"作业太多，应付能得个学分就行"的占 6.9%，选择"视老师严格程度而定"的占 16.1%，选择"其他"的占 5.8%。这一数据说明，学校大多数研究生在学习过程中态度端正，愿意跟着导师努力做好研究。如表 6 - 9 所示。

表 6 - 9　　　　　课程学习过程中，对待老师布置作业的态度

	看作是研究能力的实际训练,认真做好		作业太多,应付		视老师严格程度而定		其他	
	数目	百分比(%)	数目	百分比(%)	数目	百分比(%)	数目	百分比(%)
总人数	186	71.3	18	6.9	42	16.1	15	5.8
文科生	25	59.5	6	14.3	7	16.7	4	9.5
理科生	161	73.5	12	5.5	35	16.0	11	5.1

3. 科研训练

调查表明，学校文科生和理科生在参加导师课题的数量上存在显著的差异性。其中，有过半数的文科生在毕业前没有参加过导师研究课题。一次也没有参加过导师课题的文科生占 54.8%，理科生仅占 18.3%。理科生参加课题的比例远远高于文科生（见表 6-10）。

表 6-10 读研期间，参与导师课题数量

	0 项		1 项		2 项		3 项		4 项及以上		其他	
	数目	百分比（%）	数目	百分比（%）	数目	百分比（%）	数目	百分比（%）	数目	百分比（%）	数目	百分比（%）
总人数	63	24.1	118	45.2	43	16.5	20	7.7	11	4.2	6	2.3
文科生	23	54.8	13	31.0	4	9.5	1	2.4	1	2.4	0	0.0
理科生	40	18.3	105	47.9	39	17.8	19	8.7	10	4.6	6	2.7

对研究生是否愿意参加导师课题的态度调查，持喜欢和很喜欢态度的，文科生占 71.4%，理科生占 73.5%；持不喜欢和很不喜欢态度的，文科生占 2.4%，理科生占 5.5%。这一数据表明，不喜欢和很不喜欢参加导师课题的学生是极少数的，因此，在毕业前一次也没有参加导师课题的原因可能更多地在导师方面（见表 6-11）。

表 6-11 参与导师课题的态度

	很喜欢		喜欢		无所谓		不喜欢		很不喜欢		其他	
	数目	百分比（%）	数目	百分比（%）	数目	百分比（%）	数目	百分比（%）	数目	百分比（%）	数目	百分比（%）
总人数	59	22.6	132	50.6	49	18.8	8	3.1	5	1.9	8	3.1
文科生	11	26.2	19	45.2	8	19.0	1	2.4	0	0.0	3	7.1
理科生	48	21.9	113	51.6	41	18.7	7	3.2	5	2.3	5	2.3

研究生参加的课题最高级别主要是国家社会科学（自然科学）基金项目和省级社会科学或自然科学项目，分别占 26.8% 和 28.4%。其中，文科生参加的最高该级别主要是省级社会科学或自然科学项目，占 21.4%，国家社会科学（自然科学）基金项目占 16.7%；理

科生参加的最高级别主要是国家社会科学（自然科学）基金项目，比例达 28.8%，省级社会科学或自然科学项目则占 29.7%。从比较中可见，理科导师的课题比文科导师要多，并且级别也高（见表 6 - 12）。

表 6 - 12　　　　　　　　参与导师研究课题的最高级别

	国家社会科学（自然科学）基金项目		除科技部之外的其他中央部委项目		省级社会科学或自然科学项目		地厅级项目		企事业单位的横向委托项目		其他	
	数目	百分比（%）	数目	百分比（%）	数目	百分比（%）	数目	百分比（%）	数目	百分比（%）	数目	百分比（%）
总人数	70	26.8	13	5.0	74	28.4	26	10.0	33	12.6	45	17.2
文科生	7	16.7	0	0.0	9	21.4	1	2.4	3	7.1	22	52.4
理科生	63	28.8	13	5.9	65	29.7	25	11.4	30	13.7	23	10.5

学生在参加导师研究课题时，承担的主要任务是独立负责子课题的设计与实施。文理科生分别占 11.9% 和 39.3%，其次是收集文献，文理科生所占比例分别为 19% 和 12.3%，还有就是进行数据整理与统计分析，文理科生分别占 16.7% 和 11.9%。比较文理科生可知，理科生独立负责子课题的设计与实施的比例比文科生多 27.4 个百分点。

绝大多数学生对导师支付研究生参与研究课题报酬的态度是很支持和支持，文科生占 81%，理科生占 83.6%（见表 6 - 13）。

表 6 - 13　　　　　　对导师支付研究生参与研究课题报酬的态度

	很支持		支持		中立		不支持		很不支持		其他	
	数目	百分比（%）	数目	百分比（%）	数目	百分比（%）	数目	百分比（%）	数目	百分比（%）	数目	百分比（%）
总人数	122	46.7	95	36.4	32	12.3	3	1.1	0	0.0	9	3.4
文科生	18	42.9	16	38.1	6	14.30	0	0.0	0	0.0	2	4.8
理科生	104	47.5	79	36.1	26	11.9	3	1.4	0	0.0	7	3.2

硕士学位论文选题三个来源：导师的研究课题、导师指导与个人学术兴趣特长的结合、自主选题。比较文理科生发现，文科生中导师指导与个人学术兴趣特长结合的比例较高，占42.9%；理科生中导师的研究课题的比例较高，占51.1%（见表6–14）。

表6–14　　　　　　　　硕士学位论文选题来源

	导师的研究课题		导师指导与个人学术兴趣特长的结合		自主选题		其他	
	数目	百分比(%)	数目	百分比(%)	数目	百分比(%)	数目	百分比(%)
总人数	120	46.0	88	33.7	27	10.3	26	10.0
文科生	8	19.0	18	42.9	15	35.7	1	2.4
理科生	112	51.1	70	32.0	12	5.5	25	11.5

调查表明，有58.2%的学生认为，在写作硕士学位论文过程中遇到的最主要困难是自身的知识基础和研究能力储备不足；也有的学生认为是缺乏学术交流氛围、研究经费不足和导师指导不充分，三者所占比例分别是16.9%、6.9%、6.1%。仅有极少数学生认为是自身投入的精力不足和缺乏实践部门支持。在这一点上，文理科生的认识基本一致（见表6–15）。

表6–15　　　　在写作硕士学位论文过程中遇到的最主要困难

	自身的知识基础和研究能力储备不足		自身投入的精力不足		研究经费不足		缺乏学术交流氛围		导师指导不充分		缺乏实践部门支持		其他	
	数目	百分比(%)	数目	百分比(%)	数目	百分比(%)	数目	百分比(%)	数目	百分比(%)	数目	百分比(%)	数目	百分比(%)
总人数	152	58.2	13	5.0	18	6.9	44	16.9	16	6.1	8	3.1	10	3.9
文科生	27	64.3	1	2.4	3	7.1	6	14.3	2	4.8	0	0.0	3	7.1
理科生	125	57.1	12	5.5	15	6.8	38	17.4	14	6.4	8	3.7	7	3.2

4. 培养条件

在对图书馆、实验室和网络服务的三项调查中表明，大部分学生对图书馆、实验室条件满意。其中，对图书馆"很满意和满意"的占46.8%，"不满意和很不满意"的占6.5%；对实验室"很满意和满意"的占59.7%，"不满意和很不满意"的占11.1%；对网络服务"很满意和满意"的占50.2%，而"不满意和很不满意"的占34.8%。

调查表明，文科生的学习主动性不强，阅读专业书籍的数量有限。调查中，在一年时间里文科生阅读专业书籍的数量集中在1—20部（占69.1%）；读书数量在21—40部的学生不多（占16.7%）；读书数量在41部以上的有4.8%（见表6-16）。

表6-16　　　近一年阅读专业书籍的数量（文科研究生答）

	1—10 部		11—20 部		21—30 部		31—40 部		41 部以上		其他	
	数目	百分比（%）	数目	百分比（%）	数目	百分比（%）	数目	百分比（%）	数目	百分比（%）	数目	百分比（%）
文科生	17	40.5	12	28.6	6	14.3	1	2.4	2	4.8	4	9.5

理科生每周做实验的时间分布存在较大的两极化。有的学生（37.4%）每周做实验时间在4小时以内，而另有学生（24.7%）做实验时间在21个小时以上（见表6-17）。

表6-17　　　近一年每周做实验的时间（理科研究生答）

	1—4 小时		5—8 小时		9—12 小时		13—16 小时		17—20 小时		21 小时以上		其他	
	数目	百分比（%）	数目	百分比（%）	数目	百分比（%）	数目	百分比（%）	数目	百分比（%）	数目	百分比（%）	数目	百分比（%）
理科生	82	37.4	31	14.2	27	12.3	10	4.6	14	6.4	54	24.7	1	0.5

在参加省内外学术会议的次数调查方面，文理科研究生总体上次数偏少。三年来，0—1次的参加率是60.5%，如果加上偏低的2次

就包括很大一部分学生（82%）；而最高的 4 次及以上只有 5.7%。文理科生在回答时也有所区别，前两项文科生选择的比例是 66.6%，理科生选择的比例是 59.3%；最后一项文理科生分别是 7.1% 和5.5%。这说明大多数理科生参加学术会议的次数要少于文科生（见表 6 - 18）。

表 6 - 18　　　　　三年来参加省内外学术会议的次数

	0 次		1 次		2 次		3 次		4 次及以上		其他	
	数目	百分比(%)	数目	百分比(%)	数目	百分比(%)	数目	百分比(%)	数目	百分比(%)	数目	百分比(%)
总人数	93	35.6	65	24.9	56	21.5	25	9.6	15	5.7	7	2.7
文科生	20	47.6	8	19.0	6	14.3	2	4.8	3	7.1	3	7.1
理科生	73	33.3	57	26.0	50	22.8	23	10.5	12	5.5	4	1.8

学生对学校的学术氛围存在着各自不同的意见，其中"满意"的比例较高，达 35.6%。而"不满意"的占 25.7%，"说不准"的占 22.6%，"很不满意"的占 8.8%，"很满意"的占 5.7%（见表 6 - 19）。

表 6 - 19　　　　　　对学校学术氛围的态度

	很满意		满意		说不准		不满意		很不满意		其他	
	数目	百分比(%)	数目	百分比(%)	数目	百分比(%)	数目	百分比(%)	数目	百分比(%)	数目	百分比(%)
总人数	15	5.7	93	35.6	59	22.6	67	25.7	23	8.8	4	1.5
文科生	2	4.8	11	26.2	11	26.2	9	21.4	8	19.0	1	2.4
理科生	13	5.9	82	37.4	48	21.9	58	26.5	15	6.8	3	1.4

绝大多数学生都对加大研究生创新项目投入力度持赞同态度。文科生赞同的达到 85.7%，理科生达到 90.9%。而对于持不赞同态度文理科生分别仅有 4.8% 和 1.4%。文科生和理科生整体表现一致。但相比较而言理科生显得更加积极认可，完全赞同的理科生比文科生多 7.4 个百分点（见表 6 - 20）。

表 6 – 20 　　　　　对学校加大研究生创新项目投入力度的态度

	完全赞同		赞同		无所谓		不赞同		很不赞同		其他	
	数目	百分比（%）	数目	百分比（%）	数目	百分比（%）	数目	百分比（%）	数目	百分比（%）	数目	百分比（%）
总人数	153	58.6	82	31.4	15	5.7	1	0.4	4	1.5	6	2.3
文科生	22	52.4	14	33.3	4	9.5	0	0.0	2	4.8	0	0.0
理科生	131	59.8	68	31.1	11	5.0	1	0.5	2	0.9	6	2.7

5. 其他

在知识、能力和素质提高方面，近 30% 的学生认为最有效的途径是与课程相关的学习，居选项最高比例；其次是选择科研项目的参与，占 28.4%；与学科专业相关的实践锻炼和学位论文的完成的比例相对较少，分别占 23.8% 和 13.0%；5.0% 的学生选择其他途径（见表 6 – 21）。

表 6 – 21 　　　　　提高知识、能力和素质的最有效的途径

	与课程相关的学习		科研项目的参与		与学科专业相关的实践锻炼		学位论文的完成		其他	
	数目	百分比（%）	数目	百分比（%）	数目	百分比（%）	数目	百分比（%）	数目	百分比（%）
总人数	78	29.9	74	28.4	62	23.8	34	13.0	13	5.0
文科生	10	23.8	8	19.0	15	35.7	7	16.7	2	4.8
理科生	68	31.1	66	30.1	47	21.5	27	12.3	11	5.1

对于在学习与研究过程中出现的突发灵感或偶发感想，"马上记下来，随后处理"的学生最多，占 54.4%，其次是"找人讨论，力图弄个明白"，该选项学生人数有 28.4%，8.4% 的学生会"一笑了之，随它去吧"，有 7.3% 的学生会选择"停止手中的事情，想个明白"，只有 0.8% 的学生认为从未在学习与研究过程中有过突发灵感或偶发感想。可见，学生的求知欲和探索欲是很强烈的，虽然处理方式各异，但是，90% 的学生遇到突发灵感或偶发感想时，都会想方设法解决问题（见表 6 – 22）。

表 6-22 突发灵感和偶发感想的处理方式

	马上记下来，随后处理		停止手中的事情，想个明白		找人讨论，力图弄个明白		一笑了之，随它去吧		没有发生过		其他	
	数目	百分比（%）	数目	百分比（%）	数目	百分比（%）	数目	百分比（%）	数目	百分比（%）	数目	百分比（%）
总人数	142	54.4	19	7.3	74	28.4	22	8.4	2	0.8	2	0.8
文科生	18	42.9	3	7.1	16	38.1	5	11.9	0	0.0	0	0.0
理科生	124	56.6	16	7.3	58	26.5	17	7.8	2	0.9	2	0.9

大多数学生都有在校外兼职的经历。最近一年有 53.6% 的学生在校外兼职，但是每周兼职的时间普遍不长，39% 的学生每周兼职时间在 8 小时以内，10% 的学生每周兼职 9—12 小时，仅有 1.5% 的学生每周兼职时间是 13 小时以上，还有 46.4% 的学生一年内没有在校外兼职（见表 6-23）。

表 6-23 近一年在校外兼职情况

	没有兼职		每周 2—4 小时		每周 5—8 小时		每周 9—12 小时		每周 13 小时以上		其他	
	数目	百分比（%）	数目	百分比（%）	数目	百分比（%）	数目	百分比（%）	数目	百分比（%）	数目	百分比（%）
总人数	121	46.4	51	19.5	51	19.5	26	10.0	4	1.5	8	3.1
文科生	12	28.6	13	31.0	10	23.8	3	7.1	2	4.8	2	4.8
理科生	109	49.8	38	17.4	41	18.7	23	10.5	2	0.9	6	2.7

关于学制的年限，大多数学生赞同两年到三年的研究生培养方案。28.4% 的学生认为应该是 2 年，24.9% 的学生认为是 2.5 年，居于现状中硕士研究生学制主流的 3 年学制占 31.8%。13.4% 的学生认为硕士研究生学制应该是 2 年以下，没有学生认为应该是 3 年以上（见表 6-24）。

表 6－24　　　　　　　　对学校硕士研究生学制的看法

	1 年		1.5 年		2 年		2.5 年		3 年		3 年以上		其他	
	数目	百分比（%）	数目	百分比（%）	数目	百分比（%）	数目	百分比（%）	数目	百分比（%）	数目	百分比（%）	数目	百分比（%）
总人数	14	5.4	21	8.0	74	28.4	65	24.9	83	31.8	0	0.0	4	1.5
文科生	8	19.0	5	11.9	13	31.0	9	21.4	5	11.9	0	0.0	2	4.8
理科生	6	2.7	16	7.3	61	27.9	56	25.6	78	35.6	0	0.0	2	0.9

读研期间的最大压力来自找工作，已经成为学生的共识，该选项占 52.1%。目前，随着高等教育大众化和高校扩招，研究生越来越多，工作竞争过于激烈，很多研究生在刚刚进入学校学习就开始担心自己的就业问题。21.1% 的学生认为读研期间的最大压力是学位论文，14.6% 的学生认为是经济拮据，12.3% 的学生选择了其他压力。关于读研期间的最大压力，文科生和理科生的选择无显著差异（见表 6－25）。

表 6－25　　　　　　　　读研期间最大压力源

	学位论文		找工作		经济拮据		其他	
	数目	百分比（%）	数目	百分比（%）	数目	百分比（%）	数目	百分比（%）
总人数	55	21.1	136	52.1	38	14.6	32	12.3
文科生	6	14.3	25	59.5	2	4.8	9	21.4
理科生	49	22.4	111	50.7	36	16.4	23	10.5

究竟什么才是学生心中理想的研究生培养模式呢？选择"严进严出"作为理想的研究生培养模式的学生最多，占 38.7%，其次是"宽严相济"，占 24.9%，再次是"严进宽出"，占 19.9%，最后是"宽进严出"和"宽进宽出"，分别占 7.3% 和 4.6%。可见，学生普遍对研究生的入口很重视，对研究生的入学条件要求很高，占 83.5%。文科生和理科生在培养模式的选择上有显著差异。47.6% 的

文科生选择"严进严出",而选择此项的理科生仅占37%,相差约10个百分点;而选择"宽严相济"的文科生和理科生比例相差也较大,分别是9.5%和27.9%(见表6-26)。

表6-26　　　　　　　　　理想的研究生培养模式

	严进严出		严进宽出		宽严相济		宽进严出		宽进宽出		其他	
	数目	百分比(%)	数目	百分比(%)	数目	百分比(%)	数目	百分比(%)	数目	百分比(%)	数目	百分比(%)
总人数	101	38.7	52	19.9	65	24.9	19	7.3	12	4.6	12	4.6
文科生	20	47.6	7	16.7	4	9.5	7	16.7	2	4.8	2	4.8
理科生	81	37.0	45	20.5	61	27.9	12	5.5	10	4.6	10	4.6

就业时优先选择的职业倾向中,选项最多的是高收入,占33.7%,其次是专业对口和自己喜欢,分别是22.6%和14.2%,居于第四位的是相关专业,占12.6%,最后是高社会地位和能够就业,分别是12.3%和3.1%。可见,虽然就业压力非常大,竞争非常激烈,硕士生们对职业的要求还是很高的(见表6-27)。

表6-27　　　　　　　　　就业时优先选择的职业倾向

	高收入		高社会地位		专业对口		相关专业		自己喜欢		能够就业		其他	
	数目	百分比(%)	数目	百分比(%)	数目	百分比(%)	数目	百分比(%)	数目	百分比(%)	数目	百分比(%)	数目	百分比(%)
总人数	88	33.7	32	12.3	59	22.6	33	12.6	37	14.2	8	3.1	4	1.5
文科生	10	23.8	5	11.9	7	16.7	5	11.9	11	26.2	3	7.1	1	2.4
理科生	78	35.6	27	12.3	52	23.7	28	12.8	26	11.9	5	2.3	3	1.4

(三) 培养考核

1. 研究生论文发表情况

X大学硕士毕业生赞同本校目前规定研究生在校期间必须发表论

文的学生数占绝对优势，占总数的 69.4%。也有一部分同学不赞同这一制度的设立，占 16.8%。文科生对学校目前规定硕士研究生在学期间必须发表学术论文，持赞同的态度最多，占 38.1%；其次是完全赞同的，占 33.3%。理科生持完全赞同态度的最多，占 45.7%；其次为赞同的，占 23.3%。可见，文科生与理科生对这一问题的看法无显著性差异（见表 6-28）。

表 6-28　　　　　　　　　对规定必须发表论文制度的态度

	完全赞同		赞同		无所谓		不赞同		很不赞同		其他	
	数目	百分比（%）	数目	百分比（%）	数目	百分比（%）	数目	百分比（%）	数目	百分比（%）	数目	百分比（%）
总人数	114	43.7	67	25.7	17	6.5	29	11.1	15	5.7	19	7.3
文科生	14	33.3	16	38.1	5	11.9	2	4.8	2	4.8	3	7.1
理科生	100	45.7	51	23.3	12	5.5	27	12.3	13	5.9	16	7.3

X 大学硕士研究生在读期间发表论文数量总体上以每人 1 篇和 2 篇居多，分别占 33% 和 28.7%，3 篇占 18.8%。另外，还有 3.4% 的学生在毕业之前没有发表过一篇论文。其中在核心期刊上发表过 1 篇和 2 篇文章的学生占一半多，只有 18.4% 的学生没有在核心期刊上发表过文章。在核心期刊上发表过文章的学生以 1 篇居多，占 42.9%，其次为 2 篇，占 21.8%（见表 6-29 和表 6-30）。

表 6-29　　　　　　　　　读研期间发表的学术论文数量

	0 篇		1 篇		2 篇		3 篇		4 篇		5 篇及以上		其他	
	数目	百分比（%）	数目	百分比（%）	数目	百分比（%）	数目	百分比（%）	数目	百分比（%）	数目	百分比（%）	数目	百分比（%）
总人数	9	3.4	86	33.0	75	28.7	49	18.8	19	7.3	17	6.5	6	2.3
文科生	3	7.1	26	61.9	8	19.0	0	0.0	3	7.1	2	4.8	0	0.0
理科生	6	2.7	60	27.4	67	30.6	49	22.4	16	7.3	15	6.8	6	2.7

表 6 - 30　　　　　读研期间在核心期刊上发表的学术论文数量

	0 篇		1 篇		2 篇		3 篇		4 篇及以上		其他	
	数目	百分比（%）	数目	百分比（%）	数目	百分比（%）	数目	百分比（%）	数目	百分比（%）	数目	百分比（%）
总人数	48	18.4	112	42.9	57	21.8	17	6.5	19	7.3	8	3.1
文科生	27	64.3	8	19.0	1	2.4	1	2.4	1	2.4	4	9.5
理科生	21	9.6	104	47.5	56	25.6	16	7.3	18	8.2	4	1.8

2. 开题报告

对学位论文实施严格的开题报告基本上持赞同态度。持完全赞同及赞同的学生分别占 49.4% 和 36%。持不赞同及很不赞同的态度仅占 1.9% 和 3.1%。

3. 中期检查

对在研究生学习期间学校实行中期检查的态度完全赞同与赞同分别占 47.9% 和 34.5%，不赞同与很不赞同分别占 2.7% 和 4.2%，可见，对这一问题有 82.4% 的学生持赞同态度。通过查阅文献资料，我们得知：很多研究生培养单位都把研究生中期考核制度作为一项重要的管理制度运用到研究生培养过程中（见表 6 - 31）。

表 6 - 31　　　　　　　对实施中期检查的态度

	完全赞同		赞同		无所谓		不赞同		很不赞同		其他	
	数目	百分比（%）	数目	百分比（%）	数目	百分比（%）	数目	百分比（%）	数目	百分比（%）	数目	百分比（%）
总人数	125	47.9	90	34.5	21	8.0	7	2.7	11	4.2	7	2.7
文科生	15	35.7	19	45.2	4	9.5	0	0.0	3	7.1	1	2.4
理科生	110	50.2	71	32.4	17	7.8	7	3.2	8	3.7	6	2.7

综上所述，学校硕士研究生在生源质量、培养过程及考核等方面总体质量较高，但调查中也发现一些突出问题：学生读研主要受外在动机驱使，研究生课程中"研究方法和工具类课程"偏少，文科生参

加导师课题比例偏低，研究生自身的知识基础和研究能力储备不足，文科生专业书籍阅读量偏少，理科生做实验机会两极分化，参加省内外学术会议的次数偏少，学校的学术氛围不够浓厚，文科生校外兼职过多，研究生找工作压力自我负担过重等。这些问题如果不能认真研究，并采取有效措施加以解决，势必会影响该校硕士研究生培养质量的进一步提升。

第三节　X 大学提高硕士研究生培养质量的对策与建议

一　多策并举，激发研究生内在学习动机

1. 学校应加强思想教育，帮助研究生树立正确的人生观、价值观

人生的价值在于奉献，人只有通过艰苦的学习和劳动在对他人、社会做出贡献的同时，才能体现人生价值，也才能从社会中获取合理回报。应教育研究生，只有加强学业，才能掌握奉献他人、服务社会的高级本领，才能在就业竞争中赢得优势，占得先机。

2. 利用问题情景，激发研究生探索科学奥秘和解决社会生产生活中重大问题的兴趣

兴趣有三个阶段：一是有趣，常与个体对某一事物或活动的新奇感相联系。二是乐趣，在有趣定向发展的基础上形成的，具有专一、深入的特点。三是志趣，当乐趣同个体的社会责任感、理想、奋斗目标结合起来时，乐趣转化为志趣；志趣具有社会性、自觉性和方向性的特点，是取得成就的根本动力，是成功的重要保证。[①]

研究生对学术的兴趣主要靠培养和激发：一是任课教师要在课堂教学中有意识地把科学研究、社会生产生活中的难题经过合理抽象，转化成课堂的问题情景，激发研究生的探究欲望；二是导师不但要善

---

① 郭志文、李斌成：《大学生职业生涯规划》，华中科技大学出版社 2008 年版，第 25 页。

于利用自己从事科学技术研究中所遇到的难题、解决策略及问题解决后成功的喜悦，来激发研究生的研究兴趣，还要把自己现有研究课题拿出来与学生一起探究。

二 优化课程结构，提高开设课程质量

美国是当今研究生教育最发达的国家之一，几乎所有高校研究生教育都十分重视研究方法或专门技术的训练，并通过有关课程的教学、研究和实践等方式来达到这个目标。① 因此，该校研究生课程设置，应适度增加研究方法与工具类、研究前沿类课程数量，增加实验课、模拟课、社会实践课等实践性教学内容或环节的比重，以提高开设课程质量。

三 改革正副导师制，推广导师指导小组制，形成多元化导师指导制度

据统计，国家科研经费的80%分给了20%的院校，学校所申请科研经费的80%又配置给了20%的教授。尤其是非重点院校，国拨科研经费数量有限，获得的省市科研经费也不充足，80%导师经费不足是一种常态现象。没有经费、项目支撑的导师特别是理科导师，指导学生时只能让研究生做一个虚拟项目，应付毕业了事，学生培养质量很难保障。② 面对这样一种状况，改革单一导师制势在必行。

（1）正副导师常态化。副导师不再局限于新导师，按照专业方向相近、自愿的原则，没有课题经费的导师也可做副导师，所带学生由有课题经费的正导师统一安排，参与正导师的研究工作。

（2）导师指导小组制度化。按照专业方向相近、自愿的原则，组成3人以上的研究生导师指导小组，根据本指导小组的课题及经费状况，统筹安排所带研究生参加科研项目，开展学术交流，撰写毕业论文。

（3）建立研究生导师退出机制。对于年龄偏大、体力精力不支的

---

① 田虎伟：《中国高等教育研究方法的反思与重构》，中国社会科学出版社2009年版，第109页。
② 沈媛媛：《工科研究生培养的现状分析与探讨》，《现代教育科学》2008年第5期，第140—142页。

老师，若干年没有主持课题和经费的教师，责任心不强且出教学事故的教师，应当建立起导师自动退出机制。

四　加强校园学术文化建设，创设浓郁的研究氛围

华中科技大学涂又光教授的泡菜理论认为，泡菜的味道取决于泡菜汁的味道，大学犹如泡菜缸，大学的氛围犹如泡菜汁，办大学主要是要营造一种氛围。对于有研究生教育任务的院校而言，就要营造一种崇尚学术、勤于探索、敢于创新的一种学术文化。因此，该校应进一步加大研究生学术竞赛活动力度，加大研究生创新基金扶持范围和资助力度，加强研究生对外学术交流制度建设等，以营造浓郁的学术文化，提高研究生培养质量。

中篇　大学生创业能力培育研究

本篇采用文献法、测量法和访谈法等研究方法，在对国内外相关创业能力文献系统梳理的基础上，界定了创业能力的内涵和外延，透视了创业机会和运营管理的内在机理，提出了大学生创业能力培育的战略思路，最后归纳了大学生创业能力培育的一系列方法与措施。

首先，在对国内外相关创业能力文献系统梳理的基础上，认为创业能力是创业者在创业过程中所表出现的一种特殊能力，是指除创业情感、意志、动机等之外，对创业者顺利完成创业活动起决定作用的心理特征。同时把创业能力分为机会能力与运营管理能力两阶六维度，即首先将创业能力分为机会能力与运营管理能力两个一阶维度，然后在这两个一阶维度的基础上，设置了六个二阶维度；在机会能力维度下设置机会识别能力和机会开发能力两个二阶维度，在运营管理能力维度下设置了组织管理能力、战略能力、关系能力和承诺能力四个二阶维度。

其次，透视了创业机会能力和创业运营管理能力的认识论原理。

在创业机会能力分析部分：创业机会是指有吸引力的、较为持久的和适时的一种商务活动的空间，并最终表现在能够为消费者或客户创造价值或增加价值的产品或服务之中；创业机会来源于环境的变动，市场的不协调或混乱，信息的滞后、领先或缺口，以及各种各样的其他因素的影响等，创业者可以通过其本身特有的素质发现创业机会；创业机会主要包括技术机会、市场机会和政策机会三类机会；机会识别能力就是指创业者采用种种手段来识别市场机会的能力；机会开发是在机会识别、评价基础上，构建资源平台，创立新企业的过程；机会开发能力是指创业者将识别出来的创业机会通过构建资源平台予以落实的能力。

在创业运营管理能力分析部分：组织管理能力是指为了有效地实现目标，灵活地运用各种方法，把各种力量合理地组织和有效地协调起来的能力；包括协调关系的能力和善于用人的能力等。战略管理能力是指创业企业领导者在确定企业使命和定位、保证企业目标的正确落实并使企业使命最终得以实现的动态过程所表现出的综合能力和素质；一个规范性的全面的战略管理过程可大体分解为战略环境分析、战略制定、战略实施和战略控制四个阶段；战略管理的模式有企业家模式、适应性模式和计划模式。关系管理是指对影响企业生存发展的企业内外部关系进行梳理、协调等的过程，关系能力是指是否能够建立个体对个体或个体对群体的互动关系的能力；创业者需要拥有建立和谐的人际关系、公共关系和顾客关系三大关系的能力。承诺即许诺者做出的保证，目的在于满足组织内外部顾客的要求；承诺管理能力是指创业者管理实施对供应商、员工、顾客、风险投资商等各种利益共同体承诺的能力。承诺管理包括理解和评估、协议和沟通、后果三个要素。

再次，提出了大学生创业能力培育的战略思路。宏观层面的战略思路包括：①坚持以经济建设为中心、努力搞活经济，推动制度、技术创新，提供更多的创业机会；②优先发展教育，激发创业意愿，促进创业机会的识别和利用；③培植创业文化，营造创业氛围，培育企业家精神；④加强高校创业指导课程建设督查，普及高校创业教育。微观层面的总体思路：①开展创业知识教育，提高大学生的创业认识能力；②开展校园创业活动，提高大学生的创业实践能力；③加强社交教育，提升大学生的社交能力。

最后，分门别类地提出了大学生创业能力培育一系列方法与措施。在大学生创业机会能力培育部分：①引导学生关注技术、市场和政策的变化，提高大学生对环境变化的敏感度；②引导大学生重视交往，组建自己的社会网络，丰富创业信息来源渠道；③深入开展创业教育，明确创业目标，提高创业机会评价能力；④重视大学生创造力的培养，塑造创造型人格。

在大学生创业运营管理能力培育部分：①培养组织管理能力应当

从激发兴趣、做好组织管理的心理准备、努力赢取别人的支持、学会倾听与整合别人的意见、使别人清楚地了解你的观念、培养"三意"等方面做起，采用相应的方法和措施；②培养和提升大学生的战略能力主要应从重塑战略思维、培育战略眼光、规划战略目标和掌握创业战略制定方法等方面入手；③大学生关系能力的培育应从注重情商教育、培养沟通能力、培养公共关系能力、培养顾客关系能力等途径入手；④大学生承诺能力的培育通过实施大学生创业承诺制、加强大学生诚信教育、加强大学生的自律能力培养等方面着手。

第七章 创业能力认识论

第一节 研究背景与概念界定

一 研究背景

江泽民同志在 1999 年第三次全国教育工作会议上指出："要帮助受教育者培养创业意识和创业能力，通过教育部门的努力，培养出越来越多的不同行业的创业者，就可以为社会创造更多的就业机会，对维护社会稳定和繁荣各项事业就会发挥更大作用。"2015 年 5 月 7 日，国务院总理李克强来到北京中关村创业大街考察调研时强调，推动"大众创业、万众创新"是充分激发亿万群众智慧和创造力的重大改革举措，是实现国家强盛、人民富裕的重要途径，要坚决消除各种束缚和桎梏，让创业创新成为时代潮流，汇聚起经济社会发展的强大新动能。众创空间是互联网时代促进创新创业的新平台。

我国高校的创业教育，是伴着我国高等教育规模的扩张，大学生就业渠道呈现多元化和部分大学生就业难问题显现，才逐渐进入我国高等教育界一部分研究者的视野。一些学者开始围绕创业教育的内涵、内容和在我国开展创业教育的必要性、途径、模式等方面展开了一些探讨，达成了部分共识。在此基础上，部分学者对大学生创业能力进行了专题研究。

陈庆玲、尹倩倩认为，创业能力是创业教育的核心要素，并通过调查大学生对自身创业能力的认知和评价，多维度探索了大学生创业能力培养的长效机制。①

崔鹏提出大学生创业能力培养的途径，应包括加强创新创业校园文化建设、完善创业教育课程体系建设、加强创业教育师资队伍建设及汇聚各方力量，形成政府、学校和社会支持的合力四个方面。②

蒋振杰通过对大学生新媒体使用情况、大学生创业情况进行调研，在对调研结果研究分析的基础上，根据学生使用新媒体的偏好和习惯，针对大学生创业教育中存在的问题，提出建立创业教育新媒体平台，实现各类平台之间互动；提供内容充实、形式多样的创业信息；对接企业项目，以新媒体平台成为创业项目的载体等创业能力培育策略。③

总体来看，目前我国创业教育研究的广度和深度都有待加强，具体表现为：从各级各类学校开展创业教育的情况来看，只有少数院校特别是高职类院校在试点，绝大多数高校仍然没有真正开展系统性的创业教育及其研究；从研究队伍的构成来看，主要是部分高等学校的基层管理者在参与，而专司高等教育研究的理论工作者参与得少；从研究的深度来看，多数研究主要是泛泛的综合研究，而对创业教育中的核心问题特别是创业能力等缺少专题研究；从目前研究成果所使用的研究方法的角度看，采用直接感悟的哲学式思辨研究的多，而使用测量、问卷调查、访谈等研究手段的少；等等。由于这些问题的存在，使得创业教育作为一种新教育理念和一种时代精神的作用还难以充分展示和发挥出来。

在国际上，考察高等学校对创业的支持性有五大指标，即学校对个人创造性、自主性的鼓励；学校对市场经济理念和原则提供指导；学校对市场对创业予以关注；学校创业课程和项目的设置、学校教育

———————————

① 陈庆玲、尹倩倩：《基于大学生创业能力调查研究的培养机制初探》，《价值工程》2015 年第 34 期。

② 崔鹏：《当代大学生创业能力的培养途径探析》，《当代教育实践与教学研究》2015年第 9 期。

③ 蒋振杰：《新媒体环境下大学生创业能力的培育策略研究》，《吉林省教育学院学报》（中旬）2015 年第 11 期。

中商务活动与商务管理教育水平的高低。根据全球创业观察报告测量，中国这五项参数全部都是负值，低于世界平均水平。中国创业存在基础能力建设薄弱，尤其是学校对后备劳动力创业能力的培养较弱。这已经成为制约我国经济社会进一步发展的巨大障碍。因此，加强大学生创业能力培育就显得极为迫切。①

本书认为，创业教育以培养创业型人才为目标，只有把这种类型人才所特有的能力结构及其关系等问题弄清楚，才能有针对性地创造条件对这些创业能力加以培养，从而培育出一大批创业型人才，满足大学生自身发展和社会经济发展的需要。为此，本书拟在界定创业能力概念及其结构和国内相关研究文献的基础上，分专题探讨创业核心能力如创业机会能力、组织管理能力等的内在生成机理，进而探讨其培育的渠道、策略、方法与措施，以促进这些创业核心能力的生成，为大学生未来创业打下坚实的心理与能力基础。一旦时机成熟，他（她）们就可根据社会需要和个人特长等选择适合的创业目标或项目把创业能力转化为创业实践。

二　相关概念界定

（一）能力的心理学解释

国内大多数心理学学者倾向于把能力定义为"与顺利完成某种活动有关的心理特征"。但是，欧阳仑、王有智认为："这个定义虽然广泛使用，但仍不很确切"。他们把能力定义为"除情感、意志、动机、经验之外，对人顺利完成某种活动起决定作用的心理特征。"② 能力是与人的活动密切相关的心理特征，能力总是综合地起作用，并且直接影响着活动的效率。笔者认为，这一定义既揭示了能力在人的活动中的作用，又把它与情感、意志、动机、知识、技能等区别开来。笔者在本研究中对能力就采用此种界定。同时，欧阳仑、王有智等还根据能力不同的分类标准，把能力划分为如下四类：①依据能力的适应范

---

① 廖雷、李濛：《中国创业机会多但创业能力低》，http：//www.people.com.cn/GB/shizheng/1027/2736049.html。

② 欧阳仑、王有智：《新编普通心理学》，陕西师范大学出版社1998年版。

围，将能力划分为一般能力和特殊能力。一般能力是指人从事任何活动都必须具备的基本能力的综合，通常指感知、记忆、想象、思维等各种认识能力的综合，即智力；特殊能力是指顺利完成某种专业活动所必需的，除一般能力之外的那些能力。②根据能力作用的性质，将能力划分为再造能力和创造能力。再造能力是指顺利掌握前人的知识、经验、技能和活动方式的能力；创造能力是指根据一定的目的，运用已有的知识、经验，创造出对本人来说是前所未有的产品的能力。③根据能力的表现方式，把能力分为认识能力、实践活动能力和社交能力。认识能力包括感知、想象、思维等，其表现方式是人的内部认识活动；实践活动能力是人有意识地调节自己的外部动作以作用于外部环境的能力，其表现方式是人的动作，如技术操作、各种运动；社交能力是人在社会群体中与他人沟通感情、交流信息、保持协调的能力，其表现方式是人际交往活动。④根据能力实现的情况，可分为成就能力和潜在能力。成就能力是指个人在行为上已经表现出来的能力，即实际能力；潜在能力是指个人目前尚未表现出来，但将来有机会学习时就可以形成的能力。①

（二）创业概念的界定

创业是一个综合性很强的定义，涉及很多学科，包括管理学、经济学、心理学、社会学和人类学等。彼得·德鲁克认为，创业是企业家们对机会的认知和采取的行动，不仅仅是在有蓝图的情况下发生，也会作为对企业家如何看待未曾使用、未曾开发的机会的一种回应而产生。加特勒（1985）、马克米伦（1988）等认为，创业就是建立新组织，创办新企业。而威廉·D. 拜格雷夫（1989），斯蒂文森、格劳斯、贝克（1994）等认为，是首创精神、想象力、灵活性、创造性、乐于理性思考和在变化中发现新机会的能力以及根据已控制的资源去获取不断变化的创造财富的新机会。

顾晓华、张景林等认为，创业多是指创办和开创某种事业，是一

---

① 欧阳仑、王有智：《新编普通心理学》，陕西师范大学出版社 1998 年版，第399—400 页。

种将创造、创新变成产业和现实的活动，强调的是充分发挥个人的聪明才智，全面利用现有条件，开创新局面，辟出新天地。只有"创业"才能将创造和创新的成果发挥实效，落到实处。[①]

陈艳、雷育胜、曹然然认为，创业是创业者运用自己的能力，通过个人及组织的努力，利用贫乏的资源，在有限的环境中，努力创新、寻求机会，从而不断地创造价值的过程。创业包括以下要素：创业者、创新、组织、成长、一个过程、创业环境。[②]

本书所指的创业是指狭义上的创业，即创办新企业、建立新组织的一系列活动。

（三）创业能力的界定

创业能力是创业者拥有的关键技能和隐性知识，是个体拥有的一种智力资本，它作为高层次的特征，其中包含个性、技能和知识，被视为创业者能成功履行职责的整体能力。创业能力是一个重要的概念，它对个体是否选择创业具有显著作用，同时也对新创企业的绩效有重要影响。然而，目前学术界在对创业能力概念的内涵和外延的认识上还有较大分歧，对此进行较为系统的梳理，并给出一个可操作性的定义是本书开展深入研究的前提。

我国学者严强认为，创业能力"是以人的智力活动为核心的具有较强的综合性和创造性的心理活动机能，是与个性心理倾向、特征紧密结合在一起的、在个性的制约和影响下形成并发挥作用的心理过程，是经验、知识、技能经过类化、概括后形成的，并在创业实践活动中表现为复杂而协调的行为动作"。[③]

吴世华认为，创业能力培养的目标是"自我谋职"，所以培养的主要内涵包括创业意识、基本职业能力、关键能力、创业心理品质和创业综合知识等。[④]

---

① 顾晓华、张景林、郑兵：《创造、创新、创业型人才培养研究》，《发明与创新》2005 年第 6 期。

② 陈艳、雷育胜、曹然然：《大学生创业素质调查与思考》，《高教探索》2006 年第 4 期。

③ 严强：《社会发展理论》，南京大学出版社 1991 年版。

④ 吴世华：《创业能力的内涵及培养策略》，《中国培训》2001 年第 9 期。

江应中认为，创业能力是创业精神的生命征象和价值体现，是创业素质在创业实践中表现出来的实际本领和焕发出来的实际能量。相对于创业意识、创业思维、创业志趣、创业人格和创业精神等潜在的因素而言，创业能力具有显性特征，是一个人现实的创业资质，具体包括三个层面：一是知识层面的创业能力；二是情感层面的创业能力；三是操作层面的创业能力。①

陈艳、雷育胜、曹然然认为，大学生创业能力包括组织与管理能力、高效率工作的能力、交际能力、应急能力、创新能力、洞察力、有关的专业技术知识及优秀的思维能力等。②

王义明认为，所谓创业能力，是指在一定条件下，人们发现和捕获商机，将各种资源组合起来并创造出更大价值的能力，即潜在的创业者将自己的创业设想成功变为现实的能力。并把大学生创业能力分解为学习能力与创新精神、自我管理与资源获取能力、了解并把握市场的能力等方面。③

赵天武认为，创业能力是大学生在创业实践活动中体现的自我生存、自我发展的能力。综合起来主要有以下三个方面：一是专业技术能力；二是市场分析与经营管理能力；三是综合能力，它包括社交沟通能力、风险承受能力及创新求变能力等。④

唐靖、姜彦福在综述国内外特别是国外相关创业能力理论观点优缺点的基础上，基于创业者在创业过程中需要完成的两个任务（感知、发现和开发机会；运营管理新企业，构建组织能力并获取企业成长），首先将创业能力分为机会能力与运营管理能力两个一阶维度。然后在这两个一阶维度的基础上，设置了六个二阶维度。即在机会能力维度下设置机会识别能力和机会开发能力两个二阶维度，在运营管

---

① 江应中：《大学生创业心理培养》，《人才开发》2003 年第 7 期。

② 陈艳、雷育胜、曹然然：《大学生创业素质调查与思考》，《高教探索》2006 年第 4 期。

③ 王义明：《大学生创业能力调查》，http://blog. sina. com. cn/s/blog_ 4e8cd16f0100cdor. html ~ type = v5_ one&label = rela_ prevarticle。

④ 赵天武：《大学生创业能力提升策略》，《襄樊学院学报》2007 年第 7 期。

理能力维度下设置组织管理能力、战略能力、关系能力和承诺能力四个二阶维度。①

　　笔者认为，创业能力是创业者在创业过程中所表出现的一种特殊能力，是指除创业情感、意志、动机等之外，对创业者顺利完成创业活动起决定作用的心理特征。结合上述研究成果，参阅美国著名创业管理研究专家蒂汶斯②在其名著《企业家的思维》一书中的重要观点，即铸造团队、发现机会、必要的资源是初始创业的三个关键性要素；阿玛尔·V. 毕海德（Amar V. Bhide）在《新企业的起源与演进》中提出企业家创建有前途的新企业需要一些特殊的品质，起决定作用的重要品质有：①受家庭背景、文化程度和经验所影响的创业倾向；②适应性调整能力，如果断、开明、控制内心冲突的能力、发现因果关系的能力等；③获取资源的能力，如应变能力、自制力、洞察力和销售技巧等一系列论述。笔者认为，虽然创业能力具有较强的综合性，但从创业者在创业过程中需要完成的主要任务的角度来划分创业能力具有指向性强、不易交叉、清楚明了、便于操作等特点，为此，本书拟采纳唐靖、姜彦福的创业能力分类，把创业能力分为机会能力与运营管理能力两阶六维度，如图 7 - 1 所示。本书以下所涉及的创业能力培育就围绕两阶六维度展开。

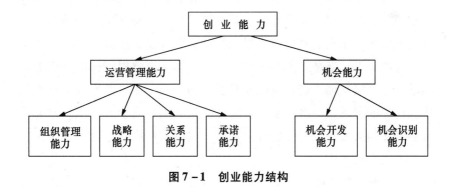

图 7 - 1　创业能力结构

　　①　唐靖、姜彦福：《创业能力概念的理论构建及实证检验》，《科学学与科学技术管理》2008 年第 8 期。

　　②　Timmons, Jeffry A., *The Entrepreneurial Mind*, Brick House Publishing Co, 1989.

首先将创业能力分为机会能力与运营管理能力两个一阶维度。然后在这两个一阶维度的基础上，设置了六个二阶维度。即在机会能力维度下设置机会识别能力和机会开发能力两个二阶维度，而在运营管理能力维度下设置了组织管理能力、战略能力、关系能力和承诺能力四个二阶维度。其含义分别是：

机会识别能力是指能够采用种种手段来识别市场机会的能力。可以主要从对创业者或潜在创业者在准确感知和识别到消费者没有被满足的需要、花费大量的时间和精力去寻找可以给消费者带来真正有价值的产品或服务、捕获到高质量的商业机会三方面进行考察。

机会开发能力是指创业者将识别出来的机会予以落实的能力。主要包括潜在创业者在以下四个方面的信心程度：擅长于开发新创意，擅长于开发新产品和服务，发现新的市场区域，开发新的生产、营销和管理方法。

组织管理能力是指组织多种内外部人力、物质、资金和技术资源，包括团队建设、领导员工，培训和控制等方面的能力。可以从测试创业者或潜在创业者以下四方面行为的信心程度上来体现：领导和激励员工达到目标，合理地将权力与责任委派给有能力的下属，制定合理的规章制度来规范员工的工作，保持组织顺畅的运作。

战略能力是指是否能够制定、评价和执行企业战略等能力。具体包括创业者在及时调整目标和经营思路、快速地重新组合资源以适应环境的变化、制定适宜的战略目标与计划三方面的能力。

关系能力是指是否能够建立个体对个体或个体对群体的互动关系的能力。可以从创业者自我感知是否能与税收、工商等政府职能部门建立良好的关系，与各种中介机构建立长期的良好合作关系，与掌握重要资源的人或组织建立良好的关系，与周围的企业家建立良好的关系等方面进行考察。

承诺能力是指是否能够一直经营企业，实施对供应商、员工、顾客、风险投资商等各种利益共同体承诺的能力。主要从创业者在坚持不懈、追求创业收益的决心和信心等方面进行考察。①

第二节　创业机会与运营管理分析

随着世界经济与科技的进步，创新与企业家精神在经济发展中起着日益重要的作用，创业活动作为二者的集中体现，在当今的中国乃至全世界越来越成为经济发展中的强劲推动力。

创业者在创业过程中主要面临两大任务：感知、发现和开发机会；运营管理新企业，构建组织能力并获取企业成长。这是因为：

创业过程始于商业机会的发现。商业机会存在何处，如何从繁杂多变的市场环境中找到富有潜在价值的商业机会，进而转化为新创企业，是创业研究的重要内容。创业过程就是围绕着机会进行识别、开发、利用的一系列过程。

运营管理是创办新企业及其之后的主要工作，也是把识别、确定的创业机会转化为实际的价值增值和商业利润过程中的主要环节。它包括组织多种内外部人力、物质、资金和技术资源，进行团队建设、员工管理、战略制定、市场营销、财务管理、技术管理、服务客户、品牌经营、文化建设等诸多方面的内容。运营管理的成败直接决定了创业机会的成败。因此，成功的创业企业家不但需要具备新企业识别和选择正确商机的能力，还需要运营管理能力。

为了培养出能够顺利完成创业任务的创业后备人才，本书采用了唐靖、姜彦福与创业过程关联密切的创业能力外延划分办法，首先把创业能力划分为两大部分：一是与识别和开发机会任务相关的机会识别与开发能力（以下简称机会能力），二是与运营管理新企业、创建新组织等任务相关的运营管理能力，并在这个基础上进一步细分为机会识别能力、机会开发能力、组织管理能力、战略能力、关系能力和

---

① 唐靖、姜彦福：《创业能力概念的理论构建及实证检验》，《科学学与科学技术管理》2008 年第 8 期。

承诺能力六种能力。

在我国高等教育界，由于种种原因，使得创业教育起步较晚，再加上创业学自身发展的不完善，也使得我国高等教育学界对创业知识特别是关于创业机会识别、机会开发以及运营管理方面的知识知之不多。因此，系统地梳理、介绍创业机会和创业运营管理的相关研究成果，为培育大学生创业能力提供认识论基础，就显得相当重要。

一 创业机会能力分析

（一）机会与创业机会

创业是建立在机会基础上的。顾名思义，机会即恰好的时候、时机。丁栋虹认为，机会是与现状不同的且被视为可行的、渴望的未来状态。机会涉及可行的改变、喜好的方向与达成某一渴望的未来状态，而可行与技术及经济有关，渴望属于主观的偏好。[①]

创业机会即适合创业的恰好的时机。卡森（Casson，1992）对创业机会的定义是"那些新产品、服务、原材料和管理能够被应用或者出售以获得高于其成本的情况"。蒂蒙斯（Timmons，1999）认为，创业机会"具有吸引力、持久性和适时性，并且可以伴随着为购买者或者使用者创造或增加使用价值的产品或服务"。

柯兹纳（Kirzner，1979）认为，创业机会是一系列的市场不完全。因为市场参与者是基于信念、偏好、直觉以及准确或不准确的信息来进行决策的，他们对可能的市场出清的价格以及将来可能产生的新的市场有不同的推断。因此，由于缺乏完全信息，人们必须彼此猜测对方的信念、偏好、价值观等。由于这些猜测并不总是正确的，这一市场过程就导致一些资源被错误地分配到不同的市场，从而产生了一系列的创业机会。

熊彼特（1934）指出，创业机会是通过把资源创造性地结合起来，满足市场的需要，创造价值的一种可能性。由于技术、政治、社会以及其他因素的各种变化，市场时刻处在不稳定、不平衡的状态，为人们发现新的盈利机会提供了可能。

---

① 丁栋虹：《创业管理》，清华大学出版社2006年版。

　　邓学军、夏宏胜认为，柯兹纳强调的是市场不完全所带来的创业机会，熊彼特强调的是企业家结合资源创造价值的可能性。为此，他们把创业机会界定为：一种满足未满足的有效需要的可能性。这种需要有可能暂时得到部分满足，有待于激发和再组织。这种有效的需要还必须具有盈利潜力，因此这个需求具备以下要素：一是满足这个需求的成本低于人们满足需要所期望的价格；二是需要水平本身要足够高，这样才能为满足这个需要的努力提供合理的回报。换言之，机会必须能在市场上考验，能有持续的利益潜能；创业机会有其市场定位，有其价值脉络与竞争的前景。①

　　总之，创业机会，又称商业机会或市场机会，是指有吸引力的、较为持久的和适时的一种商务活动的空间，并最终表现在能够为消费者或客户创造价值或增加价值的产品或服务之中。识别创业机会是创业成功最重要的一步，好的创业机会真正是创业成功的一半。②

　　（二）机会的来源

　　在创业机会来源上存在着两种对立的观点，即机会产生于主观缔造或还是客观存在？奥地利学派主张机会是创业者通过自身的创造而发现的。在奥地利学派中存在熊彼特学派和柯兹纳学派两个分支。熊彼特学派认为企业家对均衡市场环境进行创造性破坏，通过打破均衡产生新机会。柯兹纳学派认为，企业家通过其本身特有的警觉素质发现非均衡市场环境中被疏忽的创业机会。行为学派从认知心理学出发，认为市场环境中内生创业机会，认知局限性是人类行为的一个共有特征，在此基础上企业家只能依赖其经验推断方法发现复杂的市场环境中的创业机会。③

　　德鲁克主张通过系统的研究分析来发现可供创业的新点子。他在《创新与企业家精神》一书中提出了创新机会的七个来源：（1）出乎意料的情况——意外成功、意外失败、意外的外部事件；（2）不一致

---

① 邓学军、夏宏胜：《创业机会理论研究综述》，《管理现代化》2005 年第 3 期。
② 陈震红、董俊武：《创业机会的识别过程研究》，《科技管理研究》2005 年第 2 期。
③ 陈海涛、蔡莉、杨如冰：《创业机会识别影响因素作用机理模型的构建》，《中国青年科技》2007 年第 1 期。

的状况——实际状况与预期状况之间的不一致或者与原本应该的状况不一致；（3）基于程序需要的创新；（4）产业结构和市场结构的改变，出其不意地降临到每个人身上；（5）人口统计特性（人口的变动）；（6）认知、情绪和意义的改变；（7）科学及非科学的新知识。其中，前四个机会来源企业的内部，后三个创新机会来自于企业或产业以外的变化，且这几个来源按照可测性和可预知性的递减顺序排列。

蒂蒙斯（1999）认为，创业机会主要是来自改变、混乱或是不连续的状况，主要有七个来源：法规的改变；技术的快速变革；价值链重组；技术创新；现有管理者或投资者管理不善；战略型企业家；市场领导者短视，忽视下一波客户需要。[①]

Shane 和 Venkataraman 认为，应当从不同市场类型的角度考察机会的不同来源。对于产品市场的商业机会，其机会来源主要有：（1）新技术的发明所带来的新产品及新的信息；（2）信息不对称导致的市场低效率；（3）政治因素、规章制度的变动带来的相关资源使用上的成本收益的变动。当然，尽管大多数的机会存在于产品市场之中，要素市场中的创业机会同样不能忽视。[②]

我国学者刘常勇认为创业机会来源有四个方面：一是现有产品和服务的设计改良；二是追随新趋势潮流，如电子商务与互联网；三是时机合适；四是通过系统研究来发现机会。

总之，创业机会本身是客观存在的。创业机会来源于环境的变动，市场的不协调或混乱，信息的滞后、领先或缺口，以及各种各样的其他因素的影响等。其根源在于事物的变化（包括产品、服务、市场等方面），创业者可以通过其本身特有的素质发现创业机会。

（三）机会的类型

Ardichvili 等根据创业机会的来源和发展情况对创业机会进行了分

---

① 邓学军、夏宏胜：《创业机会理论研究综述》，《管理现代化》2005 年第 3 期。

② 林嵩、姜彦福、张帏：《创业机会识别：概念、过程、影响因素和分析架构》，《科学学与科学技术管理》2005 年第 6 期。

类。在他的创业机会矩阵中有两个维度：横轴以探寻到的价值（即机会的潜在市场价值）为坐标，这一维度代表着创业机会的潜在价值是否已经较为明确；纵轴以创业者的创造价值能力为坐标，这里的创造价值能力包括通常的人力资本、财务能力以及各种必要的有形资产等，代表着创业者是否能够有效开发并利用这一创业机会。按照这两个维度，他们把不同的机会划分成四个类型（见图7-2）。

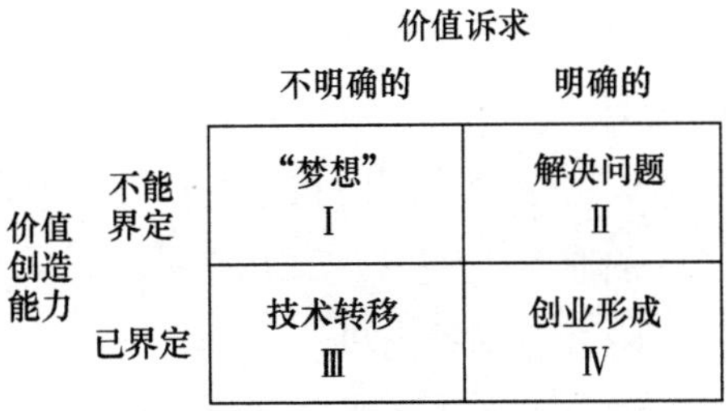

图7-2　机会分类

在第Ⅰ象限中，机会的价值并不确定，创业者是否拥有实现这一价值的能力也不确定，称这种机会为"梦想"。在第Ⅱ象限中，机会的价值已经较为明确，但如何实现这种价值的能力尚未确定。这种机会是"解决问题"。在第Ⅲ象限中，机会的价值尚未明确，而创造价值的能力已经较为确定，这种机会实际上是一种"技术转移"（创业者或者技术的开发者的目的是为手头的技术寻找一个合适的应用点）。在第Ⅳ象限中，机会的价值和创造价值的能力都已确定，这种机会可称为"企业形成"或者说是"业务"。Ardichvili 认为，比起第Ⅳ象限中的创业机会而言，第Ⅰ象限的创业机会成功的可能性不大。[①]

陈震红、董俊武认为，创业机会主要包括技术机会、市场机会和政策机会三类机会。

技术机会。即技术变化带来的创业机会，主要源自新的科技突破和社会的科技进步。在以下三种情况出现时，可带来创业机会：①新

---

① 林嵩、姜彦福、张帏：《创业机会识别：概念、过程、影响因素和分析架构》，《科学学与科学技术管理》2005年第6期。

技术替代旧技术。当在某一领域出现了新的科技突破和技术，并且它们足以替代某些旧技术时。②实现新功能、创造新产品的新技术出现时。③新技术带来的新问题。多数技术的出现对人类都有其利弊的两面性，即在给人类带来新的利益的同时，也会给人类带来某些新的灾难。这就会迫使人们为了消除新技术的某些弊端，再去开发新的技术并使其商业化，这同样可能带来新的创业机会。

市场机会。即市场变化产生的创业机会。主要有以下四种情况：①当市场上出现了与经济发展阶段有关的新需求。②当期市场供给缺陷产生的新的商业机会。③先进国家（或地区）产业转移带来的市场机会。先进国家或地区由于种种原因将某些产业向外转移，这就可能为落后国家或地区的创业者提供创业的商业机会。④从中外比较中寻找差距，差距中往往隐含着某种商机。

政策机会。即政府政策变化所赐予创业者的商业机会。随着经济发展、科技变革等，政府必然也要不断调整自己的政策，而政府政策的某些变化，就可能给创业者带来新的商业机会。①

（四）机会识别与机会识别能力

创业者从成千上万繁杂的创意中选择了他们心目中的创业机会，随之不断持续开发这一机会，使之成为真正的企业，直至最终收获成功。这一过程中，机会的潜在预期价值以及创业者的自身能力得到反复的权衡，创业者对创业机会的战略定位也越来越明确，这一过程称为机会的识别过程。这一机会识别过程属于广义的识别过程，因为它事实上囊括了大部分研究中提到的机会发现、机会鉴别、机会评价等创业活动。

林赛和克雷格（Lindsay and Craig，2002）将这一过程分成三个阶段。

阶段 1：机会搜寻。这一阶段创业者对整个经济系统中可能的创意展开搜索，如果创业者意识到某一创意可能是潜在的商业机会，具有潜在的发展价值，就将进入机会识别阶段。

---

① 陈震红、董俊武：《创业机会的识别过程研究》，《科技管理研究》2005 年第 2 期。

阶段2：机会识别。即从创意中筛选合适的机会，相对整体意义上的机会识别过程，这里的机会识别应当是狭义上的识别。这一过程包括两个步骤：一是机会的标准化识别阶段，即通过对整体的市场环境以及一般的行业分析来判断该机会是否在广义上属于有利的商业机会；二是个性化的机会识别阶段，即考察对于特定的创业者和投资者来说，这一机会是否有价值。

阶段3：机会评价。实际上这里的机会评价已经带有部分"尽职调查"的含义，相对比较正式，考察的内容主要是各项财务指标，创业团队的构成等，通过机会的评价，创业者决定是否正式组建企业，吸引投资。[①]

布雷夫（Brave）在他的企业创生过程模型中，建立了两种机会识别类型。一种是外部刺激型机会识别，即创业决策先于机会识别。这种创业者通过机会过滤，思路信息和评价来寻找机会；另一种是内部刺激型机会识别，这种创业者先发现要解决的问题和要满足的需求，再决定创建一个企业。机会识别本质上就是把一个初始的创意打造成一个较具体的商业概念的过程。[②]

机会识别能力就是指创业者采用种种手段来识别市场机会的能力。

（五）影响创业机会识别过程的因素

有研究者提出，在影响机会识别和开发的各项因素中，机会的自然属性和创业者的个人特征是至关重要的因素。

机会的自然属性。机会的特征是影响人们是否对之进行评价的基本因素。创业者之所以选择某项机会是因为相信该机会能够产生足够的价值来弥补投入的成本。创业机会的自然属性在很大程度上决定了创业者对其未来价值的预期，因而对创业者的机会评价产生重大影响。

创业者的个人特征。机会识别是一种主观色彩相当浓厚的行为，因而创业者的个人特征是影响机会识别的关键因素。事实上，人们对

---

① 林嵩、姜彦福、张帏：《创业机会识别：概念、过程、影响因素和分析架构》，《科学学与科学技术管理》2005年第6期。

② 陈海涛、蔡莉、杨如冰：《创业机会识别影响因素作用机理模型的构建》，《中国青年科技》2007年第1期。

同一创业机会的认识各不相同；即使某一机会已经表现出较好的预期价值，但并非每个人都能从事这一机会的开发，并且坚持到最后的成功。因此，创业者的个人特征，如警觉性、风险感知、自信、已有的知识、社会网络等，对于机会识别来说更为重要。①

陈海涛、蔡莉、杨如冰等把环境因素纳入其中，从系统的角度提出了包括环境、社会网络、创业者等为影响因素的机会识别作用机理模型，如图7-3所示。

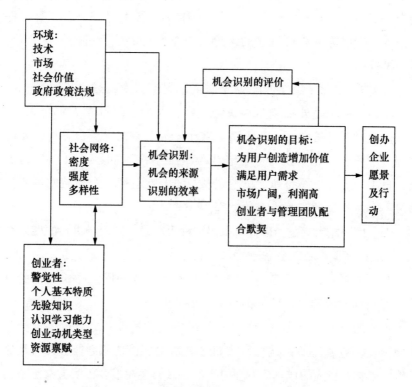

图7-3 机会识别影响因素作用机理模型

创业者进行机会识别是为了找到适合发展成具有商业投资价值的机会。因此，围绕机会识别的目标，在创业者从事机会的识别与开发行为过程中，各个因素对机会识别的作用机理及因素相互作用关系阐

---

① 林嵩、姜彦福、张帏：《创业机会识别：概念、过程、影响因素和分析架构》，《科学学与科学技术管理》2005年第6期。

述如下：

（1）创业者是机会识别的主体。创业者通过自身的特质，依靠其本身的警觉性识别机会，而创业者拥有的先验知识促使其识别特有的机会。创业者的资源禀赋条件将决定其识别机会的类型。创业者的认知学习能力将影响机会识别的效率。

（2）环境因素的变化是产生机会的主要源泉。环境中技术、市场、社会价值观及法律法规的一项或者几项变化将产生不同类型的机会。

（3）社会网络是创业者捕捉环境变化信息来源的主要途径。社会网络可以加强信息流，从而帮助创业者在机会发现过程中，接触新的想法和世界观并感知到市场等环境的变化。

（4）社会网络又是创业者与机会识别的主要桥梁。具体表现在社会网络能为创业者提供关键性的资源，如信息资源等。因此创业者通过其本身的社会网络获得更多的信息从而获得更多的机会源。

（5）机会评价在机会筛选过程中或者在初始想法培育为成熟的商业机会过程中是重要的一环。机会识别是一个动态过程，只有通过对识别的机会进行不断评价，最终才能锁定创业机会。

（6）创业者的个人社会网络的主体多样性对不同机会类型的识别起到关键作用。社会网络密度影响机会识别的数量，而社会网络强度将强烈影响创业者机会识别的效率。

（7）创业者、环境和社会网络三者的关系。第一，创业者与环境的关系。创业者都成长或生活在特定的环境中，因此创业者都是从特定的环境出发从事创业机会识别活动的。第二，社会网络与创业者的相互作用关系。环境变化的信号多数是通过社会网络传递到创业者，社会网络是创业者得到机会相关信息的主要手段。社会网络的多样性可以提高创业者的警觉性，补足创业者的知识，提高创业者的创业学习能力。社会网络同样可以对创业者的资源禀赋进行适当的补足。创业者也可以通过社会网络为今后的创业活动所需的资源做以铺垫工作。反过来，创业者背景特质影响其个人社会网络的形成，而其先验知识和资源禀赋又是维系其个人社会网络的直接因素。第三，环境与社会网络的关系。社会网络具有扩展性和延伸性。任何个人的社会网络不能离开环境因素，因为环境的动态性和不确定性，导致具有不同创业动机的创业者将对其社会网络的强度、密度、多样性做动态调整，以适应环境的变化，从而识别创业机会。

（8）从机会识别到开始创业行动之间建立了一个以机会识别目标为判别机会的中间变量，当创业者识别的机会不能满足机会识别的目标时，创业者往往需要重新去寻找机会或是进一步开发原来的机会，当创业者识别的机会满足机会识别的目标时，创业者随即会采取相应的创业行动。①

（六）机会开发与机会开发能力

一般而言，创业过程总是表现为一个机会识别、机会评价、决定开始并以资源获取结束的连续过程。机会识别过程和必要资源的评估是相互交叠和相互补充的。成功的机会开发过程的结果是新企业的创立和实现价值创造，如图7-4所示。

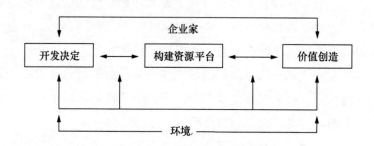

图7-4 机会开发过程

机会开发是在机会识别、评价基础上，构建资源平台，创立新企业的过程。构建资源平台实际上就是要求：首先，企业或者创业者必须聚集资源，即根据商业概念确定资源需求及其潜在供应者；其次，企业或者创业者必须参与获取必要资源的交易过程；最后，整合看中

---

① 陈海涛、蔡莉、杨如冰：《创业机会识别影响因素作用机理模型的构建》，《中国青年科技》2007年第1期。

的资源，推动商业概念转换成可销售的产品或服务。机会开发主要通过创建新企业来开发或者在现存企业内开发两种模式进行。

在整个机会开发过程中，对创业机会进行评价的人主要是创业者（创业团队）和投资人（天使投资人、风险投资家和股东）。一般来说，那些决定资源分配的人（投资人）会对创业企业的商业计划进行全面评价，进行尽职调查。而在开发过程的前期各阶段，创业者也可能会对推测的市场需求或资源进行非正式的研究，对机会做出多次评价，这些评价会使创业者识别出其他的新机会或调整其最初的看法。当然这种评价可能是非正式的甚至是不系统的。得到普遍使用、可以适应很多情况的一种评价方法是阶段性决策方法。这一方法明确要求创业者在机会开发的每个阶段都要进行机会评价。一个机会是否能够通过每个阶段预先设置的"通过门槛"，在很大程度上取决于创业者经常面对的约束或限制，如创业者的目标回报率、风险偏好、金融资源、个人责任心和个人目标等。一项不能成功通过某一阶段的评价门槛进入下一阶段的机会，将被修订甚至被放弃。因此，通过循环反复的"识别—评价—开发"步骤，一个最初的商业概念或创意就会逐步完善起来。[①]

机会开发能力是指创业者将识别出来的创业机会通过构建资源平台予以落实的能力。

二　创业运营管理能力分析

在本书中所指的创业运营管理包括新创企业的组织管理、战略管理、关系管理和承诺管理四个方面的内容。相应地，创业运营管理能力也划分为组织管理能力、战略管理能力、关系管理能力和承诺管理能力四个方面。

（一）组织管理及组织管理能力

组织管理是新创企业发展的重要工作之一。组织管理工作做得好，可以充分发挥各部门的正向作用，使新创企业的发展进入良性循

① 姜彦福、邱琼：《创业机会评价重要指标序列的实证研究》，《科学学研究》2004 年第 1 期。

环的轨道；反之，则可能使企业各部门陷入推诿、扯皮的怪圈，降低企业效率，甚至走向倒闭。

1. 几个定义

从目标和结构来说，组织是人们为了实现某种目标而形成的人的有序集合。这一定义强调了组织必须具有目标、组织是人的集合、组织的有序性。因此，并不是所有人的集合都能称得上"组织"。

从功用来讲，"组织是二人或二人以上，用人类意识加以协调而成的活动或力量的系统"[巴纳德（Chester I. Barnard）]。这种"协调系统"依据系统原理，使系统中的各种要素相互协调配合，产生"综合效应"，保证企业目标的实现。

组织管理就是通过建立组织结构，规定职务或职位，明确责权关系，以使组织中的成员互相协作配合、共同劳动，有效实现组织目标的过程。组织管理是管理活动的一部分，也称组织工作或组织职能。

组织管理能力是指为了有效地实现目标，灵活地运用各种方法，把各种力量合理地组织和有效地协调起来的能力。包括协调关系的能力和善于用人的能力等。组织管理能力是一个人的知识、素质等基础条件的外在综合表现。

2. 组织管理的工作内容

组织管理的工作内容从大的方面来说，包括创业人力资本管理和创业物质资本管理，具体包括四个方面：第一，确定实现组织目标所需要的活动，并按专业化分工的原则进行分类，按类别设立相应的工作岗位；第二，根据组织的特点、外部环境和目标需要划分工作部门，设计组织机构和结构，建立创业团队；第三，规定组织结构中的各种职务或职位，明确各自的责任，并授予相应的权力；第四，制定规章制度，建立和健全组织结构中纵横各方面的相互关系。

3. 组织管理的模式

姜朋（2004）认为，组织管理有一定的模式，它是指企业在组织管理过程中所遵守和运用的相对比较稳定的方法论和行为体系，是企业管理者在实践中根据企业价值观组织、指挥、激励和控制员工的方式，也是企业组织管理系统化指导与控制方法的综合或者管理者领导风格和企业激励机制间的有机结合。初创企业的组织管理一般以直线职能制为主，建立简单的流程体系，强调效率与响应速度，总经理通过集权化的管理来确保组织的有效运作。

黄建国、苏竣（2004）对日本企业内部创业制度的形成和运营模式进行了分析。日本大企业内部创业组织管理模式基本有两类：一类是在大企业内部设立的创新事业项目型；另一类是由大企业出资控股的独立公司型。前者以创业的倡议、筹划者为中心，受到大企业人力物力的全面支援，通常以技术研究开发业务为主，一般较有利于发挥技术人员的创造力；独立公司是由公司原有具备技术特长和强烈创业意愿的职员离开企业，独自创业，占有新公司的一定股份，企业出资（通常一半以上）予以支持。参与新公司的大企业部分管理或技术人员也可以持有创业公司一定比例的股份。作为内部创业制度的独立公司，经营管理的责任、权限贯彻比较彻底。这种内部创业制度采用相对独立的公司组织，实行独立的会计核算，责任界定较为明确。

姜朋（2004）认为，在企业组织由金字塔式的指挥链部门管理结构趋向组织结构的扁平化、中空化的过程中，企业组织的团队管理模式能够突出知识化的智能资本管理和软性的"人本化"管理，更符合知识经济时代的特点以及知本理念、经营理念、文化理念和发展理念，具有巨大的优势。

（二）战略管理及战略管理能力

1. 定义

"战略管理"一词最初是由安索夫在其1976年出版的《从战略规划到战略管理》一书中提出的。他认为，企业的战略管理是指将企业的日常业务决策同长期计划决策相结合而形成的一系列经营管理业务。斯坦纳在1982年出版的《企业政策与战略》一书中认为，企业战略管理是确定企业使命，根据企业外部环境和内部经营要素确定企业目标，保证目标的正确落实并使企业使命最终得以实现的一个动态过程。即战略管理就是制定、实施和评价能保证组织实现目标且超越不同职能的决策方案的艺术和科学。这说明，第一，战略管理不仅涉及战略的制定和规划，而且也包含着将制定出的战略付诸实施的管理，因此是全过程的管理。第二，战略管理不是静态的、一次性的管理，它是需要根据外部环境的变化、企业内部条件的改变，以及战略执行结果的反馈信息等，而重复进行新一轮战略管理的过程，是不间断的管理。①

战略管理的主要任务一是选择有潜在高利润的行业，二是在已经选定的行业产业中进行自我定位。②

从内容上说，战略管理具有全局性、综合性和系统性的特点。企业的战略管理是以企业的全局为对象，根据企业发展的需要而制定的。它所管理的是企业的总体活动，所追求的是企业的总体效果。它不是强调企业某一事业部或某一职能部门的重要性，而是通过制定企业的使命、目标和战略来协调企业各部门的活动。在评价和控制过程中，战略管理重视的不是各个事业部或职能部门自身的表现，而是它们对实现企业使命、目标、战略的贡献大小。从时间上说，战略管理具有长远性。战略管理中的战略决策是对企业未来较长时期（五年以上）内，就企业如何生存和发展等问题进行统筹规划。虽然这种决策以企业外部环境和内部条件的当前情况为出发点，并且对企业当前的生产经营活动有指导、限制作用，但这一切是为了更长远的发展，是长期发展的起步。从这一点来说，战略管理也是面向未来的管理。

战略管理的主体是企业的高层管理人员。由于战略决策涉及一个企业活动的各个方面，虽然它也需要企业中、下层管理者与全体员工的参与和支持，但企业的最高层管理人员介入战略决策是非常重要的。这不仅是由于他们能够统观企业全局，了解企业的全面情况，而且更重要的是他们具有对战略实施所需资源进行分配的权力。

战略管理能力是指创业企业领导者在确定企业使命和定位、保证企业目标的正确落实并使企业使命最终得以实现的动态过程所表现出的综合能力和素质。

---

① ［美］大卫：《战略管理：概念部分（上）》，李冬红等译，清华大学出版社2003年版，第13页。
② 杜卓君：《战略型创业：战略管理与创业之交界领域研究评述》，《生产力研究》2006年第1期。

2. 战略管理的内容和层次

战略管理的内容一般包括企业的远景目标、企业的市场定位、企业创造价值的方式、关键性资源的扩充途径以及实现远景目标的具体计划等。

在层次上，一个企业的战略可以划分为公司战略、业务（事业部）战略和职能战略三个层次。战略管理也存在这样三个层次。公司战略是企业总体的、最高层次的战略，它侧重在两个方面：一是从公司全局出发，根据外部环境的变化及企业的内部条件，选择企业所从事的经营范围和领域，即要回答这样的问题：我们的业务是什么？我们应在什么业务上经营？二是在确定所从事的业务后，提出相应的发展方向，并以此为基础在各项事业部门之间进行资源分配，以实现公司整体的战略意图，这也是公司战略实施的关键措施；业务（事业部）战略，包括竞争战略和合作战略。这种战略所涉及的决策问题是在选定的业务范围内或在选定的市场/产品区域内，事业部门应在什么样的基础上来进行竞争，以取得超过对手的竞争优势；职能战略是在职能部门中，如生产、市场营销、财会、研究与开发、人事等，由职能管理人员制订的短期目标和计划，其目的是实现公司和事业部门的战略计划。职能战略通常包括营销战略、生产战略、研究与开发战略、财务战略、人事战略等。①

3. 战略管理的过程和阶段

一个规范性的全面的战略管理过程可大体分解为战略环境分析、战略制定、战略实施与战略控制四个阶段。

（1）战略环境分析。企业战略环境分为外部环境与内部环境两个方面，其中外部环境又可分为宏观环境（指社会、政治、经济、技术等因素）和经营环境（指企业经营的特定行业与竞争者状况等）。外部环境给企业带来一定的机遇和威胁，它是形成企业现状及其未来进取的外部条件；企业内部状况指企业自身的资源以及其经营管理系统的各个方面，如采购、研究开发、产品制造、人员状况、销售、财务

---

① 陈幼其：《战略管理教程》，立信会计出版社 2003 年版。

及过去所制定的目标、战略等。对这些方面的因素进行系统的分析与评价，可以了解企业的现状及其所存在的长处与弱点。

（2）战略制定。战略制定就是在对企业内部、外部环境综合分析的基础上，提出今后的中长期发展思路与方案。它包括明确企业的使命、目标与战略设想。战略决策应当解决以下两个基本的战略问题：一是企业的经营范围或战略经营领域；二是企业在某一特定经营领域的竞争优势。多种不同的战略方案，需要通过战略评价工具，如波士顿矩阵法、通用电气公司的战略规划矩阵法、大战略集合模型等，来对每种方案进行鉴别和评价，以选择出适合企业自身的适宜方案。

（3）战略实施。在此阶段，企业采取调整组织结构、组织强有力的领导班子、制定有关职能战略、搞好资源分配、形成鼓舞士气的公司文化、订立有关的企业政策等所选定的战略。

（4）战略控制。这是企业对正在实施的战略进行监督调控，以保证各项战略的顺利实施，最后达到预期目标。

4. 战略管理的模式

根据亨利·明茨伯格的说法，典型的战略管理系统模式有企业家模式、适应性模式和计划模式三种。

（1）企业家模式。在这种战略决策模式中，战略是由一个铁腕人物制定的。它关注的焦点是机遇，而问题是次要的。战略由公司创始人自己左右对未来发展的判断，并在一系列大胆的重要决策中展示出来。而公司增长是主导目标。

（2）适应性模式。有时也称"走一步，看一步"，这种战略管理系统模式的特点是应对现有问题，给出解决方案，而不是主动寻求新机会，决策中争论的焦点是目标的优先次序。适应性战略是渐进性地推动公司小步往前走。大多数大学、大型院校、政府机构都采用这种战略决策模式。采用这种模式的大企业也数量较多。

（3）计划模式。这种战略管理系统决策涉及系统收集情报信息，总结出多种可行战略，以及选择最合适的战略。这种模式既主动寻求新机会，也被动响应存在的问题。①

（三）关系管理及关系管理能力

1. 定义

世间万物之间存在着多重复杂的关系。作为企业来讲，企业内部员工之间、企业与外部企事业单位之间无时不在发生着形形色色的关系，如果处理不当，可能会影响到企业的生存和发展。于是关系管理应运而生。

关系管理是指对影响企业生存发展的企业内外部关系进行梳理、协调等的过程。关系管理能力是指是否能够建立个体对个体或个体对群体的互动关系的能力，即管理者以实施关系管理为导向，在经营活动中配置、开发和整合企业内、外部各种资源，主动利用、分析和管理各种信息，形成企业竞争优势的知识和技能的集合。

2. 关系能力的内容和构成

从创业者在创业过程中需要完成的主要任务的角度来看，创业者要拥有建立和谐的人际关系、公共关系和顾客关系三大关系的能力。关系能力即关系管理能力。

人际关系是指人们在相互交往过程中，彼此间相互影响而形成的心理上的距离。它是在一定的社会团体中，人们之间直接的、间接的、可觉察到的并受心理特征所制约的相互交往关系，反映了个人或群体寻求满足其社会需要的心理状态。② 经营企业就是和人打交道，人是一个企业首先面对的一个难题，因为现在各种各样的性格导致了人际关系相处的越来越难，因为人的想法变得复杂都是为了自己的利益，因此妥善的人际关系以及相应超强的能力是必备的。③

公共关系就是企业与社会外部进行人与人之间的沟通、交流，从而传播企业的信息，打通企业营销渠道，树立企业良好形象，为企业

---

① 陈幼其：《战略管理教程》，立信会计出版社 2003 年版。
② 夏雯、杜波：《试论人际关系与大学生心理健康》，《中国电力教育》2009 年第 4 期。
③ 张晨：《小企业创业论述》，《财经界》2007 年第 8 期。

创造良好的生存发展环境。①

　　顾客关系是企业与顾客之间建立的经济性、情感性和时间性的心理与行为联系。企业的营销目标就是与尽可能多的目标顾客建立持久性的情感联系，并通过这种联系增加交易频率和交易额度，提高顾客份额和增值顾客资产，实现企业与顾客的互利双赢。理论和实证研究都表明，通过顾客关系形成的顾客满意或顾客忠诚所获取的预期收益要远远大于预期成本，这也就是几乎所有企业都努力构建顾客关系、培育顾客忠诚的直接原因或初始动机。②

　　从关系管理的过程来看，关系管理能力包括：

　　第一，目标洞察能力。是指管理者通过各种行为特征识别目标客户、分析客户偏好和行为习惯并从中得到有价值的决策信息的能力。对企业来说，不是所有的目标客户都具有相同的潜在生命周期价值的，对最具潜在营利性的目标客户关系进行投资无疑是一种明智的选择。目标洞察活动包括目标客户的识别及其需求和偏好分析。由于客户洞察过程涉及数据、对数据的分析和对分析结果的理解。所以，企业的客户洞察能力受到数据资源、数据分析能力和对分析结果的理解力的影响。

　　第二，创造和传递目标价值的能力。所谓目标价值，是指目标客户在购买和消费过程中所得到的全部利益。从狭义的观点来看，创造价值就是生产产品和提供服务；而传递价值则是尽可能为客户提供购买和使用便利，同时传递产品及企业的信息，与客户进行良好的沟通。在产品差异非常细微的今天，人、流程和服务已成为构成客户价值的主要因素，创造和传递客户价值已难以分开。

　　第三，管理关系生命周期的能力。客户关系生命周期可以分为考察期、形成期、稳定期和退化期。针对客户关系生命周期的特点，管理关系生命周期的活动重点是在购买完成后，企业为客户提供后续服

---

　　① 张敏：《论公共关系在现代企业管理中的应用》，《新疆大学学报》（哲学·人文社会科学版）2007年第5期。

　　② 陈雪阳、刘建新：《顾客关系的形成机理与管理策略》，《商业研究》2008年第4期。

务和关怀，以维持和发展与客户的长期关系。对不同类型的处于不同生命周期阶段的客户实行不同的客户忠诚计划，增进客户与公司之间的感情。同时，追踪并掌握客户消费产品的变动趋势，及早避免客户流失。①

3. 影响关系能力的因素

（1）信息技术。信息技术主要是指 CRM 系统，如前面所述，在CRM 软件系统的最上层是接触层。CRM 的管理思想要求企业真正以客户为导向，满足客户多样化和个性化的需求。而要充分了解客户不断变化的需求，必然要求企业与客户之间要有双向沟通，因此拥有丰富多样的接触渠道是实现沟通的必要条件。典型的沟通方式有呼叫中心、网上交流、电话交流、传真和面对面沟通等。

（2）高层领导。高层领导对客户关系管理的认识和理解越充分、超深入，对客户关系管理能力的培养就越支持和关心。如果缺少了这样的支持者，针对提升客户关系管理能力的前期研究、规划也许会完成，可能会完成一些小流程的重新设计，也可能会购买相关的 CRM技术和设施，但企业出现有意义的改进的可能性很低。

（3）企业文化。企业文化是为一个组织中所有成员所共享并作为公理来传承给组织新成员的一套价值观、指导信念、理解能力和思维方式。它代表了组织中不成文的、可感知的部分。每个组织成员都涉入文化之中，但文化通常不为人所关注，只有当组织试图推行一些违背组织基本文化准则和价值观的新战略和计划时，组织成员才切身感受到文化的力量。

（4）人力资源。客户对企业的感观和客户关系的维系依赖于与客户交流的企业员工的服务质量。因为客户无论通过何种方式与企业接触，都是与企业中的人员交流。企业员工的观念、技能和素质直接影响到企业为客户创造和传递的价值以及企业与客户的关系。

（5）组织设计。组织的集权程度、管理层次的多少和整合程度对客户关系管理能力有重大影响。过于集权容易压低员工的主创精神，

---

① 邵兵家、于同奎：《客户关系管理：理论与实践》，清华大学出版社 2004 年版。

因此，为基层员工授予更大的权利，有利于调动他们的积极性，发挥其创造性，使他们在面对客户的个性化需求时能够采取更为灵活和多样的措施，而不必对每件小事都层层上报等待审批。这样不仅为客户提供更为快捷、准确和个性化的服务，而且满足了员工实现自我价值的愿望，使员工更加满足和忠诚，对员工未来的服务质量产生积极的影响，从而推动客户关系管理能力的发展。

（6）供应链伙伴。随着全球经济的一体化，人们发现在全球化大市场的竞争环境下，任何一个企业都不可能在所有业务上都成为最杰出者，企业与企业的竞争已经不是个别企业在一定时间、一定空间，为争夺某些终端、某些顾客的一对一的单打独斗了，也不主要是为了争夺市场占有率和覆盖率的竞争，而是基于产品开发设计、生产制造、配送与分销、销售与服务的跨时空的整体性竞争。因此，企业外部的供应链伙伴也对客户关系管理能力产生重大影响。

（四）承诺管理及承诺管理能力

1. 定义

承诺原本是法律用语。我国《合同法》规定，承诺是受要约人同意要约的意思表示。即受约人同意接受要约的全部条件而与要约人成立合同。承诺的法律效力在于，承诺一经作出，并送达要约人，合同即告成立，要约人不得加以拒绝。

在管理上，承诺即许诺者做出的保证，目的在于满足组织内外部顾客的要求。这里所说的"顾客"和"许诺者"指的是角色，而非个人，这些角色可根据情况而变化。要想建立和完成有效的承诺，顾客和许诺者必然经历三个阶段：一是达成共识；二是兑现承诺；三是顾客公开宣布许诺者是否已经履行承诺。

好的承诺都具备公开透明、积极互动、主动自愿、清晰明确和任务导向五个特点。

承诺管理是指创业者在经营企业过程中所实施的对供应商、员工、顾客、风险投资商等各种利益共同体承诺的管理。

承诺管理能力是指创业者管理实施对供应商、员工、顾客、风险投资商等各种利益共同体承诺的能力。

2. 承诺管理的模式

承诺管理的模式包括以下三个互相联系的要素：理解和评估；协议和沟通；后果。

智力工作者要对自己的能力做一个自我判断，包括判断自己的产出能力、管理他人产出的能力以及管理自己依赖物的能力是否适合管理所要承诺项目的复杂性（智力工作者能否准确地评估当然与他对自己及项目的明白程度有关。一旦承诺做出，当事人将要让他的老板、同事以及其需要依赖的人清楚这个承诺）。仍以 A、B 为例，当 A 给 B 分派一项任务的时候，B 要对 A 做出一个完成任务的承诺，但这个承诺与简单的口头表述和单纯呈交计划书不同，B 要具备承诺管理的意识。他首先要对自己完成任务的能力做出一个客观准确的判断，不仅如此，他还必须分析自己的工作需要依赖哪些资源（如同事的工作进度和其他公司的协助等），以及如何管理这些资源才能保证自己任务的完成。此外，B 还要考虑到影响任务完成的客观外界因素，如交通情况和家庭问题等。在这样一个对自身充分了解和判断的基础上，B 才能向 A 做出真正有意义的"承诺"。在他人知晓了 B 的承诺后，以往的不可控因素都会有所减少。

上述的承诺管理模式是以下管理方式的混合，包括对运作类型的管理、生产线的管理以及创造性的管理。它能将软件公司特有的机械和动态的管理方式结合起来，换句话说，为动态的智力型工作者提供了一个可控的承诺方式。

该承诺管理模式的好处在于团队成员之间靠真正的承诺来进行合作，即使是一个新的成员，也能名正言顺地从其他团队成员那里获得适当的承诺。承诺一旦作出，成员们就很难再为任务的拖延找到借口，因为这些承诺都是在对自我判断自我管理的基础上建立起来的。同时，在这种管理方式下，成员们也可以发现成员中谁对自己的判断经常出错，从而更好地建立督促和淘汰机制。①

---

① 罗叶明：《第八个管理》，李冬红等译，清华大学出版社 2006 年版。

第八章 大学生创业能力培育的思路

创业机会的识别与开发，既与社会环境中的技术、市场、社会价值及政策法规有关联，更与创业者的警觉性、人格特质、先验知识、认识学习能力、创业动机类型、资源禀赋、社会网络等因素密切相关；新企业创建后，运营管理成为主要任务，需要组织多种内外部人力、物质、资金和技术资源，进行团队建设、员工管理、战略制订、市场营销、财务管理、技术管理、服务客户、品牌经营、文化建设等，运营管理的成败直接决定了创业机会的成败。因此，成功的创业企业家不但需要具备新企业识别和选择正确商机的能力，还需要运营管理能力。为此，大学生创业能力的培育必须从宏观社会环境和微观教育教学两方面进行总体设计。

第一节 宏观层面的战略思路

宏观层面的技术、市场、社会价值、政策法规以及文化教育等方面发展状况构成了创业的外在大环境，也是大学生创业意愿、创业能力形成的外在条件。离开了这些外在环境或者外在环境条件欠佳，都不利于创业精神的激发和创业能力的形成。

一 坚持以经济建设为中心、努力搞活经济，推动制度、技术创新，提供更多的创业机会

创业的前提在于现实中有创业机会的存在，而创业机会的有无、多寡有依赖于社会经济的发展、制度的完善程度和技术的创新。

首先，一个国家或地区经济的发展速度会大大提高该国家或地区的创业率。创业率本身既是经济发展的必然结果又是经济发展的一个重要指标。从历史上看，一个国家或地区的大多数创业活动都发生在该国家或地区经济高速增长的时期，创业活动是社会经济变化和增长的主要因素。经济发展与创业率是互为因果的，经济发展能够为创业提供大量的机会，企业家看到创业的前景和预期收益的提高从而追求创业；而创业率的提高无疑又会增加就业机会，促进经济的繁荣。

其次，技术创新的能力和水平直接影响一个国家或地区创业的数量和质量。技术创新直接为创业提供动力和活力，从而创造大量的创业机会。熊彼特认为，创业是通过几种创新来实现的：新产品或服务、新的生产方法、新市场、新供应来源和新的组织风格。也就是说，企业家或者说创业与创新是不可分的，技术创新又是其中最重要的途径。

最后，政府的政策法规是影响创业机会的重要变量。政府对创业活动的价值导向、制度设计不但直接影响创业活动多寡和创业方向；同时，政府的政策也会通过影响技术创新，从而影响到创业机会。政府不仅应该优化区域创新环境（政策环境），而且应该培育区域创新文化（人文环境）。政府的制度和政策可以从导向上鼓励、支持创新；在源头上通过发展教育培育创新能力；在资源上对技术创新进行倾斜和扶持；在基本建设上加大技术基础设施建设的力度；在制度上建立和完善风险投资体系和信用制度等。总之，创业增长与政府的制度设计呈正相关。①

二　优先发展教育，激发创业意愿，促进创业机会的识别和利用

创业者的先验知识、认识学习能力、人格特征等是影响创业机会识别和利用的重要因素。先验知识，即先于经验的知识。优先发展教育，提高全民族的整体文化素质是帮助创业者积累先验知识，提高创业者认识学习能力的根本。

经济发展和技术创新会引发大量的创业机会，但是这些创业机会被利用之前首先要被识别。创业机会表面看来是人人机会均等，但实

---

① 莫寰：《基于机会的创业过程和创业激发研究》，《现代商业》2007 年第 12 期。

际上只有个别人能够并将它作为创业的机会来识别。许多创业机会尤其是技术创新所创造的创业机会的信息并不是同时展现于所有人面前的。一般来说，特定领域或特定内容的创业信息总是首先被拥有与这些信息相关的知识的人留意并捕捉。拥有相关知识的人对创业机会更加警觉，更容易了解和理解这些信息及其价值，更倾向于将这些信息看作是创业机会并对机会的利用更自信。同时，人们有关市场的先验知识会影响他们对于进入什么市场，人们有关如何服务市场的先验知识会影响他们决定如何服务于市场。

同时，能够识别到创业机会，具有从事某种行为的潜能，但并不必然引发采取某种行动的意愿。因为潜在企业家的信念和态度更多是由知觉驱动而不是由目标来衡量，而影响这种知觉驱动的除了资源和能力之外，还有个体的价值取向和社会价值取向。在根据"计划行动理论"看来，意愿是行为最近的前因。人的行为意愿是结果信念、规范信念和控制信念三方面综合考虑的结果。影响人的行为意愿的这三种信念具体到创业行为中就表现为创业能力、创业资源和价值取向。价值取向对应于结果信念和规范信念，创业能力和创业资源对应于控制信念。

结果信念是对行为结果的价值和吸引力的主观评价，受到个人价值取向的影响，是个人对生活、事业、理想的看法和追求的反应。个体对创业行为的价值判断会在很大程度上影响个体的创业意愿和创业决策。例如，创业行为是风险还是机遇？是谋生还是事业？是无奈还是追求？是压力还是挑战？是逃避还是自主？等等。规范信念是对社会评价和看法的主观认知，是一个人在社会化过程中形成的对社会一般规范和要求的理解与认同，并外化为个体的行为价值取向。个体的创业意愿必然会受到社会价值取向的影响。例如，创业是充满风险的投资行为还是令人尊重和向往的职业？创业者是唯利是图的商人还是创造社会财富的企业家？等等。实际上，个体对创业行为可能性结果及结果价值的判断也是受到社会规范的影响并在社会规范的社会化过程中逐渐形成的。

控制信念是对行为的自我控制程度的认知，是对行为过程的难易程度的感知。创业的控制信念主要基于对个体所拥有的创业资源和创业能力的感知。虽然创业资源和创业能力本质上都有客观的内容和形式（如商业策划能力、融资能力、企业管理能力、人力资源、社会资源等），但实际上影响控制信念的并不是资源数量和能力大小的绝对值，而是个人对自己的资源和能力的主观感知。人的控制信念一方面受到个体控制点的影响（即是否相信自己能够掌握甚至改变自己的命运）；另一方面受到个体自我效能感的影响。对自己的创业资源和创业能力具有正面认知的人的创业意愿一般要比具有负面认知的人更加强烈，更倾向于将创业看作机会和挑战而不是风险甚至冒险，他们会努力接受挑战而不是极力回避，而且有较高的承诺度，在失败面前不气馁甚至更加努力。

同时，优先发展教育，不仅是要把教育发展放在社会各项事业发展的首要位置，更要把创业教育融入从基础教育到高等教育的各个阶段，在提高全民族的整体文化素质和教育水平过程中，融入创业精神和创业知识。"通过创业教育让学生耳濡目染受到创业的熏陶，并了解创业的本质、创业的要求，让创业成为一种备择的职业模式；通过创业教育培养学生积极进取、勇于探索、不断创新的企业家精神，这不仅可以提高他们对创业机会的警觉，而且可以提高他们创业的意愿，同时提高他们的创业效能感；通过创业教育传授创业知识和创业能力；通过创业教育影响个体的价值取向和人生追求。"[①]

因此，优先发展教育，特别是在教育中融入创业教育，不但可为创业做好知识的积累和铺垫，而且还能通过创业教育激发创业意愿和创业激情，从而促进创业，并提高创业的成功率。

三 培植创业文化，营造创业氛围，培育企业家精神

企业家不是天生的，企业家可以通过教育来培养并通过环境来塑造。个体的企业家精神与其所在国家或区域的创业文化和创业氛围高度相关。创业文化统指创业行为受到激励的社会环境。创业文化通过影响人们的生活态度从而影响人们的职业选择。企业家精神与创业氛

---

① 莫寰：《基于机会的创业过程和创业激发研究》，《现代商业》2007 年第 12 期。

围是紧密相关的，企业家精神会受到创业氛围的影响，创业氛围最终也必然体现在企业家精神上。因此，一个国家或区域经济的持续繁荣不仅要促进推动技术创新来创造更多的创业机会，而且要致力于创业氛围的营造，更重要的是通过培育企业家精神激发潜在企业家的创业意愿和创业激情。由于个体的创业意愿受到创业资源（包括主观资源和客观资源）、创业能力（包括主观能力和客观能力）和价值取向（包括个人价值取向和社会价值取向）的影响。创业知识的传授和创业能力的培养固然必不可少，创新意识和企业家精神的培育更加关键。政府要通过政策、教育和舆论等手段优化创业环境、培养创新意识和创新精神，尤其要培育鼓励创业、尊重创业、崇拜创业、保护创业的创业文化和创业氛围，以培育企业家精神。[①] 当然，企业家精神的培养不能仅仅停留在创业导向上，就大学生而言，应从大学生的自主能力和责任感培养开始。加强主动性，使其在学期间脱离对家庭的依赖、对学校的依赖，形成对自己负责、对家庭负责、对社会负责的观念和能力。

第二节　微观层面的总体思路

中国就业技术培训鉴定指导中心主任陈宇在"2004 亚洲教育北京论坛"上表示：目前中国的创业机会比较多，但是创业能力低于世界平均水平。中国创业存在基础能力建设薄弱，尤其是学校对后备劳动力创业能力的培养较弱。[②]

依据能力表现形式上的分类（认识能力、实践能力和社交能力），可以把创业能力划分为创业认识能力、创业实践能力和创业社交能力。从微观教育教学的角度看，应依据不同能力的特点，采取不同的

---

① 莫寰：《基于机会的创业过程和创业激发研究》，《现代商业》2007 年第 12 期。
② 廖雷、李濛：《中国创业机会多但创业能力低》，http：//www.people.com.cn/GB/shizheng/1027/2736049.html。

教育教学策略来加以培养。

一　开展创业知识教育，提高大学生的创业认识能力

创业认知是个体创业能力产生、发展的必要前提。据调查表明，我国在校大学生的创业知识和能力存在严重的不足，亟须改正与完善。因此，对大学生开展创业知识教育非常必要。一般而言，创业教育有两个层次的目标：一是引导和鼓励一小部分有能力的大学毕业生走上创业之路，开发新的经济增长点；二是使对大部分人在各自的职业生涯中更好地保持活力，更好地发展，在各自的岗位上创造更大的价值。①

高校开展创业知识教育，一方面，可通过校园网站、校园广播、宣传材料印发或张贴、创业教育文件发布、创业演讲、创业专题讲座等非系统化的方式，营造出创业所需要的情感与舆论的氛围，达到拓宽学生眼界、激发创业愿望与热情之目的。这类方式也可称为"渗透性的创业知识教育"。另一方面，可通过纳入学校正规的教学体系，进行选择性的或系统化的创业知识传授，为以后的创业行动奠定必要的知识准备。其具体方式有：①普及性的创业知识教育，即在大学的各个层次（专科、本科和研究生）、各种专业都将创业教育纳入到本专业的课程体系之中，用规范化的教学管理来进行的创业基础知识教育。包括"创业精神"、"创业知识"和"创业实务"类课程。②重点性的创业教育，即在普及性的创业教育基础上，有选择地在一些学科专业，例如经济学、管理学、教育学、法学、工学和农学等学科门类所属的一些专业中开设"创业学"的关键课程——"创业管理"。这些学科专业主要培养应用型人才，直接面对的是市场，这些学生走出校门以后，其工作与经济活动的关联性较为直接，极有可能从事管理企业或创办企业。③专业性的创业教育，即在师范院校开设创业教育专业或辅修专业，在综合性大学开设创业学专业或创办创业学院，并进行创业学学科体系研究，培养从事创业教育与研究的专门人才。

---

① 郁义鸿、李志能、罗博特·D. 希斯瑞克编著：《创业学》，复旦大学出版社2000年版。

通过开展多样化的创业知识教育，可以帮助大学生提高对创业的关注度、认可度，为开展创业实践、形成创业能力打下认识论基础。①

二 开展校园创业活动，提高大学生的创业实践能力

一般而言，从知识与能力关系的角度看，创业知识是创业能力形成的前提，但是仅仅进行创业知识教育还是远远不够的，还需要经过创业实践环节，把创业知识转化为创业能力。从创业能力的分类上看，创业实践能力是一种不同于创业认识能力的一种独特能力，主要通过创业实践锻炼才能逐步渗透、内化、定型，乃至成为人格特征的一部分。就大学生创业能力形成而言，应主要通过参与形式多样的校园创业活动，来培养创业能力。在当前情况下，大多数高校主要通过组织的"创业计划大赛"以及由此产生的较为成熟的创业项目，进行创业模拟和实战训练；当然高校还应该通过设立创业基金，提供一定的厂房、设备、技术、灵活教育教学方式与人事管理制度等方式对校园创业活动给予扶持，鼓励学生、老师自己选择创业项目，进行创业实践锻炼，使学生的创业热情、创业知识在创业行动中得到融合。

三 加强社交教育，提升大学生的社交能力

创业者在创业过程中需要完成多种任务，承担多种角色，处理多种复杂的关系，需要较强的社会交往能力做支撑。从创业者在创业过程中需要完成的主要任务的角度来看，创业者应具有处理人际关系、公共关系和顾客关系三方面的社会交往能力。人际关系能力主要指处理企业或社会团体内部人际交往的能力；公共关系能力主要指处理企业与社会外部进行人与人之间的沟通、交流，从而传播企业的信息，打通企业营销渠道，树立企业良好形象，为企业赢得良好生存发展环境的能力；顾客关系能力指为企业与顾客之间建立的经济性、情感性和时间性的心理与行为联系的能力。

由于受传统观念的影响和教育自身的惯性等因素，传统的大学教育主要是一种智力教育和专业知识教育，忽视了大学生情感教育和人

---

① 席升阳：《我国大学创业教育的观念、理念与实践》，科学出版社 2008 年版，第116—118 页。

际交往能力的培养。因此，应通过更新教育观念，增设社交类课程和社会交往平台，加强社交锻炼等方式，培养大学生的社交能力，为日后创业打基础。

四　加强高校创业指导课程建设督查，普及高校创业教育

在普通高等学校开展创业教育，是服务国家加快转变经济发展方式、建设创新型国家和人力资源强国的战略举措，是深化高等教育教学改革、提高人才培养质量、促进大学生全面发展的重要途径，是落实以创业带动就业、促进高校毕业生充分就业的重要措施。为此，教育部办公厅于 2012 年 8 月以教高厅〔2012〕4 号文件形式发布了《普通本科学校创业教育教学基本要求（试行）》，提出要把创业教育融入人才培养体系，贯穿人才培养全过程，面向全体学生广泛、系统开展。通过创业教育教学，使学生掌握创业的基础知识和基本理论，熟悉创业的基本流程和基本方法，了解创业的法律法规和相关政策，激发学生的创业意识，提高学生的社会责任感、创新精神和创业能力，促进学生创业就业和全面发展。

然而，由于高校人才培养修订涉及高校内部多方利益调整和教学资源配置等，教育部的这一规定在许多高校并未落到实处。河南省教育厅曾于 2015 年在全省高校范围内组织开展高校就业创业指导课程建设督查工作（教办学〔2015〕170 号），要求高校坚持"以评促建，以评促改，以评促管，评建结合，重在建设"的工作方针，通过总结、自查、整改和建设，使得就业创业指导课程建设工作管理机制进一步完善，管理队伍进一步优化，教学科研水平进一步提高，教育途径进一步拓展。因此，国家和省级教育行政管理部门应加强督查，以确保这一文件精神落到实处。

第九章　大学生创业能力培育的方法与措施

第一节　大学生创业机会能力的培育

如前所述，创业机会能力包括创业机会识别能力和机会开发能力。机会识别能力是指能够采用种种手段来识别市场机会的能力，机会开发能力是指创业者将识别出来的机会予以落实的能力。机会开发是在机会识别、评价基础上，构建资源平台，创立新企业的过程。构建资源平台要求创业者必须能够聚集资源，参与获取必要资源的交易过程，并整合看中的资源，推动商业概念转换成可销售的产品或服务。这实际上就是要求创业者必须具备筹措资源能力、协调与沟通能力、领导与决策能力等。这些能力也成为组织运营能力的重要组成部分，宜放置到后面组织运营能力部分一并论述。为了避免前后交叉重复，故在该部分主要涉及大学生创业机会识别能力的培育。

一　深入开展创业教育，明确创业目标，提高创业机会评价能力

我国创业教育不但起步晚，辐射面有限，而且已经开展创业教育的高校也凸显出一系列的不足，创业教育效果不尽如人意，大学生对我国当前的创业教育的效果评价也不高。其中，最主要原因可能在于目前的创业教育还缺乏针对性。调查结果显示，一方面，我国目前开展创业教育的多数高校还主要限于开设一门"创业学"选修课程，属于倡导、待普及创业知识阶段，至于"重点性"和"专业性"的创业教育还很少见，也没系统化；另一方面，创业能力培育办法、措施还不多，广度、深度和系统性等都还不够。例如，其一，企业家精神的培养还仅仅停留在创业导向上，实质性的办法还不多。其二，创业知识和市场营销能力的训练还不够。满足需求，面向市场，推广产品或服务是所有学科都将遇到的。如创业过程及产品计划与开发过程、识别和估价创业机会、如何发展形成与组织团队并与团队共同工作、了解创业成功与失败的相关因素、新创企业进入市场的一般策略、创业计划的基本要素、如何控制与治理新创企业的成长、新创一个企业对于治理技能的要求与挑战和在现存组织内部进行创业的性质与运作方式等是每一个创业者必不可少的知识，在大学应根据不同专业，把"创业学"及其相关课程纳入公共基础课范畴。其三，实践环节和技能训练有待加强。

正如在《X 大学 2014 年度本科教学质量报告》中"需要解决的问题"所言：

"（一）创新创业教育工作需要进一步推进。近年来，为贯彻落实《教育部关于大力推进高等学校创新创业教育和大学生自主创业工作的意见》（教办〔2010〕3 号）文件精神，该校在创新创业教育、创业基地建设和促进大学生自主创业等方面做了一些具体工作。但是由于该校创新创业教育空间场地匮乏、扶持资金不足、课程体系不够完善、创新创业师资队伍不稳定等因素，特别是在教学理念与模式转变方面滞后，使得创新创业教育工作成效不够显著，难以适应大众创业、万众创新对创新创业人才培养的需要。建设措施：一是加快教学理念与模式的转变。加大宣传教育力度、增加学习培训频次、强化督导工作实效，尽快使广大教师、职工和学生转变教育思想、更新教育观念，把创新创业文化作为大学文化建设的重要内容，使创新创业成为管理者办学、教师教学、学生求学的理性认知与行动自觉。二是加大投入，加强创新创业实践条件和大学生创新创业服务体系建设。加大资金投入，充分整合校内场地资源，改造建设一批能有效满足大学生创新创业需求、具有较强专业化服务能力的校内创新创业基地。积极创造条件，充分利用大学科技园等建设校外创新创业实践教育基地。有效发挥"X大学科技成果转移中心"作用，推进建立"大学生企业孵化基地"和"X大学科技园"等平台，完善大学生创新创业服务体系建设。三是创新人才培养机制。将创新创业教育融入人才培养全过程，修订完善专业人才培养方案。开设创业、就业指导方面的必修课和选修课，健全创新创业教育课程体系。推进以"厚基础、强实践、重能力、多课堂"为特点的多样化人才培养模式改革。①

创业机会识别是一个动态过程，只有通过对识别的机会进行不断评价，最终才能锁定创业机会。而机会评价的主要判断依据是机会识别的目标，即是否能够为用户创造增加价值，满足用户需求；是否市场广阔，利润高；创业者与管理团队配合是否默契等方面。为此，就要求创业者掌握市场需求、营销网络、组织管理等方面的知识，并具备相应数据搜集、分析、评价能力。同时还要注重积极培养统摄、想象、概括、综合以及辩证分析等能力，以便更好地进行联想、类比或推演，从而，能够整体把握创业过程所经历的各个阶段，在更高层次和水平上培养对创业机会的评价能力。

二 引导学生关注技术、市场和政策的变化，提高大学生对环境变化的敏感度，培养其对创业的警觉性，提高大学生创业机会识别的概率

大学教育是一种专业教育，并且常常以理论教育为主，对某一专业领域的技术、市场和政策的变化往往不够关注，也不够敏感。这极大地限制了大学生机会识别能力的养成。大学教育自身首先要实现从教育理念到教育教学方式的全方位变革：在教育理念方面，要实现由"就业教育"向"创业教育"的转变；在教学内容安排方面，要适当压缩理论性的教学内容，增加技术性、应用性的教学内容，同时加强实践环节教学；在教学方式方法方面，应广泛采用发现教学法、问题教学法、案例教学法、掌握教学法、研究性学习等尊重大学生主体性、有利于培养大学生创新创造精神的教学方式方法；在教育教学效

---

① 河南科技大学《本科教学质量报告》编制发布工作小组：《X大学2014年本科教学质量》，http：//www. haust. edu. cn/notice/detail. aspx？。

果评价方面，要改变"重知识点考查、分数至上"的评价方式，转向重视综合能力考查、多元价值取向的评价方式。为大学生关注社会，关注行业的技术、市场和政策变化创造外部条件。

创业机会识别能力主要是一种认识能力，创业机会主要源于社会环境中技术、市场和政策的变化。因此，大学教育要在转变自身教育理念和教学方式的前提下，在教育教学中要注重引导大学生去关注这些变化，从中发现创业机会。具体方式方法，例如，引导大学生养成每天收看新闻联播，阅读行业报纸、杂志、专题网站等习惯，培养其信息意识和基本收集信息能力；通过组织相关专业的技术前言专题讲座、科技政策和产业政策报告会、相关产业界报告会等形式获取重点创业领域的信息；采用研究式学习、合作学习、案例教学等方式，激发大学生的创业灵感；通过模拟或组织创业计划大赛等实践锻炼，培育大学生实际识别创业机会的能力。

三　引导大学生重视交往，组建自己的社会网络，丰富创业信息来源渠道，构建创业机会识别桥梁，增加创业机会

社会环境变化的信号多数是通过社会网络传递到创业者，创业者社会网络的强度、密度、多样性等都会对识别创业机会产生影响。例如，社会网络的多样性可以提高创业者的警觉性，补足创业者的知识，提高创业者的创业学习能力；社会网络同样可以对创业者的资源禀赋进行适当的补足。创业者也可以通过社会网络为今后的创业活动所需的资源做以铺垫工作。总之，社会网络不但是创业者获得机会相关信息的主要手段，也直接影响到创业机会开发和新企业运营所需的各种社会资源。

然而，传统的大学教育主要是一种智力教育和专业知识教育，忽视了大学生情感教育和人际交往能力的培养。因此，应更新教育观念，把情感教育和人际交往纳入大学教育目标之列，通过开设社交类课程和专题讲座等方式传播交往知识与人际沟通技巧；实行学生干部轮换制度，为大学生创造公平的社会交往机会；以各种校园活动社会实践活动为载体，扩大大学生的社会交往范围，丰富创业信息来源渠道。

四　重视大学生创造力的培养，塑造创造型人格，提升机会识别能力

在影响创业机会识别的众多因素中，创业者是机会识别的主体。创业者通过自身的特质，依靠其本身的警觉性识别机会。对创业家特质的研究一直是创业学研究的经典命题。尽管其中研究成果众多，不乏有众多分歧，但创业家应在冒险性、好奇性、想象力和挑战性等方面有强势表现是大多数专家认可的。这些人格特质正是创造力的主要向度。因此，重视大学生创造力的培养，塑造其创造型人格，有助于提高大学生创业机会识别能力。

本书于 2008 年 5 月以国际上通用的威廉斯创造力倾向测量表（CAP）为工具，对 X 大学 2006 级、2007 级 979 名大学生进行了创造力倾向测量，根据测量结果，对 16 名创造力优秀的大学生进行了个别访谈，最后提出培育大学生创造力的若干建议。其情况如下：

（一）X 大学学生创造力现状

本次调查结果见表 9 - 1。

表 9 - 1　　　　　　　X 大学学生创造力情况统计表　　　　　单位：人、%

	冒险性		好奇性		想象力		挑战性		总体分布	
	人数	比例	人数	比例	人数	比例	人数	比例	人数	比例
优秀	33	3.4	126	12.9	17	1.7	121	12.4	17	1.7
良好	244	24.9	363	37.1	89	9.1	432	44.1	283	28.9
一般	669	68.3	462	47.2	696	71.1	417	42.6	676	69.1
差	33	3.4	28	2.9	177	18.1	9	0.9	3	0.3
合计	979	100	979	100.1	979	100	979	100	979	100

由表 9 - 1 可知：

从总体分布上看，参与本次测试的 X 大学学生有 17 人创造力优秀，283 人创造力良好，676 人创造力一般，3 人创造力差，分别占 1.7%、28.9%、69.1% 和 0.3%，呈现出正态分布的特征。

从创造力四维度的优秀率排序上看，从高到低依次为好奇性、挑战性、冒险性和想象力，分别占 12.9%、12.4%、3.4%、1.7%。在好奇性特征上得分高，表明受测试者具有追根究底的精神，主意多，乐于接触暧昧迷离的情景，肯深入思索事物的奥秘，能把握特殊的现象并观察其结果等心理品质；在挑战性特征上得分高，表明受测试者具有善于寻找各种可能性，能够了解事物的可能性及现实性之间的差距，能够从杂乱中理出秩序，愿意探究复杂的问题或主意等品质；在冒险性特征上得分高，表明受测试者具有勇于面对失败或批评，敢于猜测，能在杂乱的情境下完成任务，敢于为自己的观点辩护等品质；在想象力特征上得分高，表明受测试者具有善于视觉化并建立心像，善于幻想尚未发生过的事情，可进行直觉地推测，能够超越感官及现实的界限。这一结果说明该校学生好奇性、挑战性优秀者占有一定比例。

从创造力四维度差率的分布上看，从高到低依次为想象力、冒险性、好奇性和挑战性，分别占 18.1%、3.4%、2.9%、0.9%。想象力缺乏者多，创造性高者必然少；缺乏冒险性，创造性势必不足；在好奇性特征上得分低，不但影响受测试者创造力的发展，也影响总体测试成绩分布；挑战性得分低者表现出因循守旧的特点，因而缺乏创造性。这说明该校学生想象力差者占有一定的比例。

（二）创造力优秀的成因——基于 16 名创造力优秀大学生的经验

根据上述威廉斯创造力倾向测量表的测试结果，本书于 2008 年 11 月 22 日至 12 月 8 日选取了其中 16 名创造力倾向优秀者作为访谈对象（1 人由于无法取得联系而放弃），以期通过对他（她）们的访谈揭示高创造力者的奥秘，为高校人才培养模式改革提供一些有益的启示。

访谈对象的性别为 7 男、9 女，全部为 X 大学 2007 级学生，专业分布在包装工程（1 名）、电子信息科学与技术（3 名）、自动化（1 名）、计算机科学与技术（1 名）、金属材料工程（1 名）、应用数学（1 名）、机械设计制造及其自动化（1 名）、法学（1 名）、金融（1 名）、旅游管理（1 名）、热能与动力工程（1 名）、动植物检疫（1 名）、食品科学与工程（2 名）13 个专业。访谈地点分别在 X 大学西苑校区、周山校区和开元校区的校园广场，访谈形式为个别访谈和小组访谈。

根据对 16 名高创造力大学生的访谈记录整理后发现，他（她）们的高创造力倾向并非是天生的，而是在后天的环境里经过长期自觉努力而逐渐形成的。他（她）们具有高创造力的成因既有一些共同点，也有一些个性化成分。

1. 共同点

（1）独立思考，有主见。在访谈中发现，绝大多数接受访谈的大学生表示，他（她）们有根据情况和问题经过思考而做出独立判断的习惯，不从众。

（2）积极参加各种竞赛活动。他（她）们表示平时都乐于参加学校、班级举办的各种活动，特别是与智力关系密切的各种竞赛活动，在条件许可的情况下也愿意参加社会相关部门举办的各种竞赛活动。

（3）三思而后行，想出一个最好的方法去运用。他（她）们普遍认为做事情之前多进行利弊分析是非常必要的。只有多分析才能从中找出最好的解决问题的办法。

（4）解决问题时举一反三。他（她）们对于自己遇到的问题，不是只考虑问题的一个解决方案，而是考虑多个方案，这次用一个方案解决问题了，下次遇到其他事情，就会采用已经在脑海中想到的方案来解决事情。这样不仅方案已经成熟，而且效率极高。

（5）劳逸结合，午休。一上午的忙碌会让人有疲劳感，如果中午没有充分的休息的话，下午将没有更好的精神状态去处理自己的学习和工作，所以对于这些具有创造力的人来讲，午休是一个很好的放松自己的时间。

（6）心情不好时不强迫自己去做。心情不好的时候是一个人最消沉的时间，这个时候对于自己的工作来讲，不仅效率低下，而且容易出错，这段时间对于开拓创造性的思路而言，也是最脆弱的，所以，对于他（她）们而言，这个时间宁可去做任何东西，也不强求自己去做。

（7）发散思维，方法不单一。想象是人类思想的源泉，在创新思维的技巧性方法中，有许多都是与发散思维有密切关系的。它的主要功能就是提供尽可能多的解题方案。这些方案不可能每一个都十分正确、有价值，但是一定要在数量上有足够的保证。

2. 不同点

（1）多与同学交流。在本次调查中，食品与科学工程专业的严芳和邓洋同学提出了多与同学交流的方法，因为一个人思考问题具有局限性，通过与同学交流，可以发现自己想法的优势与不足，从而使自己的方案得到进一步补充。

（2）坚持自己的想法。在本次调查中，电信科的高改革同学提出了坚持自己观点的看法，对于事情不能人云亦云，要经过思考，形成自己的见解，并在不断的探索中实践自己的想法。

（3）善于观察生活中的细节。细节决定成败，注意生活中的小事，从小事做起。每件事情都会有不同的地方，在细节上注意它们的不同，从而发现问题，提出新观点，进而提出新的解决问题的办法。

（4）利用改造废旧物品。这是培养自己动手能力的一个关键因素，自己的想法需要得到实践。废旧物品在一般人眼中已经基本没有使用价值，在我们身边随处存在，方便易得。因此，改造组装废旧物品不仅可以实践自己创造性的想法，还可以为环保做出自己微薄的贡献。

上述 16 位同学对自己高创造力的归因实际上已经自觉不自觉地涉及了当代心理学对创造力含义的新理解，也代表着对创造力研究的新取向。即创造力不仅与个性特质关联，也与认知风格、社会环境有关，亦即倾向于将创造力看作一种认知、人格和社会层面的综合体。当代心理学对创造力的研究正呈现出由传统的个性特质研究，日益向认知心理学研究、社会心理学研究并重的研究路径。例如，共同点中的"独立思考，有主见""发散思维，方法不单一"等属于个性特质范畴；共同点中的"三思而后行"，不同点中的"善于观察生活中的细节""心情不好时不强迫自己去做"等属于认知心理学范畴；"多与同学交流"等则属于社会心理学范畴。

（三）大学生创造力的培养——基于 16 名创造力优秀大学生的诉求

对于如何培养大学生的创造力，16 名同学也提出了他（她）自己的看法。

（1）学校应该多为学生提供展示创造力的平台。许多学生或多或少都有一些富有创造力的思想、行为或产品，然而由于缺乏相应的展示平台而丧失了应有的表达或展示机会。因此，校方应多给一些有创新想法的人提供参加展示的机会，不但有利于活跃校园文化，而且有利于营造创造氛围，激发创造冲动，培养和历练大学生的创造力。例如，举办各种层次和类型的竞赛活动或者鼓励学生参加社会相关大赛，让绝大多数学生都有参与的机会；特别是应举办单科性比赛或竞赛活动，为一些偏才、怪才提供展示才能的舞台，培养其积极向上、昂扬奋发的生活态度和精神风貌。

（2）老师应当以一个兼容并包的心态去鼓励、支持学生们进行创新。对于具有创新思想的同学，老师应当鼓励他（她）们在创新思路方面的发展，为学生的创造力发展提供良好外部支持。

（3）因材施教，充分发挥学生的主观能动性。传统教育忽视了学生创新精神的培养，对于一些有创新性的学生，往往因为不能充分发挥自己的想法而放弃实践，如果老师能够因材施教，如果能够把有各种不同想法的学生组成创新小组，经常给予指导或帮助，将有效促进学生创造力的发展。

（4）增加学生自学时间。增加学生独自思考的空间，增强学生课前预习意识，让学生在自学中发现问题，在课堂中提出自己的意见和看法，在与老师交流的过程中完善自己的思想，让学生的创造力得到发展。

（5）学校提供一些基础设施，让学生有条件去实现自己的想法。基础设施包括实验设备、体育器材和场所，实验设备尽量做到每人一套，让每个人的想法得到锻炼，专业性学术竞赛应该降低门槛，吸引更多的人才去参加。让他（她）们有发挥自己的空间，展示自我的平台。

由上述调查可以看出，我国大学生创造力整体状况不容乐观，在大学生创造力培育方面还存在着诸多不足，基于 16 名创造力优秀大学生诉求的大学生创造力培养方式方法无疑具有较大的参考价值。

第二节　大学生创业运营管理能力的培养

以下主要从新企业创办所需的组织管理能力、战略能力、关系能力和承诺能力四个方面进行阐述。

一　组织管理能力的培育

（一）组织管理能力的内涵和外延分析

组织管理能力是创业者组织多种内外部人力、物质、资金和技术资源，完成构建新企业组织并通过运营管理获取企业成长的能力。这种能力包括团队建设、领导员工、培训和控制等方面的能力。

团队建设能力也称人力资源的整合能力，是指为了实现某一共同目标，创业者按照一定的规则和程序完成特定的责权结构安排和人事安排的能力。具体包含设定团队目标、提高团队执行力、加强团队协作、建设团队信任、顺畅团队沟通、应对团队压力、化解团队危机等管理能力。

领导员工能力是指创业者在各种背景下调动员工的积极主动性、充分发挥员工的聪明才干、确保以最高的效率实现组织目标、实现员工与企业双赢目的的能力。具体包括员工潜能激发、人际协调沟通等管理能力。

培训和控制能力是指为统一认识、强化规范对员工进行有关企业理念、公司文化、管理制度等方面的培训以及在对企业内部运作流程进行审视和检测的基础上对企业的运行进行规范、修正和调节。包括制订各项正式制度与非正式规章制度、培育企业文化、定期组织员工学习等管理能力。

（二）大学生组织管理能力培育的一般方法与技巧

大学生组织管理能力的培养和训练可以从以下几个方面入手：

1. 激发兴趣

马斯洛的需要层次理论告诉我们：人只有感觉到自己需要，才会激起积极性。学生应该认识到组织管理能力的培养对自己具有的重要作用。未来的工作中，个体一定会参与到一个团队中，自己也要在这个团队中担任某个管理或组织的角色，现在就要培养这种能力。由于他意识到自己的需要，就会产生极大的学习热情。内在激情有助于能力的培养，能力提高反过来会激起更高的培养兴趣。

2. 做好组织管理的心理准备

创业者要想搞好企业的组织管理工作，最重要的是具备强烈的责任感及自觉性。企业组织管理者不论能力如何，只要有竭尽所能完成任务的干劲及责任感，都会做出成绩的。所谓"勤能补拙"，即是这个道理。以这种心理准备去完成组织管理任务，即可自然而然产生自觉与自信，在不知不觉之中获得很大的进步。

虽然在自发团体中，任何人都能做组织管理者，但若以猜拳或抽签的方式来决定团体活动的组织管理者，那就失去了管理者的意义。还是应由该群体中领导能力较强者优先担任组织者，并在此期间内，使所有成员有机会做副手的职务，借此磨炼可使大家提升至某一水准。然后，再让大家轮流担任组织者。没经验的人若不经此阶段就直接担任组织者，那将是相当艰难且吃力的事；表面上看来并不适合担任组织者的人，若在特殊情况下不得不担负起领导组织的职责时，心中油然而生的自觉性和责任感将刺激其主动学习的信念，这会使其迅速地进入角色，从而使人有"士别三日，当刮目相看"的改变。

总之，组织领导能力的产生应当视情况而定，一开始即担忧适不适合做组织管理者，是不正确的观念。其实，每个人都有成为管理者的潜能，正如任何人天生都具有创造性一样。差别在于是否我们能将这种与生俱来的天赋充分发挥。

3. 努力赢取别人的支持

有一种说法，一个成功的管理者，30%是得自天赋、地位与权限，其余的70%则是由该组织成员的支持程度所构成的。所谓的天赋是指自小就活跃于群体中，且有不愿屈居于他人之下的个性。地位及权限是指被上级任命为组织领导者之后，在组织内所拥有的职务及权力。相比较之下，在构成领导能力的要素中，群体成员的支持及信赖显然比天赋、地位、权限重要多了。

相反，不管获得多大的权限和地位，不论上级如何重视、支持，若无法获得团体成员的支持，则只能算拥有 1/3 的领导力，将来必会完全丧失权威。因此，积极采取行动，努力赢取员工的信任和支持是搞好组织管理工作的保证。

要赢得成员的支持，就应该在四个方面努力：第一，诚恳谦虚而不虚伪；第二，随和而不固执；第三，自信而不自卑；第四，热情而不冷漠。

4. 学会倾听、整合别人的意见

在组织管理者的必备条件中，最迫切需要的是良好的倾听能力及整合所有成员的意见的能力。即使工作能力不是很出色，或拙于言辞，但若能当一个好听众，并整理综合众人的意见而制定目标，就是一位优秀的组织领导人才。

管理者不能自己闭门造车，而要不厌其烦地倾听别人的意见。擅长倾听的管理者容易使人产生亲切感而让人更敢于亲近。因此，他必须谦虚且好学，才能成为一位好听众。相反，自我表现欲过强者常令人敬而远之。一个人有说话的权利，也应有听别人说话的风度。

如果管理者在与人谈论时，能设身处地耐心听人倾诉，并不忌谈话时间的长短，这种人必能得到众人的信服。所以，做一个好听众是成为组织者相当重要的条件。

能设身处地为人着想者，便能以对方立场来思考或感觉，因此能让人有体贴温馨的感受。不过，随着科技的日新月异，一些客观的与主观的原因使人与人之间的距离反而越来越远，作为组织者具备此条件便更加显得迫切；擅长整合大家的意见，就是尽量综合所有成员的意向及想法，再经过分析整理，得出最具有代表性的结论。对于看似互相对立或矛盾的意见，组织者须有能力找出两者的共同之处，并挑出优点而予以"扬弃"，以掌握互相对立想法的中心思想，再创造第三个想法。

能辩证地整合、倾听成员意见者，必是一位优秀的组织者。即使开头不能做得很好，只要以此为努力的方向，终必能成为出色的组织者。

5. 使别人清楚地了解你的观念

所谓思考，也就是在脑海中"自问自答"，是对话的内在化。发问和回答的技巧是相当重要的一环。

运用难懂、抽象化的文字会让人摸不清头绪、不知所云，说矫揉造作的语言，各成员对该组织者必然敬而远之。要做到观念具体化，必须付出相当的努力。人往往被语言所蒙骗，以为已经明白其中意义。为了证实自己真正了解的程度，可以用"为什么"、"譬如"等概念来自我检讨。"为什么"是真理的探求与创造的最强大武器，"譬如"则是对实践的理解。也就是说，组织者必须把知道的理论知识、经验教训灵活付诸现实，方能取得应有成效。使观念具体化，让思想语言与事实更为接近，是不容忽略的大事。

6. 培养热意、诚意和创意

"组织领导能力"强调领导能力的"三意"。而所谓"三意"就是现在所说的组织领导之道。"三意"就是热意（热心）、诚意和创意。

热心就是抱着极大热情去做事的态度。它是振奋之心、是斗志，也可以说是干劲。组织领导者本身必须比团体成员多几倍的热心。

诚意就是真诚的意愿，也就是要遵守诺言、言出必行。允诺过的事，即使十分微小，也应竭力完成，才能获取团体成员高度的信赖。

所谓创意，就是在创造新事物的狂热念头驱使下，不满足于现状，常常向新事物挑战，不断为改善、革新、创造而下功夫，从而产生新颖、奇特的想法，帮助你实现愿望的好点子。改善是把有缺点或不完美的地方加以改正；而革新则是针对本来已经很优良的事物，想办法精益求精而做不懈的努力；创造即努力思考全新的事物，这也是创意的最高阶段。富有创意的组织者往往备受大家的推崇。仔细分析起来，无论是诚意或创意，都须依赖热心的程度。热心表现在人际关系上成为诚意，表现在工作方面则会产生创意。"三意"是通行无阻的领导三要素。换言之，把"三意"一体化，便是组织领导之道①。
（理弘、张海生，2006）

（三）组织管理能力培育的具体措施

1. 团队建设能力

提升团队建设能力，需要从以下四个维度入手。一是团队领导维度。要求团队领导者能够建立团队的共同愿景、共同价值观及帮助实现团队成员的角色定位等。为了改善团队建设能力，需要从提高角色认知能力及提高团队领导能力两个方面入手。二是团队管理维度。可以强化团队成员的自我管理，加强团队问题管理、团队效率管理等。为了改善团队建设能力，需要从提高团队压力管理能力、提高团队危机管理能力及提高团队激励管理能力三个方面入手。三是团队动力维度。要求加强团队成员之间的反应能力、互动能力及行动技巧等。为了改善团队建设能力，需要从提高团队执行能力及提高团队沟通能力两个方面入手。四是团队品质维度。团队品质维度是改善团队学习能力、增强团队凝聚力的有效手段，为了改善团队建设能力，需要从提高团队目标管理能力、提高团队协作能力、提高团队学习能力及提高团队信任能力四个方面入手。

2. 领导员工能力

在大多数情况下，一流员工做的工作是一般员工水平的2—4倍。这样巨大的差距，存在于所有行业和部门工人之间，从规模各异的装卸工、机械师到各类技术工人。对一个组织来说，管理主要目的就是使得员工不至于成为管理者乃至整个组织的问题或者麻烦。而人员管理的最高目标并不仅限于解决问题，对于如何调动员工的积极性，保持高绩效和持续竞争力才是我们真正的目的。员工是无价之宝，它是组织最重要的资本，养成职业习惯，提升领导员工的能力，管理者责无旁贷。

领导员工的能力是一种基于知识的能力，这种知识包括对工作的认知，既有先天的直觉，也有后天获得的知识。但后天获得的知识，

---

① 理弘、张海生：《给企业主管101条忠告》，西南大学出版社2006年版。

之于组织而言，持续并唯一要做的事是：培养管理者领导员工能力的职业习惯。这种职业习惯的核心在于知人善任、培训开发、分析评估与激励改善四个方面。

在领导员工能力的培育方面，应当专注于信任、沟通和敬业三种基本领导要素。

信任方面，首先是信任员工。想要得到员工的信任，必须充分信任员工。你要做的就是确保每位员工都知道在做决定时需要依据和遵循的基本原则，之后就放手让员工去运用他们的聪明才智、创造性、主动性地完成工作目标；其次是展现真实的自我。员工只有了解并信任你——那个头衔背后真实的人，一个有着能够看到，但又不是致命缺点的人，他们才会追随你。用你的价值观——不是贺卡上冠冕堂皇的那种，你独有的优点，以及人格魅力来吸引员工追随你。通过这些你自己的与众不同之处，让员工知道你是一个怎样的领导者；再次，是践行诺言。一旦你的语言和行动出现了不一致的情况，你将失去员工的信任。所以许诺之前要三思而行。这是一个多做少说的时期。如果你赞同组织的价值观，要仔细检查确保做出的决定和采取的行动同你推崇的相一致；最后是近距离接触员工。即要让员工可以经常见到你。要深入员工的工作场所去了解他们，把自己和你希望传递的信息带到员工社区中去。比如参加每周的销售会议，同员工一起吃午饭，在公司的社交性网站上发帖子等。

沟通方面，首先是真诚地关注员工情绪。要确实地思考，员工的情绪到底是什么，为什么会产生这样的情绪，公司环境和现状是怎样影响员工个人情绪的，他们失去了什么，或者他们害怕失去什么，他们头脑中有什么"不可讨论"的事情，你前脚离开办公场所之后，他们在讨论什么，等等；其次是勇于承担责任。要主动地站出来，直接同员工沟通，比如说，"我知道你们中的一些人对我所做的这个决定很生气……你们有这种感觉是可以理解的……我知道你们有足够的理由知道答案，所以我今天准备谈谈这件事儿"；最后是创造共有的希望。你要能够让员工了解企业的前景和使命，这样的话员工就可以集中能量，并且员工社区谈论的话题也会随之改变。讲述那些可能实现的，但不要许诺。

敬业方面，首先，指明工作方向和意义。要为员工指明工作方向和目标，这些是需要他们运用自己的才能和努力来实现的。而且要让员工知道自己所做的事情对公司未来至关重要；其次，给予员工发光的机会。可以让员工参与有意义的项目，这些重要的工作，将让员工获得宝贵的经验并丰富他们的工作能力组合；最后，自己也要敬业。作为领导者或许应该做些努力，如果你本身没有做出敬业的示范，很难成功地鼓舞员工敬业。

3. 培训和控制能力

企业内部培训是提升员工素质和保证企业高效运作的基础。而内部控制有助于企业达到最佳目标，有助于保护企业的财产和信息、技术，有助于维护和完善公司财务信息，有助于避免损害企业声誉和地位。

在培训和控制能力培育方面，应当注意：

（1）要建立开放的企业文化，能让新的思想与知识有一定的交流空间，通过不断的交流去伪存真把好的思想留下。如果组织思维严重僵化，则可通过引进部分外来人才激活组织的思维，增添新的文化与知识元素，或向先进企业学习。企业要善于创造与推广新的知识，思想只有在不断碰撞中才能绽放出美丽的火花。企业内部要树立一种创新的文化，鼓励创新与实践，对一些需要大胆创新的方面给予鼓励，在一定程度上可以允许一些失败。创新首先是要有创意，只有创意大胆地提出或交流的情况下创新才可能顺利展开。

（2）建立良好而可行的企业愿景，让企业员工对未来抱有信心，能让他们在企业的发展中有体现自身价值的机会，这样员工才会树立积极向上的心态，有了良好的心态，员工才有积极学习的态度，从而树立良好的学习氛围。

（3）企业内应对非保密信息及时、公开、客观地告诉员工，让他们了解企业的发展情况，才可能更好地理解企业的发展方向。把员工作为事业上的伙伴，从而树立起热爱企业的心态，有参与企业发展的想法，优秀的企业只有在广大员工的普遍参与下才能实现，积极参与本身就是一种学习。

（4）用人时需要考察人才的学习能力与未来潜力，让他们有更多的用武之地，成为企业支柱。打破利益格局，让不善于学习的管理工作者从岗位上轮换下来，让积极进取的干部充实到管理岗位上来。管理干部的学习能力在企业中起到关键作用，好的干部可以带动一大片员工的学习与进步。差的干部则可能带坏一批员工。

（5）向世界先进企业或同行先进企业学习，这种学习方法就是标杆学习法。常言道：榜样的力量是无穷的，通过向先进企业的学习可以知道自身的差距在哪里，而且可以加速企业的学习能力，通过借鉴可在发展中减少走弯路的机会，缩短追赶先进企业的时间，减少企业的风险成本与管理成本。但学习中一定不能照搬，因为任何企业都具有不同的特殊情况，如果完全照搬只能是水土不服。

（6）建立有规划的培训计划，让企业员工有计划地接受培训学习。请企业内部优秀员工向员工授课，或请外来的优秀的培训机构为企业员工讲课，让员工能及时获得行业内先进思想与知识。但培训只是学习的一个方面，更重要的是让企业员工有自我学习的心态与习惯。

（7）企业领导必须有很强的学习能力，只有通过领导自身的学习带动干部的学习，干部的学习带动普通员工的学习。只有较高学习能力的领导才可能长久地带领企业走在正确的航线上，让企业随时都能吸入新的知识与思想，使企业永葆青春。如果企业领导的学习能力很差必然使组织的学习能力下降。

（8）要善于反思，对过去优秀部分进行总结，对不足部分要有深刻的检讨，不断总结过去，为企业的自我学习积累知识。对企业已有的成果要不断地否定之否定，通过否定之否定去证明其正确性，通过反复否定不了的东西就是正确的，就应该进一步发扬光大，如果是经不起否定的东西则证明是错误的，需要改进。因为在当前信息社会中知识的更新速度日益加快，过去成功的经验或知识可能成为未来失败的因素。

（9）强化企业内外部沟通能力，是吸收知识的重要方法，通过领导与员工；员工与员工；部门与部门；部门与员工等的沟通，可以知道企业中内部的不足之处，提高企业的执行能力的同时，也有利于知识的交流，通过交流产生新知识。通过与企业外部的沟通可以知道企业与外部的差距与不足，有利于企业提高自我学习能力。

当然，在大学环境中，大学生的上述一系列组织管理能力的培育除了大学生自身有意识地自我修炼上述能力之外，高校应该通过把组织管理能力培育列入部分专业大学阶段的主要培养目标，通过班团干部、社团干部等具有一定管理职能的干部岗位轮换制等方式，为大学生组织管理能力形成创造条件。

二　战略能力的培育

（一）战略能力的内涵与外延

战略能力是企业家能力素质的重要内容。是任何一名追求卓越的成功人士所应当具备的能力素质之一。创业型大学生不仅应当掌握企业战略管理理论，而且还应培育和提升创业型大学生战略管理能力。大学生的战略能力包括战略思维、战略眼光与战略目标等要素，这些要素相互联系、相互影响、相得益彰。习惯于战略思维，就能拥有战略眼光；有了战略眼光，才能够规划战略目标。基于此，培养和提升大学生的战略能力素质，主要重塑战略思维、培育战略眼光和规划战略目标这几方面着手。①

对于战略思维，战略管理专家罗伯特·J. 莫克勒（Robert J. Molkler）认为，面对复杂多变的外部环境，企业战略管理的目标实际上并不完全在于进行产业、市场和公司的分析，或者制定相应的政策、方案，企业战略管理的目标更在于，在持续稳定的基础上营造一种能使战略决策转化为行动的公司氛围，以使企业能对迅速变化的外部环境和市场竞争应对自如。而在这中间最重要的就是"战略思维"，它是企业战略管理中的"火花"，使得管理者在决策制定及战略实施中，将长期的战略目标与日常的经营连接在一起。战略思维需要培养，也需要管理者对未来市场环境具有独特的感悟能力。可见，一个

---

① 李允尧：《浅论工商管理专业大学生的战略能力素质培养》，《教师》2008 年第 11 期。

优秀的企业家首先应该是一名真正的战略家：他应该具备充分的创造力和洞察力，能发掘那些大胆而且创新的战略设想，同时又具备理性的思维。

所谓战略眼光，就是能够在竞争对手之前发现企业可能存在的机会和可能面临的威胁，具有一定的预见能力，当然这种预见不是拍脑袋，而是通过周密细致的分析、判断而做出的一种理性的决策。由于有了这样的判断和决策，企业可以及早采取行动，避免困境或危机出现，从而高效率地进行运作。企业的发展需要战略眼光。企业要想基业长青，应该围绕企业战略，狠练内功。大学生同样需要战略眼光。要想创业成功，大学生应该围绕创业规划，苦练本领。古人常说，"不谋万世者，不足谋一时；不谋全局者，不足谋一城。"企业家拥有战略眼光，就能在与竞争对手的博弈中获得先动优势。大学生拥有战略眼光，就能在创业的道路上，披荆斩棘，所向披靡。

党的十七大把"统筹国内国际两个大局，树立世界眼光，加强战略思维，善于从国际形势发展变化中把握发展机遇、应对风险挑战，营造良好国际环境"作为深入贯彻落实科学发展观的重要方面，作为发展中国特色社会主义的战略思路和重大工作方法，同时还指出："当代中国同世界的关系发生了历史性变化，中国的前途命运日益紧密地同世界的前途命运联系在一起"，"中国发展离不开世界，世界繁荣稳定也离不开中国。"①

大学生创业战略的制定具有非常重要的意义，而制定创业战略应做到战略的前瞻性、全局性、系统性、实践性和防御性相结合，同时应该从内外部因素进行考究。②

立志于创业的大学生，应着力于规划创业的整个过程，树立正确的创业战略目标。规划创业，首先应该从了解自己开始，客观评价自身的性格、兴趣、特长、学识、技能、思维、道德水准等，并结合我们所处的创业环境，从而使我们在创业规划中更加清楚地认知我们自

① 陈德民：《培养大学生世界眼光》，《中国教育报》2008年1月2日。
② 郝登峰、付晶：《略论大学生创业战略》，《科技创业》2009年第1期。

身的优势和劣势以及创业的机遇和威胁。

（二）战略能力培育的具体措施

1. 重塑战略思维

战略思维是从宏观、总体和长远发展上来认识把握全局的思想观念方法。对战略思维的理解要从两个层面来理解，即战略思维的向度与思维的程序、方式。所谓战略思维的向度也就是指思维的高度、深度与广度；思维的高度就是指能否越位思考、超前思考、高屋建瓴地思考问题；思维的深度与广度，主要取决于思维主体的知识面与具体思维能力。战略思维由于其所具有的全局性、长期性。其程序区别于一般的思维谋划，有一个形势分析、目标确立、制订多个备选方案择优选用、分阶段实施、反馈、调整的过程。重塑大学生的战略思维，主要从多个方面着手。

（1）注意思维的高度、深度、广度与程序。首先，要经常越位思考，即站在上级的角度思考问题，同时要有超前意识，高屋建瓴地思考问题。其次，要扩大思维统摄面，将思维引向深入。大学生要注意关心社会生活中的各类热点、矛盾问题，通过参加研讨会、社团，了解流行的各派思潮、各种政策主张的要点、异同；最后，要把握正确的思维程序。

（2）培养创新思维能力。创新思维似乎更加依赖于一种直觉，一种从思维意识中特殊的状态中产生的判断，一种基于对成功和强烈"赢"的意识所激发出来的创造性。在中国传统的教育体制下，更多的是鼓励"继承"而不是"创新"，所以创新能力是一种极为稀缺的能力。因此，培养学生的创新意识与创新能力应成为提升大学生战略能力的首要任务。

（3）深化理论学习。首先，要学习哲学理论知识，增强哲学思维能力。恩格斯说过，一个民族要想登上科学的高峰，是一刻也不能离开理论思维的。学好理论，提高理论思维的能力，这是培养战略思维的前提和基础。从一定意义上说，理论思维的深度，决定着战略思维的高度。这里要特别强调学好马克思主义哲学，努力掌握唯物辩证法。

其次，要学习我国古代堪称经典的战略思维方法。这是我国优秀的传统文化留给我们的宝贵遗产，其中闪烁的智慧和真知灼见是特别值得我们学习和借鉴的。如认真学习和领会一部诸如《孙子兵法》这样的经典著作，将对领导者的战略思维能力的培养和提升大有裨益。同时，我们也要以开阔的视野借鉴和吸收国外一切优秀的文明成果。①

（4）注重信息扩展。在当今知识爆炸、信息充斥的时代，信息已成为最重要的战略资源，它可以被提炼成知识和智慧，因而在战略问题的研究中越来越具有突出的作用。事实也证明，创业型大学生要对事关全局的重大问题进行战略思维，必须以了解和掌握大量的信息为前提，这样方可开阔眼界、启发思路，作出具有远见卓识的行动决策。"没有调查就没有发言权"这句格言，就充分说明了一个决策者如果不知道或不重视信息就会在战略上丧失主动权。

战略学家约翰·科林斯指出："如果说在某个领域通才比专才更为可取，那么这个领域就是战略。科学家是沿着相当狭窄的途径探索知识领域的，而战略家则不然，他们需要有尽可能广泛的基础知识。"我国历史上许多出类拔萃的人物，无不是博古通今、知识广泛、经验丰富的人。因此他们在分析问题时，总能别出心裁、技高一筹，作出符合客观实际的战略决断。②

（5）强化思维训练。一方面，要培养多种思维方法。创业型大学生在一般情况下依据已有的知识和经验，按照逻辑思维和直觉思维来处理问题。但在处理复杂情况和问题时，还需要培养其他思维方法，要从单向思维走向多向思维；既要有经验思维，又要有理论思维；既要有正向思维，又要有逆向思维；既要有点线思维，又要有立体思维；既要有聚合思维，又要有发散思维；既要有求同思维，又要有求异思维；既要有形象思维，又要有抽象思维；既要有逻辑思维，又要有灵感思维；既要有静态思维，又要有动态思维。

---

① 谭英俊：《论新形势下领导者战略思维能力的培养与提高》，《攀登》2006 年第 5 期。

② 窦宝剑：《论领导干部战略思维能力的培养》，《徐州工程学院学报》2005 年第 8 期。

另一方面，要养成战略思考的习惯。要尽量增大信息量，更多关注国际热点问题和国家大政方针。同时，把关注的问题放到更高、更宽、更远的三维坐标空间去思考，尽可能地从国际背景和国内形势、以往经验和未来需要、上级意图和下级实际、主流和分歧等方面多方位与多角度地看问题，这样才能做到科学定位。

（6）要善于利用外脑。战略思维所要认识的对象往往相当复杂，仅凭个人智慧是难以胜任的。因此，除提高自身的能力外，还要善于利用外脑，即利用自身以外的智力。是否善于做到这一点，也是自身能力和素质的一个重要方面。荀子在《君道》中说：人的视力和听力都是有限的，而自己管辖的地方那么大，职责那么大，如果仅仅靠个人的那点能力，根本就不够用的。怎么办？他主张君王以身边亲信、辅臣的智力来延伸自己的智力，使其局限性得到弥补。在现代社会，随着科学技术的发展和人类认识能力的提高，出现了以现代科学手段和方法研究战略战术的专门机构，这就使得利用外脑不仅是迫切的需要，而且具备比过去优越得多的条件。从专业咨询发展到综合咨询，从技术咨询发展到战略咨询，从经济领域发展到政治、军事、法律等各个领域。积极发展和利用现代咨询业，对于提高战略和战术思维水平，促进各项事业，具有重要意义。①

2. 培育战略眼光

当前在校的大学生，明日将是祖国各行各业的建设骨干。在经济全球化条件下，继续贯彻教育面向现代化、面向世界、面向未来的方针，必须提高大学生的全面素质，使大学生树立世界眼光。

我们所要培养的学生要有"世界眼光"主要包含三层意思：一是培养学生的国际意识、全球化视野、引导学生以环球的眼光和开放的心态积极吸纳世界一切民族的优秀文化。二是培养学生的良好外语能力和心理素质，使之具有参与国际竞争的勇气和敢担风险的意识，具有跨文化交流的技能。三是积极学习西方的科学技术和学习西方学生

---

① 窦宝剑：《论领导干部战略思维能力的培养》，《徐州工程学院学报》2005 年第 8 期。

的创新精神，努力培养自己的创造能力，使其具有复合型的知识结构和综合素质。让我们的学生达到科学精神与人文精神交融和统一，成为能与他人、与社会、与自然和谐相处协调发展的人。①

（1）加强课程教学。"形势与政策"和"当代世界经济与政治"两门课程对于培养大学生的世界眼光具有重要作用。在高校思想政治理论课新课程方案中，"形势与政策"和"当代世界经济与政治"两门课程是"原理""概论""纲要"和"基础"4门课程的重要补充和延伸。我们要努力构建这两门课与其他4门思想政治理论课的内容、逻辑联系。要在4门课程的基础上，通过这两门课程的教育教学，使学生进一步了解国情、世情和民情，了解党的路线、方针、政策，真正做到胸怀祖国、放眼世界，使学生能够以世界眼光、在更高层次上认识到20世纪中国人民选择马克思主义、选择中国共产党、选择社会主义的历史必然性，认识到高举中国特色社会主义伟大旗帜，特别是坚持中国特色社会主义道路和坚持中国特色社会主义理论体系的必然性、正确性。②

（2）要明确教育目的。十七大强调对学生的素质和能力的培养。要通过这两门课程的教育教学，培养学生认识、分析国际问题的能力，培养学生正确认识和把握世界形势的能力，培养学生的国际交往能力，培养他们利用国际机遇、国际条件促进我国又好又快发展的能力，培养他们把中国优秀文化传播给世界的能力，培养他们综合利用我国和世界已有文化成果进行创新的能力。

（3）要更新教学内容。要把党的十七和十八大关于国际形势的精神写进教材，贯穿于课堂讲授。这包括如何深刻理解和领会"当今世界正处在大变革大调整之中""世界多极化不可逆转""经济全球化深入发展""和平与发展仍然是时代主题""国际力量对比朝着有利于维护世界和平方向发展""国际形势总体稳定"等。要引导学生思

---

① 祝启程：《培养有中国灵魂有世界眼光的现代人》，《基础教育研究》2002年第4期。

② 陈德民：《培养大学生世界眼光》，《中国教育报》2008年1月2日。

考报告中提出的一些重大课题，如"科学分析我国全面参与经济全球化的新机遇新挑战""抓好和用好重要战略机遇期""统筹国内国际两个大局"等。引导学生充分认识我国在世界中的地位和作用变化，深刻认识和领会"当代中国同世界的关系发生了历史性变化"，以增强学生的民族自豪感，弘扬他们的爱国主义精神。要使大学生加强对我国对外政策的宗旨、重要原则的认识和把握，加深对中国始终不渝走和平发展道路的认识，准确理解我国推动建设持久和平、共同繁荣和谐世界的主张。

3. 掌握创业战略的制定方法

创业是在激情和风险浪尖上拼搏的活动。大学生在制定创业战略时，往往也豪情万丈，激情澎湃。然而创业并不是单靠一腔热血就能成就的事业，它不仅需要遵循原则，还要掌握恰当的方法。从多角度、多方面来考量战略的制定。大学生制定创业战略时一个很重要的方法就是要认真分析"3C"：一是分析顾客（Customer），满足顾客需要；二是分析竞争对手（Competitor），充分考虑与竞争对手之间的比较优势；三是分析自己的公司（Company），准确定位，一举成功。[1]

（1）分析顾客。即要从顾客的需求进行考虑，争取赢得更多的客户。所有的企业都要重视获得客户，但最佳值取决于企业保留客户的能力、客户重复购买的频次以及与保留客户相比获得客户的相对机遇。大学生在制定创业战略时，应充分考虑自己要面向的客户群，分析客户的群体特点、心理特点，做好市场调研，有针对性地制定战略。对顾客的需求能够提供比竞争对手更为优质的商品或服务，做到有的放矢，方能掌握更多主动权。俗语说"顾客就是上帝"。充分从顾客的角度出发，让顾客满意让顾客放心，只有这样，才能保障创业的成功。

（2）分析竞争对手。即要尽可能了解竞争对手的情况。所谓的"知己知彼、百战不殆"。市场经济时代，各个市场主体处于开放性的环境中，竞争日益激烈。企业在竞争的浪潮中，不仅要不断地提升自

---

① 郝登峰、付晶：《略论大学生创业战略》，《科技创业》2009 年第 1 期。

身优势和实力，同时也要更多地掌握竞争对手的信息，学习对方的优势。在制定策略时，针对对方的战略做出相应的策划，根据对方的策划做出进一步完善。唯有如此，才能取得竞争中的优势地位。

（3）分析自己的公司。即要对自己公司有一个基本定位。并从自己公司的优势和劣势出发制定相应的策略。每个公司都会有自身的特点，有自己的竞争优势，也会有不足之处。制定创业策略时，需要对自身公司有明确清晰的认识，明确公司所处的大市场环境，公司在市场中的地位。只有了解熟悉公司的基本情况，做到胸中有数，才能根据其他各种情况制定合适的创业策略。自己的公司是手中竞争的筹码，制定策略时一定要尽可能地把握好，以己之优补己之短，为创业成功添砖加瓦。

4. 规划战略目标

（1）SWOT 分析法。SWOT 分析法（也称 TOWS 分析法、道斯矩阵）即态势分析法，20 世纪 80 年代初由美国旧金山大学的管理学教授韦里克提出，经常被用于企业战略制定、竞争对手分析等场合。SWOT 分析法是一种能够较客观而准确地分析和研究一个单位现实情况分清利弊的方法。SWOT 是 Strength（优势）、Weakness（劣势）、Opportunity（机遇）、Threat（威胁）的缩写。其中，S 和 W 主要用来分析内部的自身条件，O 和 T 主要用来分析外部环境条件。SWOT 分析要求正确识别出优势、劣势、机会与威胁因素，发挥优势，抓住机会明确发展方向，并找出主体实际情况的差距和不足针对威胁因素采取相应措施，最终实现自身的目标。

（2）大学生创业的 SWOT 分析。大学生作为一个特殊的群体，在创业实践中既存在一定优势和机会，也同样存在着特有的不足和威胁，并且大学生创业本身的优势、劣势、机会和威胁都比较明显[1]（见表 9 - 2）。

（3）遴选创业方向。在以上 SWOT 分析基础上，大学生可针对自

---

[1] 胡敏、陈立俊：《基于 SWOT 分析的大学生创业现状及创业教育对策研究》，《教育探索》2008 年第 11 期。

己的情况，发挥优势、弥补劣势、克服威胁、规避风险、抓住机会、迎接挑战，使自己的创业计划更加切实可行，更多一分胜算的把握。

表 9 - 2　　　　　　　大学生创业的 SWOT 分析

Strength（优势）	Weakness（劣势）
1. 学习能力强、有创新精神	1. 创业心理准备不足
2. 有活力，勇于拼搏	2. 社会经验不足
3. 有一定的专业技术素质	3. 普遍缺乏吃苦精神和艰苦奋斗意识
Opportunity（机遇）	Threat（威胁）
1. 经济高速发展、创业机会多	1. 来自家庭的压力
2. 国家提倡、政策优惠	2. 来自普通创业者的竞争
3. 风险投资开始关注大学生创业	3. 创业失败的后果

虽然如今创业市场商机无限，但对资金、能力、经验都有限的大学生创业者来说，并非"遍地黄金"。在这种情况下，大学生创业只有根据自身特点，找准"落脚点"，才能闯出一片真正适合自己的新天地。

方向一：高科技领域。身处高新科技前沿阵地的大学生，在这一领域创业有着近水楼台先得月的优势，"易得方舟""视美乐"等大学生创业企业的成功，就是得益于创业者的技术优势。但并非所有的大学生都适合在高科技领域创业，一般来说，技术功底深厚、学科成绩优秀的大学生才有成功的把握。有意在这一领域创业的大学生，可积极参加各类创业大赛，获得脱颖而出的机会，同时吸引风险投资。

方向二：智力服务领域。智力是大学生创业的资本，在智力服务领域创业，大学生游刃有余。例如，家教领域就非常适合大学生创业，一方面，这是大学生勤工俭学的传统渠道，积累了丰富的经验；另一方面，大学生能够充分利用高校教育资源，更容易赚到"第一桶金"。此类智力服务创业项目成本较低，一张桌子、一部电话就可开业。

方向三：连锁加盟领域。统计数据显示，在相同的经营领域，个人创业的成功率低于20%，而加盟创业的则高达80%。对创业资源十分有限的大学生来说，借助连锁加盟的品牌、技术、营销、设备优势，可以较少的投资、较低的门槛实现自主创业。但连锁加盟并非"零风险"，在市场鱼龙混杂的现状下，大学生涉世不深，在选择加盟项目时更应注意规避风险。一般来说，大学生创业者资金实力较弱，适合选择启动资金不多、人手配备要求不高的加盟项目，从小本经营开始为宜；此外，最好选择运营时间在5年以上、拥有10家以上加盟店的成熟品牌。

方向四：开店。大学生开店，一方面可充分利用高校的学生顾客资源；另一方面，由于熟悉同龄人的消费习惯，因此入门较为容易。正由于走"学生路线"，因此要靠价廉物美来吸引顾客。此外，由于大学生资金有限，不可能选择热闹地段的店面，因此推广工作尤为重要，需要经常在校园里张贴广告或和社团联办活动，才能广为人知。

三 大学生关系能力的培育

（一）关系能力的内涵与外延

关系能力是指是否能够建立个体对个体或个体对群体的互动关系。一般认为，大学毕业生在自主创业成立经济实体中担任法人代表或股东的视为自主创业。自主创业的流程：①决定自主创业的方向；②市场调研和分析；③产品定位和成果论证；④组织优势互补的团队；⑤筹集一定的前期资金；⑥筹办、注册经济实体；⑦运营新企业。

上述创业流程亦即创业过程中要完成的主要任务，因此，个体在创业过程中需要完成多种任务，承担多种角色，处理多种复杂的关系（个体对个体、个体对群体、群体对群体，所创办企业内部、外部等等）。从创业者在创业过程中需要完成的主要任务的角度来看，创业者要拥有建立和谐的三大关系的能力：人际关系、公共关系、顾客关系。

人际关系是指人们在相互交往过程中，彼此间相互影响而形成的心理上的距离。它是在一定的社会团体中，人们之间直接的、间接的、可觉察到的并受心理特征所制约的相互交往关系，反映了个人或群体寻求满足其社会需要的心理状态。① 本书侧重于个体对个体关系能力培养的探讨，包括大学生创业者个体与其企业内部和外部的关系。

创业者必须具备人际关系能力："经营企业就是和人打交道，人是创办一个企业首先面对的一个难题，因为现在各种各样的性格导致了人际关系相处越来越难，因为人的想法变得复杂都是为了自己的利益，因此，妥善的人际关系以及相应超强的能力是必备的，人际关系是必须具备的才能。看你是否善于与人打交道应该记住7个字：你就是你的公司。你对待他人的方式将决定你的成功，伴随竞争的加剧，如何对待自己的员工使他们能把公司当成自己的事业就是一个创业者重要去解决的事情，这样才会使自己的企业更好，更快地发展。"②

公共关系就是企业与社会外部进行人与人之间的沟通、交流，从而传播企业的信息，打通企业营销渠道，树立企业良好形象，为企业创造良好的生存发展环境。众所周知，企业对外的公共关系是多方面、多层次、多对象、多渠道，具体来说，就是企业要与为政府、媒体、银行、消费者、中间商、供应商、竞争者、社会公众、行业组织等发生关系，任何一方面的关系处理不好，都会导致和影响企业的发展，甚至会危及企业的生存。

公共关系作为企业生存发展的重要一环，已被众人所知，企业在市场中，除了在价格竞争、质量竞争、服务竞争外，还有重要一点，就是公共关系的竞争。公共关系的地位，专家们有一个乐观的预期：公共关系将成为21世纪推动企业发展的主导力量之一，同时在企业战略中占有重要地位。③ 公共关系是一种内求团结、外求发展的经营管理艺术，现代企业在管理中，如果能合理运用公共关系，协调和改善企业的对内外关系，使企业的发展在公众中树立起良好形象，谋求

---

① 夏雯、杜波：《试论人际关系与大学生心理健康》，《中国电力教育》2009年第4期。

② 张晨：《小企业创业论述》，《财经界》2007年第8期。

③ 韩桂宁：《浅谈企业生存发展与公共关系》，《观察思考》2008年第3期。

公众对企业的了解、信任、好感，就能在发展中获得更大的生存空间和收益。①

顾客关系界定为企业与顾客之间建立的经济性、情感性和时间性的心理与行为联系。企业的营销目标就是与尽可能多地与目标顾客建立持久性的情感联系，并通过这种联系增加交易频率和交易额度，提高顾客份额和增值顾客资产，实现企业与顾客的互利双赢。理论和实证研究都表明，通过顾客关系形成的顾客满意或顾客忠诚所获取的预期收益要远远大于预期成本，这就是几乎所有企业都努力构建顾客关系、培育顾客忠诚的直接原因或初始动机。从实践来看，有效的顾客关系不仅能够给企业增加当期收益、节约各种成本、增加口碑价值和情感体验价值等，而且给企业带来了巨大的预期收益和战略竞争力。由此可见，顾客关系本质上仍然是一种能够给企业和顾客都带来价值增值的价值交换关系，但是它已经将传统交易营销范式下赤裸裸的买卖关系情感化和长期化，转化成为基于顾客与企业相互吸引和互相支持的长期性合作伙伴关系，各自利益的满足与增值只是这种长期性合作伙伴关系的必然结果或自然产物。②

顾客关系能力的实质就是要与有利可图的目标顾客建立和保持密切的关系以使企业和顾客实现共赢。③

（二）大学生关系能力培育的途径、方法与措施

1. 注重情商教育

所谓情商即情感商数，即"EQ"，它是一个人感受、理解、控制、运用和表达自己及他人情感的能力，这一概念是由美国的两位心理学家彼得·萨洛韦和约翰·迈耶提出的。他们认为，情商能力内容一般包括自我觉察能力、情绪控制能力、自我激励能力、控制冲动的

① 张敏：《论公共关系在现代企业管理中的应用》，《新疆大学学报》（哲学·人文社会科学版）2007 年第 5 期。

② 陈雪阳、刘建新：《顾客关系的形成机理与管理策略》，《商业研究》2008 年第 4期。

③ 常建坤、王永贵：《顾客关系能力的关键维度及其对顾客资产的驱动过程研究——基于顾客的视角》，《管理世界》2007 年第 11 期。

能力和人际公关能力。美国心理学家丹尼尔·戈尔曼在《情绪智力》一书中，相对于智商（Intelligence Quotient，IQ）而言提出了与一个人成才和事业成功有关的一个全新概念——情商（Emotional Quotient，EQ）。情商的提出，动摇了智力决定一切的统治地位，使人们进一步认识到，一个人的成才，不仅要靠智商，而且要靠情商。丹尼尔·戈尔曼指出："真正决定一个人能否成功的关键，是 EQ 能力而不是 IQ 能力"。而现代心理学家们也研究表明，高智商并不一定带来成功，而情商往往会影响人的一生。在决定一个人事业成功的要素中，IQ 只起到约 20% 的作用，而 80% 的因素则来自 EQ。① 具体而言，可采用以下策略来培养大学生的情商。

（1）转变教育理念，强化培养措施，把情商教育纳入学校的正规教育中。转变教育理念是高等教育改革和培养当代大学生情感智力的最重要的前提条件。首先，要转变以发展智力为中心的教育思路，树立智力和非智力因素协调发展的教育理念。其次，要转变以教师为中心的教育理念，构建新型的师生关系。新型的师生关系要求要重视学生的地位，尊重学生的个性，引导、鼓励学生积极思维、主动探索，选择自己的学习方向，将情感作为教学活动的基本动力。最后，要转变以考试分数为主要评价原则的教育理念，树立以考核能力为主的评价原则。

（2）将情商教育渗透在相应的课程教学中，组织相应的社会实践活动。教育的目的就是要培养大批德才兼备的人才。在德育课中培养当代大学生的道德情商，使他们能够用"德"与"美"的言行做人、做事，对他们今后的成才和发展具有重要的作用。爱美是人的共性，但并不是所有的人都能从现实生活中发现美、认识美和创造美。因而美需要通过教育的形式来进行个体审美情感方面的完善。在当代大学生中开设美育课，培养他们的审美情感和审美能力，激发他们对美的热爱和追求，使他们按照美的规律构建生活，为他们适应未来社会的情商能力打下坚实的基础。开展实践活动课，让大学生们能够广泛地

---

① 唐柏林：《当代大学生情商教育基本策略》，《湖北社会科学》2008 年第 5 期。

接触社会、接触实际，增强他们对社会的认识和对现实生活的切身体验，促进他们的 EQ 素质的形成和发展。

（3）加强校园文化建设，为当代大学生情感智力的培养创造良好的文化氛围。大学生情感智力的培养离不开良好的校园文化氛围，校风是校园文化建设的核心内容，也是影响学生情感智力发展的重要条件，良好的校风会潜移默化地提高学生的情感智力。如团结友爱的校风有利于使人与人之间保持和谐的人际关系，促进同学之间相互沟通、理解、帮助。丰富多彩的校园文化活动能够满足大学生的精神需要和心理需求，有助于培养学生乐观向上的生活态度和健康愉快的情绪特征。并使他们在紧张的学习压力中获得休息和娱乐，在广阔的天地里尽情地展示天赋与才华，获取奋进的信心。因此，学校要抓好校园文化建设，开展形式多样的文体活动和学术活动，形成健康向上的氛围、宽松的环境，以利于当代大学生情感智力的培养。

（4）加强当代大学生的挫折教育。目前在校的大学生，基本上是90 年代出生的，这些在顺境中成长起来的大学生基本上是独生子女的一代，在家娇生惯养，在校一心读书，对社会知之甚少，因而在心理上非常脆弱，适应现代市场经济的挑战有一定困难。当代大学生因家境贫困，恋爱受挫，学习成绩不佳等各种原因而自杀的现象已屡见不鲜。重要原因之一就是当代大学生缺乏社会实践的磨炼。在心理发展过程中，大学生的意志一般较为脆弱，易受暗示，情绪也较敏感、丰富，心境易变化，易产生激情。所以，当代大学生容易受挫折，对挫折的反应也更强烈。在面对挫折时，他们行为上容易表现出失控的、没有目标导向的情绪性行为。如果经常、连续地遭受挫折，他们会感受到持续的蒙昧状态，由此会形成一些不良行为习惯，表现为攻击、粗暴、萎靡不振、焦躁不安、压抑、回避等反应，这些都直接影响高情商的培养。因而培养当代大学生的耐挫折能力，将会对他们情商的培养产生积极影响。①

---

① 唐柏林：《当代大学生情商教育基本策略》，《湖北社会科学》2008 年第 5 期。

2. 培养沟通能力

良好人际关系、公共关系、顾客关系的建立和维持，都必须基于良好的人际交往和人际沟通能力。

（1）加强人际沟通。沟通是组织行为学研究的重要问题之一，它对组织的维持、发展和变革起着巨大的作用。在人与人之间，及时的沟通可以使人员的思想一致，增强人员的责任心、荣誉感并提高士气及服务精神，因此建立必要的沟通机制是学校人际关系管理的一项重要内容。为此，首先要加强学校的正式沟通渠道，例如，校务会议、党团活动、课堂教学、教研活动、班级活动、文化活动和课外活动等；其次，要发挥非正式沟通渠道的作用，如私下交换意见，可以统一思想；交流经验，可以提高业务水平等；最后，要充分利用各种沟通形式的优势，例如，可以发扬民主，让教职工参与管理，变上行沟通和下行沟通为平行沟通，变单向沟通为双向沟通。①

（2）学校要注重第一课堂教育，开展第二课堂活动与社会实践。仅有出色的专业技能和深厚的知识储备还不足以缔造成功的事业，擅长与人交往也十分重要。缺乏与人有效沟通的技巧会限制事业的发展。大学生在人际交往中普遍存在不自信，羞于开口、不善于交流、个性强不合群等问题，通过第一、第二课堂的教育和开展，通过社会实践，培养学生良好的沟通技巧是非常重要的。

注重第一课堂教育：教师应把沟通能力的培养贯穿在整个教学活动中，如通过提问、上台演讲、小组讨论、兴趣小组活动等形式有效提高学生的沟通能力。

开展第二课堂活动：如利用重点节日开展丰富多彩的文体活动，增强沟通能力（通过元旦、五四、国庆等节日，组织文艺演出、演讲比赛，诗朗诵、篮球赛等多种形式的文体活动，加强学生间的相互交流），社团是培养沟通能力的最佳舞台。通过这些活动，沟通能力能够得到全方位的锻炼。

积极参加社会实践：在社会实践活动中，学生能深入基层、了解

---

① 张梅：《论学校组织中人际关系的调节》，《今日科苑》2008 年第 12 期。

国情、体察民情、分析社会的现实需要、发现自身的不足，同时通过与社会中人们的广泛接触，更能有效地提高学生的沟通能力。如青年志愿者活动、实习、寒暑假社会调查等都是培养沟通能力的传统方式。

勤工俭学：部分勤工俭学方式也能有效锻造沟通能力。如做保险，如何让客户认同你？如何让客户购买保险？在实现这些目标的过程中，大学生的沟通能力能得到提高并认识和了解社会。市场调查和促销要求大学生能给人良好的第一印象，言辞富有说服力，受众才可能接受调查并购买产品。这种勤工俭学能有效打磨大学生的沟通能力和心理承受能力，使他们真正融入社会生活中去。[①]

（3）开设商务沟通课程。沟通是商务活动中非常重要的一项基础性工作，对于提高商务活动的有效性具有重要作用。松下集团创始人松下幸之助曾说过："企业的活动过去是沟通，现在是沟通，未来还是沟通。"《商务沟通》课正是适应社会的这一发展趋势来设计的。《商务沟通》课程能力目标体现在：通过该课程的学习，使学生能在不同的商务活动场合（组织内外）进行有效的语言（书面语言或口头语言）和非语言沟通。根据课程能力目标，本课程分为理论模块、组织沟通模块、群体沟通模块、书面沟通模块、口头语言沟通模块、商务礼仪沟通模块六个模块对学生进行系统的商务沟通培养。[②]

3. 培养公共关系能力

（1）树立公关理念。公共关系的理念教育与大学生的世界观、人生观、价值观教育是一致的。公关教育中的一个重要理念——"维护公众利益"，也可以说是"公众为本""公众至上"。公众意识和为公众服务意识是现代公共关系中可以列为第一位的理念。因为公共关系传播、协调、沟通与服务的对象是公众，社会组织和个人形象如何，最终判断也来自公众。因此，大学生必须树立"公众至上"的理念，

---

① 赵文秀：《沟通——大学毕业生就业的必备能力》，《昆明大学学报》2008 年第 3 期。

② 曾雪晴：《任务驱动教学法在〈商务沟通〉课程中的运用》，《湖南大众传媒职业技术学院学报》2008 年第 5 期。

学会时时事事为公众着想，求得公众的支持和信赖，这样，既为自己的企业增加了竞争力，也体现了自己的工作能力。

（2）形象塑造。公关活动的目的，归根结底，就是树立社会组织和个人的良好形象，这个形象的树立是以真善美为基础的。不论是企事业单位，还是政府机构，其生存和发展首先有诚信，才能赢得公众的信任和支持。在树立组织形象的教育中，大学生自身也受到真善美以及个体形象塑造的教育，这对完善大学生的人格、提升大学生的思想境界、美化大学生行为，起到了其他学科不可替代的作用。公关教育既帮助大学生塑造外在形象，又注重内在素质的提升，做到内外在形象的和谐统一。在内在的素质中，紧紧抓住人格、人品和心灵的塑造，教育大学生先做人，以德为本，再做公关，这才是真正意义上的形象塑造。

（3）公关礼仪。公关礼仪是公关教育的重要组成部分，是提升大学生公关能力的重要手段。礼仪的核心是文化，中华礼仪以人文精神为内核，是中华民族精神的重要组成部分，在构建高尚品格中起着至关重要的作用。礼仪文化教育既要提升学生的礼仪水平，又要强调礼仪的文化内涵，它展现的是一个人的综合素质，礼仪文化从本质上培养和提高大学生的思想素质和道德情操。公关礼仪教育其核心是个人气质的修养，是青春、活力、优美、文明的教育，从本质上讲，它是一种智慧、一种高雅、一种大度、一种修养，它凸显了一个人的人格、品格，是素质教育中"软实力"的重要体现。

（4）沟通协调。长期以来，在公关教育中，把协调和沟通作为公共关系的基本职能，是人际交往的基本准则，也是建立和谐人际关系的重要手段。目前，大学生中存在的一些问题，在一定程度上讲，大多是因为缺乏对人际沟通的作用、条件、方法和社会心理等的了解，或者认识的不深不透而造成的。现代公共关系中的协调与沟通是双向的、主动的、互惠双赢的，这种沟通是以真情和真爱为基础的沟通，这种协调是客观、公正的，双方或多方进行协商讨论的，以寻求利益的一致和意见的统一的协调。教给大学生沟通和协调的方法与技巧，其中坚持的信条是诚信、尊重、赞美、热忱、宽容和微笑。这将有助于大学生能够在纵横交错的沟通和协调中，不断提高自己构建和谐生存的能力，顺利地融入群体、融入社会，走向人生的成功。

（5）公关实务。现代公共关系具有很强的可操作性，在公关教育中，重点突出了公关实务，倡导脚踏实地的务实精神。大学生通过课堂的典型案例分析和参加社会实践活动，将大大地提升联络、交往、沟通、协作能力；学会与各种各样的人相处，培养正确处理人际关系和人际交往的能力；学会运用现代大众传媒进行传播的能力；学会对产品、组织或个人进行形象策划的能力；学会各种公关活动的调研、设计、组织与实施的能力；学会演讲与谈判的能力等。这些能力对大学生的学业、创业，成长、成人、成才与成功都大有裨益，为他们的腾飞插上了结实的翅膀。①

4. 培养顾客关系能力

（1）正确认识顾客关系管理。客户关系管理（CRM）的基本要义就是建立与客户之间的"认知关系"，即在与客户的接触中，了解他们在使用产品中遇到的问题和对产品的意见、建议，并帮助他们解决，同时了解他们的姓名、通信地址、个人喜好以及购买习惯，并在此基础上进行"点对点"的个性化服务，甚至拓展新的市场需求。企业实施客户关系管理是一项系统工程，不是使用一套客户关系管理软件就能完成的，而是企业的整个经营活动应以顾客满意度为指针，从顾客角度出发，用顾客的观点而不是企业自身的观点来分析顾客的需求。客户关系管理的实施有两个阶段：过程型客户和分析型客户关系管理阶段。

过程型客户关系管理阶段要在企业内部建立以顾客为中心的理念并对市场、销售、服务等企业与顾客直接接触部门的前端管理的业务流程进行重新规划与调整。建立顾客数据库和企业共享信息资料库。

分析型客户关系管理阶段需要组合顾客群，并为不同的顾客群提供相应的服务，建立不同的顾客关系；需要主动分析不同类型顾客的

---

① 杜裕禄、步德胜：《浅谈公共关系在大学生素质教育中的作用》，《太原大学教育学院学报》2008 年第 2 期。

需求及其变化趋势以便调整计划，提出新产品或服务，提升顾客忠诚度。这一阶段企业实施客户关系管理的"瓶颈"就在于客户数据的分析。

实施 CRM 的流程：客户关系管理的实施实际上是一个信息转化流程。CRM 通过不断地从信息中学习，从而将客户信息转化成客户关系；通过管理客户关系强化客户与企业的关系，再进一步了解客户；获取客户信息，在这一循环过程中形成高质量的客户互动。

知识发现是一个通过分析客户信息以识别市场机遇和制定投资策略的过程。它通过客户识别、客户细分和客户预测来完成的。这一系统需要从各个客户互动和设在各地的商业网点交易中收集详尽的数据并转化成管理层和计划人员可以使用的知识和信息。

市场计划决定了具体的客户方案、配送渠道、时间表以及所依赖的条件。

客户互动是一个借助相关的、及时的信息提供来执行和管理客户沟通的关键性活动阶段，它使用了各种的互动渠道和前端办公应用系统，包括客户跟踪系统、销售应用系统、客户接触应用和互动应用系统。这一阶段是从知识发现和市场计划中创造出的计划和信息的应用。

分析提炼是一个不断地通过与客户对话进行学习的过程。这种对话，可以捕捉和分析来自客户互动中的数据，并对信息、沟通方式、价格、销售额、销售地点、销售途径和时间安排的信息进行提炼，从而理解客户对刺激手段（营销或销售）所产生的具体反应。

（2）学会中小企业客户关系管理。

客户资源正成为企业十分重要的资源，作为现代管理思想和信息技术结合的产物，客户关系管理（CRM）已成为全球炙手可热的 IT 市场之一，吸引了众多企业管理者。但是，不少中小企业因 CRM 实施系统庞杂、实施周期长、费用高以及自身人力、财力等条件的限制而不知如何实施客户关系管理。针对这种情况，比较实际可行的工作思路是：中小企业可以通过在思想和组织上的准备、专注于流程、做好数据的搜集、整理、分析工作、发动员工做好具体细致的日常工作、充分利用已有或易于实现的资源、导入合适的 CRM 软件系统等方式有组织、渐进地实施客户关系管理。①

四　大学生承诺能力的培育

（一）承诺能力的内涵与外延

如前所述，承诺能力是指是否能够一直经营企业，实施对供应商、员工、顾客、风险投资商等各种利益共同体承诺的能力。主要从创业者在坚持不懈、追求创业收益的决心和信心等方面进行考察。

大学生创业的过程就是公众对大学生实践能力、道德品质和人格魅力的考察过程。承诺本身是一种触动，一种责任，促使大学生踏实干事。实行创业承诺项目、责任人、完成时限、工程进度、资金使用全公开，是推行创业承诺的重要内容。

承诺，指为某事物所做的应允。诚信，指人或事物的可信程度。当今社会承诺与诚信，显得尤为重要了。承诺要根据自己的客观现实去决定，超过了客观可能，承诺难以实现；切合实际又能引起重视，努力去做的方能实现承诺。可见，前者脱离实际，纵然承诺天花乱坠，引人入胜，但结果总归是泡影；后者如果未曾引起重视，置承诺于脑后，或者因条件和环境的改变，不积极去寻求补救措施，做出解释，也难以实现承诺，这样的承诺更会失信于人。因此，承诺往往与诚信挂起钩来，其重要性可见一斑了。

诚信顾名思义就是诚实守信，在一定意义上说，就是求真去伪，就是追求正义。有了求真的精神，就会弘扬社会正气，抵御歪风邪气。

诚信是中华民族的优良传统美德，是一切道德的基础和基本，是人之为人的最基本的品德，是一个社会赖以生存和发展的基石。"精诚所至，金石为开""人无信不立，政无信不威"——这些传统箴言，都体现了诚信是一条重要的道德规范。

教育部公布的《高等学校学生行为准则》强调对大学生的诚信要

---

① 彭丽芳、贺渊：《浅论中小企业如何实施客户关系管理》，《厦门大学学报》（自然科学版）2003 年第 S1 期。

求，明确提出，大学生要诚实守信，严于律己，履约践诺，知行统一。诚信应贯穿于大学生在校期间学习生活的始终，涉及考试、学术、贷款、交往、就业等各方面。[①]

制度是人们制定出来的一套管束特定行动和关系的规则，包括政治规则、经济规则和契约等。契约具有非正式约束的作用。作为一种非正式安排，塑造契约双方诚信守约等契约伦理非常重要。诚信和守约的基本目的在于促使人们自觉维护与其交易的另一方的权益。一般来讲，契约各方均是"理性人"，违约还是守约取决于其收益与成本的对比分析。而"自律承诺书"通过对学生与学校双方权利、义务的明确，能够使学生和学校各取所需，达到自觉维护另一方的权利与利益，从而达到规范学生行为、培养学生诚信意识的目的。

"自律承诺书"的实质是一种契约。它之所以能够起到规范和培养大学生诚信意识的作用，除了上面的理论分析外，还在于它与诚信有着相当程度的内在契合。即通过自律承诺实践，学生诚信的实现有较大的可能。[②]

自律，顾名思义就是要求自己管住自己、约束自己。自律是指人们行为的约束力和驱动力依靠理性、信念和道德良心，依靠内心自觉，而不是靠外力强制。它尊重人的价值，强调自主、自治和自我教育，重视发挥人的主体意识、智慧、潜能及创造力。自律的根本功能是内在制裁，它要求主体自我约束、自我选择、自我规划、自我评价，并要求建立良好的内心法庭，对自己的言行进行自我裁决。自律是一种良好的品质，具有重要的意义。[③]

（二）培养大学生承诺能力的具体措施

1. 实施大学生创业承诺制

为确保大学生统一思想，达成共识，我们应通过广泛宣传发动，

---

① 代翔、殷来宾：《论新时期大学生的诚信教育》，《河南职工医学院学报》2008年第10期。

② 高向东、李延生：《以制度培养大学生诚信品质的实践探索》，《思想理论教育》2006年第7期。

③ 余国政：《基于道德教育大学生自律能力的培养》，《湖南科技学院学报》2008年第3期。

营造舆论氛围，激发起创业热情，实施"大学生创业承诺制"。

（1）开展讨论。组织大学生开展"当前我国社会经济发展的态势"、"我在经济建设中扮演什么角色"、"创业型就业"等讨论，着力解决大学生不敢创业、不愿创业的思想认识问题。对已经创业致富的，要帮助他们破除"自满"思想，引导他们做强创业项目，增强辐射带动效应。

（2）发动宣传。通过在校园挂横幅、贴标语的方式，为大学生营造一个视觉氛围，使他们增强创业的责任感、使命感。通过广播、报告宣传"创业型"大学生的成功事迹，为大学生营造一个听觉氛围，使他们学有榜样、赶有目标。通过组织参观学习著名企业和经济实体，为大学生营造一个触觉氛围，使他们亲身感受到创业带来的成果，激发他们对创业的热情。同时，也为全民创业营造良好的舆论环境。

（3）组织动员。我们应对大学生创业致富情况进行调查摸底，组织开展"大学生创业动员大会"。

（4）形成机制。为进一步明确目标，落实要求，应出台"大学生承诺制"，实施对象是有志创业的大学生，具体内容包括创业的内容、实施时间、达到的规模等。其程序分为定诺、承诺、示诺、督诺和评诺五步。定诺是指个人先提申请，再交组织审核确定；承诺是指承诺人在公众面前进行公开承诺；示诺是指将大学生创业承诺书在公开栏进行公示；督诺是指督诺人定期组织督查；评诺是指考核办进行量化考核，并进行奖惩。

2. 加强大学生诚信教育的措施

（1）加强诚信教育，要建立诚信的褒扬奖惩机制。针对大学生中存在的旷课、考试作弊、恶意欠费、弄虚作假等不诚信现象，高校应建立大学生的诚信监督机制，制订学校的诚信记录和信用评级制度，以此作为学校评定优秀学生、享受奖学金、办理助学贷款等的依据之一，也是对大学生诚信体系的有利补充。①

通过这些制度可以弘扬诚信，同时加大对不诚信行为的惩罚力度。在高校加强对不诚信行为尤其是不诚信违纪行为的惩罚力度是对诚信体系的有利维护。惩罚不是目的，只是一种手段，在于让大学生认识到不诚信的后果，从反面来教育大学生明白诚信做人的重要性。

（2）诚信创业，把承诺带入社会。从大学生入学到毕业，诚信教育要贯穿始终。特别重视学生学习与学术活动中的诚信状况，一方面，严格执行各类规章制度，对学习和科研中的不诚信现象坚决予以打击，另一方面，注重培养学生的学术规范，帮助学生形成良好的研究习惯。高校要把诚信教育作为文明修身系列活动之一，针对考试作弊、作业抄袭等问题，在学生中开展了"诚信离我们有多远""今天如何讲诚信""讲诚信如何从自己做起"等主题讨论。从制度上设立"大学生信用档案"。大学生的个人基本信息、学费交纳情况、奖惩情况，以及助学贷款的偿还和学生信用卡使用情况等都将写进"信用档案"。通过诚信签名、诚信评比、诚信博客等一系列形式多样的教育活动，增强大学生的诚信意识并形成长效机制，营造"人人讲诚信"的和谐校园氛围。

提出学生创业的自律宣言：强化企业诚信意识、完善诚信建设体系、严格遵守法律法规、积极承担社会责任；自觉做到依法生产经营，绝不利用不法手段谋取不正当利益，严格遵守财务会计制度，准确、真实记载和反映自身的经营及财务活动情况，依法纳税；强化企业对经济、环境和社会发展的责任，注重环境保护、热心公益事业等。大学生创业企业将成为上海社会诚信体系建设的一股积极力量。

（3）以制度培养大学生诚信品质。把"自律承诺书"与建立学生诚信档案和德育学分相结合，推进"自律承诺书"的制度化建设。设立学生的诚信档案，并建立统一的数据库管理查询系统，成立相应的大学生诚信的评估部门，确立大学生诚信道德品质的评估体系。对

---

① 白海泉、陈艳秋、旭东：《加强高校银行贷款管理防范财务风险》，《华北煤炭医学院学报》2006年第6期。

于诚信品质差的学生，则要采取相应的防范和惩罚措施。如把不守信的学生记录在案，提供给社会的个人信用信息系统，并相应地进行道义和行政上的"制裁"。①

确立配合承诺书制度实行的指导思想、校园氛围等，形成以承诺书为中心的校园诚信系统。在诚信道德建设中，健康、良好的道德氛围和舆论环境至关重要。这个环境既包括学校校园环境，也包括学校、家庭和社会三位一体相结合的大环境。要充分利用网站、校报、广播台、讲座等途径，广泛开展宣传教育活动，使全社会都认识到诚信的重要性，强化诚信光荣、不诚信可耻的观念，形成诚信者受尊重、不诚信者遭鄙视的社会氛围。同时建立相应的诚信道德保障制度，对那些不讲诚信的人进行道德鞭挞、舆论谴责乃至经济制裁，逐渐形成人人讲诚信的良好社会风气，使良好诚信道德成为每个人在生活中不可缺少和忽视的护身符，让全体公民明白并切身感受到诚实信用的重要性，最终形成一个人人都讲诚信的社会氛围。

3. 培养大学生自律能力的途径

任何一种良好的行为习惯和品质都不是天生就有的，都需要经过来自家庭、社会、学校等各方面的熏陶、教育、培养来形成。严格的自律精神和高尚的自律能力的养成都离不开长期的教育和引导。②

（1）优化校园环境，充分发挥绿色环境和绿色心灵的育人作用。优美、干净、整洁、开阔的校园环境，对陶冶学生情操，培养学生的良好行为常常起到潜移默化的作用。例如，精心设计校园，将学校变成园林式学校，学生在这样的校园里自然会心情舒畅，学习精力旺盛，同时还可以培养学生热爱自然、热爱生活、保护环境的意识，学生的不文明行为才会有所收敛。这其中，尤其应重视校园的人文景致建设，精心设计集思想性、知识性、艺术性为一体的大小景致和饰物，营造出健康、浓郁的氛围。与此同时，对大学生自律能力的构

---

① 高向东、李延生：《以制度培养大学生诚信品质的实践探索》，《思想理论教育》2006 年第 7 期。

② 陈金波：《大学生自律能力的构筑探微》，《浙江万里学院学报》2004 年第 4 期。

筑，还需要认真务实地开展心理健康咨询和心理健康教育工作，以消除学生当中存在的种种心理障碍和心理疾病，通过这种心心沟通，心灵互动，使广大学生能拥有一种安静自由的绿色心理状态，也只有在这种状态下，大学生才能自主地根据自己的认知判断选择一定的社会道德规范和原则，按照自己的方式进行道德实践，以获得一定的道德判断能力，逐步形成自律道德。

（2）广泛提倡"慎独"，注重培养大学生良好的行为习惯。"慎独"就是在个人独处且无人监督的情况下，仍然坚持信守道德，自觉地按照道德原则办事。刘少奇在《论共产党员的修养》一书中说："一个无私的人，即使他个人独立工作，无人监督，有做任何坏事的可能的时候也能够'慎独'，不做任何坏事。"时至今日，高校里流行"国骂"，盛产"课桌文化"，奉行"一切都无所谓"，就是因为一部分大学生缺乏道德修养，不能做到"慎独"。因此，构筑大学生自律能力就需要在大学生中广泛提倡"慎独"，并制定相应的奖优罚劣的具体举措，使大学生们能用高度的思想觉悟和高尚的道德品质自觉地约束和规范自己的行为，明辨是非，实现真正意义上的自我管理和自我教育，促成学生整体道德水平和道德层次的不断提高。

（3）组织大学生自我管理，提高大学生的自我评价能力和自育能力。大学生的日常管理应从自律素质的要求出发，建立自律管理机制，形成自律氛围，来增强大学生的自律素质，并通过建立学生干部岗位责任制、考评制、奖惩制等来监督、检查和推进各项工作，学生工作者应从繁重的事务性工作中解脱出来而更多地发挥方向性的指导作用。从而使受教育者有目的、有意识地对自己的思想、道德、行为进行转化和调控，伊·斯·马里延科说过："培养学生评价自己的愿望和能力，这是一个十分艰巨的任务，但又是实施自我教育的必要措施。"① 可见，培养大学生的自育能力十分重要，不可或缺。这里的自育能力是指学生按照道德要求，并在外界教育的影响下，对自己进行

---

① 伊·斯·马里延科：《教育过程原理》，牟正秋译，人民教育出版社1985年版，第63—64页。

有目的、有意识的自我培养和自我教育的能力。这种自育能力主要是由自我认识、自我要求、自我促进、自我评价、自我完善五个因素组成。在实际培育工作中，我们应着重培养学生独立分析与判断的能力、自我评价的能力、自我改正的能力、自我控制和自我监督的能力，使学生逐步确立起自尊、自信、自立、自强的健康心理，学会对自己的思想和行为进行科学的评价，并不断调整自己的思想及行为，以达到提高自制、自控能力的目的。

（4）将自律教育贯穿于课堂教学、课外活动。社会实践等各个教育环节，大力推进全员育人、全程育人工程目前，在德育过程中，大学教育与学生管理工作大多分离，影响教育效果。德育过程是知、情、意、行、信的过程，要求教学与管理高度结合，而高校德育过程中存在着严重的教管分离现象，班主任不是任课教师，任课教师不是班主任，班主任不上课，上课的不是班主任，任课教师与班主任联系甚少，有的甚至互不相识，任课教师只管自己的课堂教学，课后走人，基本不管学生的行为，学生一旦有不良行为，一律推给班主任和学生工作者。从事思想品德和德育教学研究的教研室与学生思政工作者也是一种典型的教管分离关系，前者没有丝毫的学生教育管理实践，后者也大多数没有教学的经历。这种教管分离造成了对学生的教育管理不及时、不到位、说服力不强，不利于构筑起大学生良好的自律能力。因此，构筑大学生的自律能力，不仅德育工作者要付出汗水，而且广大的一线教师和教育工作者也应投入其中，要求大学生不仅在课堂上严格自律，而且在学习生活全过程中谨言慎行，做到全员育人，全程育人。我们深信，人人自律、处处自律大环境的形成必将更加有利于大学生自律能力的构筑。

（5）磨炼道德意志。道德意志是指人们在履行道德义务或责任中克服内心障碍和外部困难的能力和毅力，表现为实际行动中果断、坚决、勇敢、自制和坚持。一个人具有坚强的道德意志，能排除一切阻挠，不以客观外部的影响为转移，始终坚持道德原则，自觉地选择适当的方式方法来克服。

困难，排除各种障碍，直至实现预定的道德目标为止。孔子对学生进行道德教育，要求学生的意志达到"磨而不磷""涅而不缁"那样坚强。孟子特别重视磨炼人的意志，他认为，只有受严格的意志磨炼，具有排除各种威胁利诱的能力和毅力，才能做到"富贵不能淫，贫贱不能移，威武不能屈"。在学校生活中，有的学生常常违反学校的规章制度，触犯纪律，主要原因之一是自制力不强，缺乏坚持精神，不能自律，特别是年龄较小的学生，由于意志力薄弱，不能自我克制，或者受到同伴的影响，或者受到外界的引诱，或者受到别人的"挑衅"，因而做出越轨的行为。训练学生的道德意志，首先，要帮助他们确立正确的道德动机和行动目的。动机的确立是要经过思想斗争的，动机斗争的过程就是一种意志的过程，只有当正确的动机战胜不正确的动机之后，正确的行动目的才得以确立。其次，要提高学生的认识，培养坚定的信念以及崇高的义务感和责任感，以增强意志力。最后，要求学生在履行道德义务中有坚韧不拔的精神，克服各种障碍和困难，不达目的誓不罢休，这是道德意志的集中表现。①

（6）养成良好行为习惯。道德行为习惯是指稳定、经常的，在一定条件下自然而然地出现的道德行为方式。习惯是行为经过反复实践而形成的。习惯的形成对于自律具有十分重要的意义，形成了习惯能使行为由偶然性变成必然性，由不经常的行为变成经常的一贯的行为。而且，形成了习惯能使行为巩固而发生迁移作用，例如学生在学校养成了良好的遵守纪律的习惯，这种习惯能迁移到遵守社会公共秩序和遵守国家法律。培养道德行为习惯主要通过各种实践活动，某一种行为经过反复实践自然养成习惯。教育者要有目的有计划地训练学生，特别要重视在日常学习和生活中训练。但行为习惯训练，不能孤立进行，应该与提高道德认识结合，在提高认识的基础上，进行行为训练，增强自觉性，克服盲动性和被动性。

---

① 余国政：《基于道德教育大学生自律能力的培养》，《湖南科技学院学报》2008 年第3 期。

第十章　X大学以就业创业指导课程建设为载体开展大学生创业能力培育的案例研究

第一节　学校基本情况

X大学是一所工科优势突出、文理农医等特色明显、多学科协调发展的综合性大学。是河南省重点支持建设的三所综合性大学之一。

学校坚持以学科建设为龙头，不断优化学科专业布局。学校现设31个学院，90个本科专业；3个博士学位授权一级学科，12个博士学位授权二级学科；28个硕士学位授权一级学科，156个硕士学位授权二级学科，8个专业学位研究生招生类别，52个专业学位研究生招生领域，涵盖理、工、农、医、经、管、文、法、史、艺术和教育学11大学科门类。学校面向30个省、市、自治区招生，并接收来自世界各地的留学生，现有全日制本科生、研究生和留学生等学生5万余人。学校现有28个河南省一级重点学科、153个河南省二级重点学科、12个河南省特聘教授设岗学科；拥有"矿山重型装备国家重点实验室"、"摩擦学与材料防护教育部工程研究中心"等44个国家级、省部级重点实验室、工程技术研究中心和人文社科研究基地；拥有"机械装备先进制造"和"有色金属共性技术"2个河南省协同创新中心。学校有20个国家级、省级特色专业建设类项目，35个国家级、省级课程建设类项目，6个省级教学名师奖，7个省级实验教学示范中心；9个本科专业、5个硕士专业获批教育部卓越培养计划。《X大学学报》有自然科学版、社会科学版和医学版，其中自然科学版是全国中文核心期刊,获教育部"全国高校优秀科技期刊一等奖";社会科学版是河南省一级期刊,被全国高等学校文科学报研究会评为"优秀社科学报"。

学校办学条件优良,教学支撑体系完备,公共服务设施齐全。学校现有开元、西苑、景华和周山4个校区,占地面积4600亩,校舍建筑面积151万平方米,其中专业实验室面积32.7万平方米。教学科研仪器设备总值4亿元。图书馆建筑面积9.9万平方米,馆藏文献364万册,中外文期刊18万册。学校数字化校园建设达到国内先进水平,荣获中国教育信息化建设优秀奖。

学校大力实施"人才强校"战略,建设了一支结构合理、素质优良的师资队伍。现有专任教师2267人,其中,具有教授、副教授等高级职称的教师944人,具有博士学位的教师863人;有共享院士7人,中原学者2人,省级特聘教授12人,博士生导师61人;"百千万人才工程"国家级专家、享受国务院政府殊津贴专家、河南省优秀专家等高级人才249人,"先进耐磨材料"教育部长江学者和创新团队等国家级、省级科技创新及教学团队19个。

在60多年的办学历程中,X大学始终秉承"育人为本、学术至上"的办学理念,深化教育教学改革,着力培养创新型人才。建校以来,已为社会输送了20多万名高级专门人才,为国家和地区的经济社会发展作出了突出贡献。近三年来,学校学生在各级各类学科竞赛中,获得国家级奖励40项,省级奖励332项。学校毕业生就业率保持在河南省高校前列,招生就业形势持续向好。学校在教育部本科教学工作水平评估中获得优秀成绩。近年来,学校连续高位入选"河南公众最满意的十佳本科院校""河南最具影响力的十大教育品牌""河南考生心目中最理想的高校""河南省大学生创业教育示范高校""河南高等教育质量社会满意院校""河南最具就业竞争力示范院校""值得推荐的20张河南教育名片"(本科院校)和"河南高等教育就业质量最佳示范院校"。

就业创业指导课程建设是高等学校人才培养工作和毕业生就业工作的重要组成部分,是全面实施素质教育和培养全面发展人才的重要途径。开展就业创业指导课程建设对于激发大学生职业生涯发展的自主意识，树立正确的就业观，促进大学生理性地规划自身未来的发展具有重要的作用。学校高度重视就业创业教育工作，认真学习贯彻全国加强和促进大学生就业创业教育工作会议和教育部办公厅教高厅〔2007〕7号《大学生职业发展与就业指导课程教学要求》和教高厅〔2012〕4号《普通本科学校创业教育教学基本要求（试行）》文件精神，切实加强和改进学校就业创业指导课程建设工作，充分发挥就业创业教育教学在人才培养工作中的作用。根据河南省教育厅在全省高校范围内组织《关于开展全省高校就业创业指导课程建设督查的通知》（教办学〔2015〕170号）的工作部署，学校坚持"以评促建，以评促改，以评促管，评建结合，重在建设"的工作方针，目的是通过总结、自查、整改和建设，使得就业创业指导课程建设工作管理机制进一步完善，管理队伍进一步优化，教学科研水平进一步提高，教育途径进一步拓展。

针对本次课程建设督查的内容，学校对目前大学生就业创业指导课程建设存在的问题进行了查找，对就业创业教育课程建设情况进行了总结。现从就业创业教育课程建设情况、存在的不足与原因分析、改进措施四个方面报告如下。

第二节 X大学就业创业指导课程建设情况

一 组织管理

（一）工作机制

1. 将就业创业指导课程建设纳入学校教育教学工作总体规划

——较早开展创业教育。早在2003年，学校印发了《关于在全校学生中深入开展创业教育的意见》（X大学〔2003〕32号）文件，决定在全校学生中深入开展创业教育。提出了抓观念更新，促使学生实现被动就业到主动创业的思想跨越；抓教育引导，丰富学生的创业知识，培养学生的创业精神；抓实践环节，提高学生的创业素质和创业能力；抓环境建设，为学生创业实践提供条件支持四项措施。遴选了园林学院、食品与生物工程学院等 5 个创业教育示范学院。

——把"就业指导与职业发展"课程列入教学计划。2007 年，学校印发了《〈关于加强毕业生就业指导与服务工作的实施意见〉X 大招的通知》（〔2007〕16 号），要求"学校有关部门及各学院要根据学生从入学到毕业不同阶段的职业认识水平和发展特点，制订相应的教育目标，提出具体要求，采取相应措施，把就业指导与服务工作贯穿于学生在校教育的全过程，帮助学生不断提高职业认知水平和自我发展能力"。要求"认真落实教育部关于《大学生职业发展与就业指导课程教学要求》（教高厅〔2007〕7 号），切实加强大学生职业发展与就业指导课程建设"。"各学院要通过教学科研、实习实训、社会实践、团队活动、讲座培训等形式，全面提高学生的沟通协调能力、合作共事能力、综合运用各种知识的能力和创新、创业精神；引导、鼓励学生积极参加全国英语、计算机能力考试；有条件的学院要推行学历证书、职业资格证书'双证书'制度；校团委要充分发挥大学生'KAB 创业教育基地'的作用，扩大《创业基础》授课范围，开展创业培训和创业实践活动，提高学生的创新精神和创业能力，增强毕业生的就业竞争力。"并从 2007 年起，相继开设了《创业与人生设计》、《创业管理》等十几门公共选修课。

——将就业创业指导归入人才培养方案。2012 年，学校修订"本科人才培养方案"，明确了大学生就业创业指导课程建设要紧密围绕"课内课外相结合、理论与实践相结合"的思路。规定学生在学业内必须完成 2 个学分的就业创业指导类课程学习，全校开设有"大学生就业指导与创业教育""创业与人生设计""职业生涯规划与发展""大学生 KAB 创业基础""大学生职业发展与就业指导""劳动就业法""创业法学""大学生 KAB 创业基础""大学生心理健康与创业心理""新经济创业案例分析""创业与伦理""经济竞争法"12 门全校公共必修课供学生选择。学校还定期开展"就业创业论坛""成长论坛"专家讲座，就"大学生学业规划""创新创业与成才选择""创新实践与大学生成长成才""创业和就业的人性思考""学业、产业、就业、创业""择业观与就业"等学生关心的问题与学生进行交流与探讨。另外学校就业信息网还开设了"就业指导""职业测评""创业教育"等栏目。

——明确就业创业实践活动是大学生获取课外素质教育学分的途径之一。2014年,学校印发了《〈X大学学生课外素质教育学分管理暂行办法(修订)〉的通知》(X大教〔2014〕24号),鼓励学生参加各类型学科竞赛、社会实践、创新创业技能训练等活动,通过上述活动获取课外素质教育学分。

综上所述,学校将就业创业指导课程归入了学校教育教学的总体安排之中。

2. 加强组织领导,明确部门分工,着力做好就业创业教育教学工作

学校成立大学生就业创业工作领导小组,加强了对就业创业指导课程建设及教育教学工作的领导。2008年11月学校下发《关于成立X大学大学生创业教育工作领导小组的通知》(X大招〔2008〕11号),成立了以主管招生就业的副校长为组长,主管教学的副校长为副组长的大学生创业教育工作领导小组,招生就业处、教务处、管理学院、宣传部、团委、人事处、财务处、学生处的负责人为成员。领导小组下设办公室及综合组、教学组、教育实践组、条件保障组4个工作组。全面加强对大学生创业教育工作的组织协调、建章立制、条件保障等工作。2010年1月学校下发《关于调整X大学招生及就业工作领导小组成员的通知》(X大文〔2010〕23号),由校长担任领导小组组长,包含有党委副书记、副校长等6位校级副职担任副组长,党办、校办、纪委、宣传部、招生就业处、教务处、研究生处、学生处、保卫处、团委、人事处、现代教育中心负责人为成员。提升了就业创业教育教学工作在全校的地位及影响力。2014年12月,学校下发了《关于成立X大学大学生就业创业工作领导小组的通知》(X大政〔2014〕14号),由校长担任领导小组组长,4位副校长任副组长,教务处、学生处、研究生处、招生就业处、财务处、校办产业处、校友会、团委负责人为成员,进一步加强了对大学生就业创业

工作的领导。

3. 学校相关职能部门协同配合，保障就业创业指导课程建设工作顺利开展

学校招生就业处、学生处、教务处、科技处、社科处、团委、人事处、宣传部、财务处等主管部门和就业指导与创业教育教研室协作配合，落实就业创业指导课教育教学、学科建设、人才培养、科研立项、社会实践、经费保障等各方面政策和措施。

——招生就业处、教务处积极协调，为就业创业指导课程的开设和就业创业论坛的组织提供支持。教务处在每学期的课程安排中，对就业创业指导课程优先保证，在开课门数、时间、教师、教室等方面尽力满足学生的需要，2010—2012 年，共开设就业创业指导类课程30 门次，6000 多名学生获得学习机会。2013—2015 年，共开设就业创业指导类课程70 门次，15000 多名学生得以学习并扩展视野。对各种就业创业及成长论坛，给予全力的支持，在教室、多媒体设备、时间安排上千方百计给予满足和保障。

教务处根据《X 大学大学生创新实践平台建设实施办法》（X 大教〔2014〕51 号）的要求，经各单位申报、专家会议评审，并经2014 年 12 月 5 日校长办公会研究决定，"机械设计及方程式赛车大学生创新实践平台"等 10 个项目为 X 大学大学生创新实践平台。2014年建设项目、"数学与统计专业大学生创新实践平台"等 10 个项目为X 大学大学生创新实践平台。2015 年建设项目，项目经费按建设期分年度下拨，建设期不超过三年，20 个项目总资助资金 600 万元（X 大教〔2014〕65 号文）。

招生就业处积极组织就业创业指导课程课外教育的实施，从 2014年起，利用洛阳市就业技能培训中心的师资，对毕业生免费开展了 16个班次创业意识培训，共计培训毕业生 980 人，为做好此项工作，学校投入 10 万元在开元校区图书馆建成了毕业生就业服务大厅，在培训、招聘等活动中发挥了重要作用。

——人事处支持专兼职师资队伍建设工作，保证了就业创业指导课程的顺利实施。为保证就业创业指导课程体系的顺利实施，2009 年

学校成立了就业指导与创业教育教研室，直接承担就业创业指导课程的教学与管理。学校组织部、人事处在机构设置、管理人员的选配、教师编制的定编上给予了重点倾斜和全力支持。此外，人事处、教务处积极支持就业创业指导课程师资队伍的建设，于2013年10月发布了《关于征集大学生创业典型和就业创业导师的通知》，2015年4月，又发布《关于申报大学生就业创业指导课程兼职教师的通知》，在全校范围内开展大学生就业创业指导课程兼职教师遴选工作，充实和加强了学校大学生就业创业指导课程的师资队伍。

——科技处、社科处和招生就业处等，协同做好就业创业课题的申报、结项和评奖工作。科技处、社科处、校办产业管理处、招生就业处每年都积极组织申报"河南省大中专毕业生就业创业研究"课题及"河南省大中专毕业生就业创业研究优秀成果奖"，组织参加各届"全省大中专院校就业创业教育优秀论文"的申报，积极推荐大学生创业体系建设引导资金扶持项目及全国大学生创业基金的申报。2015年建成了X大学大学生创业基地（约600平方米）并积极征集大学生创业项目入驻创业基地孵化。

——财务处安排落实资金，保障了就业创业指导课程建设及教育教学工作的开展。财务处近几年每年安排落实经费，重点保障就业创业指导课程建设的经费支出，使就业创业指导课程建设工作得以顺利推进（详见"专项经费"）。

——校团委、学生处、研究生处积极组织各类学科竞赛活动，丰富和提升了学生就业创业理论知识和实践能力。校团委、学生处每年定期举行以锻炼和提高学生综合技能与科研素质的大学生"挑战杯"竞赛和大学生训练计划（SRTP）竞赛，研究生处每年一次评选"研究生教学改革研究基金资助"项目，从项目方向选择，到评审行为导向，都体现了优先考虑就业创业类的研究项目和创新项目，锻炼和提升了学生的就业创业意识和知识技能。为鼓励学生积极参加河南省乃至全国的"挑战杯"学生课外学术科技作品竞赛、创业大赛等竞赛活动，提升学生的协作意识和创业能力，学校出台了《X大学"挑战杯"学生课外学术科技作品竞赛管理办法》（X大学〔2006〕30号）。

（二）机构建设

1. 组建教学研究机构，建立专兼职教师队伍

目前学校就业创业教研机构有中国创业学研究所和就业指导与创业教育教研室，均挂靠在管理学院。此外，学校设有学业发展指导中心，挂靠在学生工作部（处）。

——组建"中国创业学研究所"，为就业创业指导课程提供师资支持。早在 2003 年，学校就成立了"中国创业学研究所"，下设一个办公室，四个研究中心，分别是：创业精神研究中心、创业知识研究中心、创业实务研究中心和大学生创业教育研究中心。总人数 46 人，其中，教授 5 人，副教授 25 人，开展了大量的就业创业研究工作，提高了就业创业指导课程的师资水平。

——成立就业指导与创业教育教研室，开展就业创业指导课程的教学工作。就业指导与创业教育教研室目前有专任教师 5 人，其中教授 2 人、讲师 3 人。除此之外，学校在校内外选聘了 38 名兼职教师，其中校内 30 名，校外 8 名（主要为成功企业家及洛阳市就业技能培训中心的专职教师）。

——成立大学生学业发展指导中心。大学生在校期间，对于低年级学生重点是开展学业发展规划教育，对于高年级学生重点是开展职业生涯发展规划教育。为此，学校于 2013 年成立了大学生学业发展指导中心，目前有 2 名专职工作人员，主要以专题报告和开展学业发展规划大赛等的方式面向低年级学生开展学业发展规划的指导教育工作。

2. 教学设施、办公条件和图书资料

——教学设施完备，实验基地充足。学校始终把改善教学条件摆在就业创业指导课程建设的首位，紧紧抓住洛阳市新区建设的历史机遇，规划建设了现代化的开元校区，改造完善了西苑、景华及周山等三个老校区，计算机机房、多媒体教室和语音室座位数量充足。

学校图书馆文献资源充足，年新增图书数量多，管理手段先进，使用效果好。作为河南省首批数字化校园示范单位，校园网建设水平高，运行良好，网上教学资源丰富，在就业创业指导课程教学中发挥

了重要作用。

学校充分利用中央与地方共建、外国政府贷款和上级专项资金，重点建设了计算机、语言教学、管理实验教学中心等一批实验教学中心，并为就业创业指导课程建设了计算机网络教室、多媒体教室等教学设施，满足了该课程的教学需要。

学校按照资源共享的原则，保证上述各类教学设施能够满足就业创业指导课程教学活动的要求，同时考虑到就业创业指导课程实践性强的特点，积极搭建大学生创新创业实践基地。在校内，向大学生免费开放了38个专业实验室（中心）和工程训练中心；依托有关院（系）建立了"大学生食用菌实践基地""大学生食品加工实践基地""大学生果树盆景实践基地"等创业实践基地；学校新建了600平方米的大学生创业孵化基地，免费向大学生创业团队开放。

——办公条件完善，办公手段先进。目前就业创业教研室有专任教师5人。拥有办公室2间30多平方米，配备有电脑、复印机等办公设备3台套。另有就业创业专用教室4个，共享模拟实验室3个，面积达650平方米。教研室有共享会议室1个，可容纳50多人进行会议和教学研究。管理学院有多功能学术报告厅1个，可容纳150人，可供就业创业指导课程开展学术讲座和交流。

——图书资料丰富，品种类别齐全。X大学已建成校园网络，办公室均设有终端。学校图书馆文献资源充足，年新增图书数量多，管理手段先进，使用效果好。作为河南省首批数字化校园示范单位，校园网络建设水平高，运行良好，网上教学资源丰富，在就业创业指导课程教学中发挥了重要作用。图书馆藏书80万余册，中外文期刊3000余种。设有电子阅览室。其中，有"大学生就业与创业指导教程"、"大学生创业教育"、"大学生创造力培养与路径选择""中国大学生综合创业能力培训专用教材""大学生职业生涯规划与就业指导""大学生就业创业教育教程""大学生自主创业教育与实践导读"等就业创业指导纸质类书刊346种，合计2288册，另开辟链接有"创业数字图书馆""就业数字图书馆"和"弘毅职前软实力培训网"三个就业创业教育教学网站，网络教学资源丰富。

（三）专项经费

学校每年都投入 10 万元经费用于就业创业指导课程，购买教学资料以及教师培训、考察及学术交流等，满足了该课程建设工作的需要。

二　教学管理

（一）管理制度

学校及管理学院高度重视就业创业指导课程建设，建立了管理学院就业创业指导课程建设工作领导小组，由学院院长任组长，分管教学的副院长任副组长（管理学院〔2010〕1 号文）。制定了定期召开就业创业指导课程教学专题会议制度，学院党政联席会议每学期召开 2—3 次专题会议制度。及时解决就业创业指导课程建设过程中遇到的各种问题，在教育教学、师资培养、科研立项、设施建设、经费保障等各方面给予扶持、保障，确保了就业创业指导课程建设相关工作的顺利进行。

就业指导与创业教育教研室认真落实学校学院有关教学管理制度和文件要求，保证了就业创业指导课程建设工作，主要措施有：

——明确岗位职责和试讲制度。自教研室成立之日起，管理学院就先后制定、修订了就业指导与创业教育教研室主任岗位职责、教育创业教育专（兼）职教师岗位职责，明确规定了责任和权利，确保管理工作的规范、明确、有序。按照学校新进教师试讲管理制度，要求每位担任就业创业指导课程教学的老师必须进行试讲，方可进行授课，有效地保证了教学质量。

——教学指导委员会例会制度。学校的教学指导委员会定期举行会议，检查"培养方案""教学大纲""教学计划"等重要教学文件的执行情况，对引进教学资源的质量和教学效果进行评价，这也有效地促进了就业创业指导课程的建设工作。

——坚持教学例会制度。教研室在每学期初，按照学校、学院教学工作例会要求，布置新学期教学工作，检查教师教学工作准备情况、检查教学设施是否完好等，对发现的问题提出改进或处理意见。

——坚持教学督导制度。学校聘请教学经验丰富的专家、教授组成校级督导团，学院成立了院领导、教授组成的院级督导团，每学年对任课教师督导不少于三次。根据校院对就业创业指导教师的督导意见，教研室主任与任课教师交换意见，给予针对性的指导。通过听课、专项检查和专题调研等手段，全面了解、督促并指导教师提高就业创业指导课程的课堂教学质量。

——坚持教学检查制度。学校和学院的各项教学检查也包括了对就业创业指导课程建设的检查。每学期进行的期中教学检查，重点是课堂教学、作业批改、辅导答疑等教学环节以及教学进度和教研活动等情况，学院对期中教学检查中收集到的各类信息进行汇总分析后提出处理意见，并及时向相关教师和学院反馈。每学期期末教学检查一般从考试周开始前持续到学期结束，检查的重点是考试安排、考试监考和巡考安排、课程考核资料的归档等的完成情况等，并进行期末教学总结与评奖，检查结果与教师的年终考核及评优评先挂钩。教学检查中，以召开学生座谈会或以问卷调查等方式收集学生对教学组织和课堂教学等教学环节的意见和建议，整理后反馈给相关的教师和学院，及时进行整改。学生座谈会有效地加强了教师与学生之间的沟通与交流，对提高教学质量起到了重要作用。

——坚持学生评教制度。同其他课程一样，就业创业指导课程也实行学生评教制度，作为教学质量监控的重要手段之一。学校从学生角度出发，确定了包括教学态度、教学方法和教学内容等 10 项评价指标，要求学生对每一位任课教师的授课情况进行综合评价。每学期期末学生对任课教师进行网上评教，待学年结束时汇总出最终成绩。

在就业创业课程教学过程中，相关教师严格执行指定的各种教学管理制度。在历次的学校教学检查中，就业创业类课程未出现任何教学差错和教学事故。

（二）课程设置

按照"课内与课外相结合，理论与实践相结合"的课程建设工作思路，该校在就业创业指导课程设置与建设方面，主要做了以下工作：

一是在学校人才培养方案中明确开设课程。学校在 2012 版人才

培养方案中，将就业创业指导课程作为学生公共必修课程。具体开设
了《职业设计与就业分析》《创业与人生设计》《大学生职业发展与
就业指导》《大学生就业指导与创业教育》《大学生心理健康与创业
心理》《大学生 KAB 创业基础》等 12 门课程，明确要求学生必须修
满 2 个学分，方能毕业。从 2007 年起，学校引进并开设了联合国劳
工组织开发的全球青年创业教育项目"大学生 KAB 创业基础"，成为
国内最早开设该课程的 50 所院校之一。

　　经过近年来的探索和实践，学校将就业创业指导类课程分为就业
创业法律模块、职业生涯和就业指导模块、创业教育模块、伦理与心
理辅导模块四大模块。其中就业创业法律模块开设有《劳动就业法》
《劳动维权实务》《创业法学》和《经济竞争法》四门课程；职业生
涯模块和就业指导模块开设课程有《职业生涯规划与发展》《大学生
就业指导与创业教育》和《大学生职业发展与就业指导》三门课程；
创业教育模块开设有《创业与人生设计》《大学生 KAB 创业基础》和
《新经济创业案例分析》三门课程；伦理与心理辅导模块开设有《大
学生心理健康与创业心理》和《创业与伦理》两门课程，学生可依
据自身的兴趣和个人特点进行课程选择，从而保证课程内容丰富，形
式多样，能够满足学生个性需求。X 大学 2012 版教学大纲就业创业
指导课程开设情况如表 10 - 1 所示。

表 10 - 1　　　X 大学 2012 版就业创业指导课程开设情况一览

序号	课程名称	学分/学时	选学专业	开课学期	开课学院
1	劳动就业法	2/32	各专业	1、2	法学
2	劳动维权实务	2/32	各专业	1、2	法学
3	创业法学	2/32	各专业	1、2	法学
4	经济竞争法	2/32	各专业	1、2	法学
5	职业生涯规划与发展	2/32	各专业	1、2	法学
6	大学生就业指导与创业教育	2/32	各专业	1、2	管理
7	大学生职业发展与就业指导	2/32	各专业	1、2	管理

续表

序号	课程名称	学分/学时	选学专业	开课学期	开课学院
8	创业与人生设计	2/32	各专业	1、2	管理
9	大学生 KAB 创业基础	2/32	各专业	1、2	管理
10	大学生心理健康与创业心理	2/32	各专业	1、2	管理
11	新经济创业案例分析	2/32	各专业	1、2	艺术
12	创业与伦理	2/32	各专业	1、2	马列

二是开办"创业意识培训班"（GYB）。从 2014 年开始，该校聘请洛阳市就业技能培训中心教师，面向毕业生成功举办三期共 16 个班次创业意识培训班，共有 980 名学员免费接受了为期 3 天的培训，目前已有 551 名学员取得了《创业培训合格证》。

三是充分发挥就业创业讲座的引领作用。学校通过开辟"科大论坛""文化大讲堂""成长论坛""就业创业论坛"等阵地，邀请国内外著名专家、学者、企业家、杰出校友等为广大学生特别是高年级学生进行就业创业、生涯规划与职业发展等方面的报告和讲座。2010 年至今，学校举办"科大论坛"80 余期，"文化大讲堂"40 余期、"成长论坛"60 余期、"就业创业论坛"15 期，累计听讲学生达 8 万（余）人次。特别是"洛阳市大学生自主创业先进事迹报告会"（2009 年 10 月）"河南省大学生自主创业和基层就业先进典型报告会"（2010 年 10 月）及"河南省大学生自主创业先进典型巡回报告会"（2013 年 6 月）在学校举行，万余名学生聆听了众多企业家和就业先进的报告，学生反响十分强烈。2014 年以来 X 大学成长论坛举办情况如表 10 - 2 所示。

表 10 - 2　　　2014 年以来 X 大学成长论坛举办情况一览

序号	时　间	主讲人	主讲人简介	题　目
1	2014 年 4 月 4 日	孙立功	电气工程学院副院长	大学生学业规划
2	2014 年 4 月 9 日	张项民	X 大学管理学院党委书记、教授	创新、创业与成才选择

续表

序号	时　间	主讲人	主讲人简介	题　目
3	2014 年 4 月 23 日	侯文邦	X 大学农学院农资研究所所长	大学生职业生涯规划与设计
4	2014 年 4 月 23 日	徐海照	北京钼都国际投资有限公司董事长	创业榜样话成长——与习近平主席访欧之行感悟
5	2014 年 4 月 27 日	李杨民	澳门大学科技学院机电工程系教授	创新实践与大学生成长成才
6	2014 年 5 月 19 日	张项民	X 大学管理学院党委书记、教授	规划职业规划未来
7	2014 年 5 月 28 日	刘溢海	X 大学经济学院院长、教授、经济学博士	学业、产业、就业、创业
8	2014 年 6 月 13 日	张项民	X 大学管理学院党委书记、教授	择业观与就业
9	2014 年 9 月 15 日	孙洪流	南京大学 MBA 兼职教师	创业和就业的人性思考
10	2014 年 10 月 18 日	张鹏坤	河南省公安厅特聘法医学专家	大学生的职业发展与规划
11	2014 年 11 月 19 日	刘溢海	X 大学经济学院院长、教授、经济学博士	学业、产业、就业、创业
12	2014 年 11 月 25 日	田虎伟	X 大学管理学院就业指导与创业教育教研室教授，教育学博士、教授、硕士研究生导师	人职匹配与大学生职业生涯规划
13	2015 年 3 月 23 日	杨玉华	经济学博士、法学硕士、硕士生导师	当代大学生职业生涯规划分析
14	2015 年 4 月 20 日	任小中	X 大学教授、博士、硕士研究生导师	外语·就业·人生

　　四是组织开展各类就业创业竞赛活动，激发学生的参与和竞争意识。如该校在低年级学生中连续组织开展了两届大学生学业发展规划大赛；在高年级中开展了诸如创业计划（"挑战杯"、洛阳市"创富"竞赛、洛阳市高新区创业大赛等）竞赛、"华图杯"全国大学生创业大赛、娃哈哈市场营销大赛等，丰富和提升了学生就业创业理论知识和实践能力。

　　（三）教学文件

　　为保障就业创业指导课程教学的严肃性，学校针对就业创业指导课程体系中开设的 12 门就业创业类课程，均制定了教学大纲、教学进度计划和教学进度表，授课教师均有教案并严格执行《X 大学教学工作规范》《X 大学关于校、院（部）两级教学管理实施意见》《X 大学本科课堂教学规范》等文件要求，所有教学活动严格按照教学计划组织实施。

　　（四）教学评价

　　学校把就业创业指导课程教学效果作为本科教学质量评估的重要内容，要求教师在教学中注重理论联系实际，通过案例式、启发式、和开放式的教学方式，不断增强课程的针对性和实效性，取得了良好的教学效果。通过召开学生座谈会等访谈形式，了解到学生对该类课程开设过程中的教学方式、教学语言、教学内容、师资水平等方面的满意度非常高，学校就业创业指导课程的教学督导、学生评教成绩均高于学校课程平均成绩。特别是张项民教授、田虎伟教授开设的课程得到了学生的一致好评，学生认为，张老师、田老师的课程深入浅出，通过课程学习是学生更新了观念，转变了思路，树立了信心。

　　（五）教材使用

　　在就业创业指导课程教材使用方面，严格按照学校规定，引导任课教师使用全国或全省统编教材、全国教育规划教材、全国高校或河南省高校获奖教材等，同时还在就业创业指导课程中参考使用了 X 大学多名教师联合编写出版的我国第一套创业学系列丛书《大学生创业》《创业哲学》《创业伦理学》《创业心理学》《创业经济学》等 10 部教材（见表 10 - 3），深受学生欢迎。

表 10 – 3 就业创业课程教材使用情况一览

序号	教材名称	教材性质
1	大学生职业发展教育导论	高等院校"十一五"规划教材
2	大学生创业教育	河南省高等学校"十二五"规划教材
3	大学生就业与创业指导	"十二五"规划教材
4	大学生职业生涯与发展规划	"十二五"规划教材
5	大学生 KAB 创业基础	共青团中央、全国青联与国际劳工组织合作开展的大学生创业教育项目成果
6	创业哲学	学校自编教材
7	创业伦理学	学校自编教材
8	创业心理学	学校自编教材
9	创业经济学	学校自编教材
10	创业管理学	学校自编教材
11	创业环境学	学校自编教材
12	创业人才学	学校自编教材
13	创业法学	学校自编教材
14	创业实务	学校自编教材
15	大学生创业	学校自编教材

（六）教学资源

学校始终把改善教学条件摆在各项基本建设的首位。学校为就业创业指导课程教学提供了多媒体教室、实验室等，各项设施配备完善，功能先进，能够满足教学的需要。X 大学是河南省首批数字化校园示范单位，校园网建设水平高，运行良好，网上教学资源丰富，对就业创业教学发挥了重要作用。

学校在校园网上开通了"弘毅职前软实力培训平台"、就业数字图书馆和创业数字图书馆，通过网络学习，学生可以了解大量就业创业相关的相关法规、职业测试、就业指导、创业实训等多个功能模块的网络测试与辅导，学生可依据自身兴趣和需求选择性地进行学习和接受指导，上述网站开通后，学生月访问量达到了 16000 余人次，受到了学生的一致好评。

（七）实践教学

为了进一步提高学生的实践动手能力和创新能力，鼓励学生积极参加课外素质教育活动，促进学生个性化发展和综合素质提高，营造重视实践创新的氛围，学校在 2007 年就推出了素质教育学分，并在 2012 年度教学大纲修订时，规定学生必须取得 4 个课外素质教育学分，方准予毕业。

学生可通过参加大学生研究训练计划、"挑战杯"大学生创业计划竞赛、"挑战杯"大学生课外学术科技作品竞赛、创业大赛等各级各类科技竞赛活动来申请素质教育学分。

三 队伍建设

学校高度重视就业指导、创业教育课程专、兼职师资队伍建设工作。目前，已初步形成了一支热爱大学生就业创业教育教学与科研工作、具有良好的思想品德和职业道德、具有较强的责任意识和敬业精神的专兼职师资队伍。

（一）教师选配

1. 学科带头人情况简介

近年来，学校在加强就业创业指导课教师队伍建设的过程中，确定了三名学科带头人，分别是张项民教授、席升阳教授和田虎伟教授。

张项民：男，教授、硕士生导师，X 大学管理学院党委书记，河南省就业促进会专家委员会委员。主编《创业人才学》《创业教育与专业教育耦合研究》《职业生涯管理》等著作教材 14 部；参加国家级项目 6 项，主持教育部等省部级项目 10 余项，获得河南省教学研究成果特等奖 1 项，河南省优秀社会科学成果二等奖 1 项，河南省政府发展研究奖二等奖 1 项；在《光明日报》《中国高等教育》等报刊发表创业就业方面论文 40 余篇。研究方向：创业教育与创业管理、就业与职业生涯规划。

席升阳：男，教授、博士、硕士生导师，X 大学管理学院前任院长。1999 年在美国维特堡大学做访问学者，曾获河南省优秀教师、河南省文明教师和洛阳市优秀专家等称号。完成国家级课题 3 项，其中主持人 1 项、参加人 2 项；省部级课题 12 项，其中主持人 7 项。在各级报纸、杂志上发表文章 130 余篇，其中，独著 80 余篇、核心期刊 30 余篇。主编、参编著作 16 部，代表性的有：第一主编"中国创业学"系列丛书，分别是：《创业哲学》《创业伦理学》《创业心理学》《创业经济学》《创业管理学》《创业环境学》《创业人才学》《创业法学》《创业实务》《大学生创业》；独著《我国大学创业教育的观念、理念与实践》。获省级教学成果特等奖 1 项、一等奖 1 项、三等奖 2 项。研究方向主要是创新与创业管理、管理方法论、人力资源管理、团队再造与企业动态能力提升。

田虎伟：男，教育学博士、教授、硕士生导师，现为管理学院就业指导与创业教育教研室教授，河南省社会科学规划项目评审专家、河南省教育科学规划项目鉴定专家。先后在著名期刊发表学术论文 4 篇，在 CSSCI 源刊发表论文 13 篇，其他期刊发表论文 30 多篇；其中，5 篇论文被《高等学校文科学术文摘》、人大复印资料《教育学》《高教文摘》等转载。出版学术著作 3 部、教材 2 部。先后主持和参与完成全国教育科学规划课题、教育部人文社会科学研究项目、河南省社会科学规划项目、河南省软科学项目、河南省教育科学规划项目等 20 项，获得河南省科技进步奖二等奖 1 项，河南省优秀社会科学三等奖 1 项，教育厅一等奖 6 项。研究领域和方向：高等教育经济与管理、战略管理、人力资源管理。

2. 专兼职教师队伍情况

学校现有就业创业指导课专任教师 5 人，其中教授 2 人，讲师 3 人。兼职教师 38 人，具体情况见表 10 - 4 至表 10 - 6。

表 10 - 4　　　　　　　　专职教师情况一览

序号	姓名	年龄	职称	学历	研究方向
1	张项民	51	教授	研究生	创业教育与创业管理
2	田虎伟	47	教授	研究生	高等教育
3	侯新生	40	讲师	研究生	创业管理
4	赵锡凤	51	讲师	研究生	创业与人生设计
5	杨　洋	36	讲师	研究生	创业与人生设计

表 10－5 兼职教师情况一览

序号	姓名	年龄	职称	学历	研究方向
1	魏世梅	49	教授	研究生	马克思主义哲学、创业管理
2	韩红	46	教授	研究生	信息管理、创业管理
3	席升阳	60	教授	研究生	创新与创业管理
4	王冰峰	45	讲师	研究生	就业指导
5	高国庆	48	副教授	研究生	就业指导
6	徐家宁	38	讲师	研究生	创业与人生设计
7	张怡帆	35	讲师	研究生	创业与人生设计
8	陈建锋	34	讲师	研究生	创业与人生设计
9	崔自立	51	副教授	研究生	创业法学
10	郭新宝	44	副教授	研究生	创业与创业学
11	曹昂	31	助教	研究生	创业与人生设计
12	周文博	30	助教	研究生	创业与人生设计
13	罗晴	32	讲师	研究生	心理学、法学
14	郭辉辉	32	讲师	研究生	职业规划
15	赵秋艳	35	讲师	研究生	职业规划
16	朱丹辉	35	助教	研究生	就业辅导、创业管理
17	魏倩倩	31	讲师	研究生	就业辅导、创业管理
18	王晓丽	34	讲师	研究生	就业辅导、创业管理
19	苏芳芳	31	助教	研究生	就业辅导、创业管理
20	孙旭	37	讲师	研究生	就业辅导、创业管理
21	孔蓓蓓	32	讲师	研究生	就业辅导、创业管理
22	张琳	34	助教	研究生	就业辅导、创业管理
23	关杨	33	讲师	研究生	就业辅导、创业管理
24	李跃辉	40	讲师	研究生	就业辅导、创业管理
25	曹为平	51	工程师	研究生	就业辅导、创业管理
26	张小花	36	助教	研究生	就业辅导、创业管理
27	李莲	34	讲师	研究生	就业辅导、创业管理
28	于华	43	副教授	研究生	就业辅导、创业管理
29	张晓玲	35	讲师	研究生	就业辅导、创业管理
30	吕红莉	42	讲师	本科	创业教育、项目指导
31	董天有	38	讲师	专科	创业教育、项目指导
32	马敏	45	讲师	研究生	创业教育、项目指导
33	刘建设	37	讲师	研究生	创业教育、项目指导

续表

序号	姓名	年龄	职称	学历	研究方向
34	张　杰	35	董事长	研究生	创业指导
35	张继卫	37	董事长	研究生	创业指导
36	年永安	51	董事长	大专	创业指导
37	孟亚俭	43	总经理	研究生	创业指导

表 10-6　　　　　　　　　专兼职教师队伍情况一览

职称结构	人数	比例（%）	年龄结构	人数	比例（%）
教授	5	11.9	50 岁以上	6	14.3
副教授	4	9.5	40—50 岁	12	28.6
讲师及以下	33	78.6	30—40 岁	24	57.1

（二）培养培训

1. 教师培训情况

为了提高大学生就业创业指导课教师素质，学校组织教师参加业务素质培训和岗位培训。2010 年以来，全校大学生就业创业指导课专兼职教师共有 40 多人次参加了相关培训并获得培训合格证（见表 10-7）。

表 10-7　　　　　　　　师资培训情况一览

序号	姓名	培训内容	培训时间	举办单位	证书编号
1	高国庆	创业指导师	2014 年 5 月	全国高等学校学生信息咨询与就业指导中心	E016471405
		高校职业生涯规划培训	2014 年 9 月	北森（生涯）教育科技有限公司认证中心	结业
2	李　莲	创业指导师	2014 年 5 月	全国高校学生信息咨询与就业指导中心	E016461405
3	王冰峰	高校职业生涯规划培训 TTT 培训	2014 年 9 月	北森（生涯）教育科技有限公司认证中心	优秀学员

续表

序号	姓名	培训内容	培训时间	举办单位	证书编号
4	郭彦伟	高校职业生涯规划培训	2014年9月	北森（生涯）教育科技有限公司认证中心	结业
5	张琳	创业指导师	2014年12月	全国高校学生信息咨询与就业指导中心	E023321411
		高校职业生涯规划培训	2014年9月	北森（生涯）教育科技有限公司认证中心	结业
6	张小花	高校职业生涯规划培训	2014年9月	北森（生涯）教育科技有限公司认证中心	结业
7	张仲豪	高校职业生涯规划培训	2014年9月	北森（生涯）教育科技有限公司认证中心	结业
8	许惠	高校职业生涯规划培训	2014年9月	北森（生涯）教育科技有限公司认证中心	结业
9	关杨	高校职业生涯规划培训	2014年9月	北森（生涯）教育科技有限公司认证中心	结业
10	苏芳芳	高校职业生涯规划培训	2014年9月	北森（生涯）教育科技有限公司认证中心	结业
11	张小玲	创业指导师	2014年10月	全国高等学校学生信息咨询与就业指导中心	E023321411
12	韩红	创业导师（初级）	2014年5月	河南省教育厅	结业
13	徐家宁	创业导师（初级）	2014年5月	河南省教育厅	结业
14	张项民	SIYB初级培训	2013年12月	河南省教育厅、人社厅	结业
		SIYB高级培训	2014年4月	河南省教育厅、人社厅	结业
15	韩德超	创新方法师资培训	2011年7月	河南省科技厅	结业
16	汪莉	创新方法师资培训	2011年7月	河南省科技厅	结业
17	赵锡凤	就业指导课程师资培训	2012年4月	河南省教育厅	结业

续表

序号	姓名	培训内容	培训时间	举办单位	证书编号
18	侯新生	就业指导课程师资培训	2011年9月	河南省教育厅	结业
19	田虎伟	就业指导课程师资培训	2010年5月	河南省教育厅	结业
20	郭辉辉	GCDF职业规划师培训	2015年1月	人社厅	结业

2. 社会实践和学习考察情况

学校一直重视就业创业指导教师社会实践活动工作的开展，鼓励教师带领学生参加各类社会实践，鼓励并组织相关教师进行学习考察活动，2010—2015年，学校共有40多人次参加此类活动，使他们开阔了视野，拓展了思路，为大学生就业创业和企业创新创业提供了实践指导。

张项民教授于2013年6月做客洛阳电视台，做了创业与就业的专题节目；2011年10月在芬兰坦佩雷举行的第二届中芬高等教育国际论坛上作了题为《创业型经济与人才理念创新》的主题发言；2012年9月7日，在河南省创业人才发展高层论坛上，作了主题为《草根创业、人才创业与创业河南》交流发言，为创业和创业者提供了许多具有指导意义和可操作性的理论方法和意见建议。张项民教授、田虎伟教授多次在学校的成长论坛上，为大学生做有关创业、职业生涯规划、就业、择业等为主题的讲座，为大学生树立正确的择业观、职业生涯规划、创业引导提供了指导。

张项民教授多次指导学校KAB俱乐部活动，教授学生有关企业的基本知识和创业的技能，帮助学生树立对创业信心，提高创业意识，了解创业知识，培养有创新精神和创业能力的青年人才。

席升阳、张项民主持的"河南省创新型产业聚集区创新方法（TRIZ理论）示范推广工程"等科技部课题，成立了TRIZ培训队伍，为洛阳市多家企业先后开展了 20 多场培训，使企业掌握了 TRIZ 方法，有力提升了企业创新能力。邓国取教授作为洛阳市工商联创业指导教师，参加了 30 多家企业创业活动，郭献强副教授一直参与洛阳市互联网创业众筹活动。

就业创业指导教师多次对大学生的创业实践进行点评和指导，帮助他们查找问题，提出建议。比如对梁梦华创办的生煎包连锁店的创业指导、对邵强创办的家装公司的专家点评、对韦英群创办的生活器皿公司的专家点评、对崔洛明创办的线上线下手机店进行的创业指导等，取得了很好的效果，在社会上引起很好的反响，在洛阳日报、洛阳新闻网、中国新闻网都有所报道。

2014 年 11 月，李友军副校长带领有关人员共 6 人到中南大学、深圳大学、厦门大学考察创业教育与创业孵化器工作，学习其他院校的相关经验，大大开阔了教师的视野，为学校的创业教育工作的开展提供了有益的帮助，将会有力地推动和强化该校的工作进程和实际效果。

（三）职务评聘

目前，虽然学校尚未开展高校教师就业指导专业职称评定工作，但学校在每年的职称评定中，同等条件下向从事大学生就业创业指导的教师进行倾斜。现有专职就业创业指导课专任教师中，教授占 40%。

（四）表彰评优

学校每年在评优表彰工作中，均能对就业创业指导课教师进行适当倾斜，优先考虑。学校从 2009 年起还专门设立《毕业生就业工作先进学院和先进个人》评奖活动，该奖项每年评定一次，对每年为学校大学生就业创业工作做出突出贡献的先进学院和个人进行表彰奖励。

四 教育教学成果

（一）教学改革创新项目及科研成果

20 世纪 90 年代，X 大学在国内高校较早开展就业创业教育教学研究，经过 20 多年的积淀，累积了较丰富的就业创业教育教学研究成果。近五年来，主持国家社科基金 1 项、国家科技部科技专项 2

项、教育部课题 1 项、省级课题 3 项、地厅级（含校级）课题 15 项；
获得省高等教育教学成果一等奖和二等奖各 1 项、河南省科技厅科技
进步二等奖和河南省优秀社科成果二等奖各 1 项、地厅级（含校级）
奖 3 项；出版专著 2 部；发表论文 13 篇（见表 10 - 8 至表 10 - 11）。

表 10 - 8　　　　2010—2015 年该校教师主持的研究课题一览

序号	项目名称	项目来源	立项时间	科研经费（万元）	负责人
1	中国创业学学科体系与创业教育科学性问题研究	国家社会科学基金	2010 年 8 月	12	席升阳
2	河南省创新型产业聚集区创新方法（TRIZ 理论）示范推广工程	国家科技部	2013 年 1 月	10	席升阳
3	河南省创新方法河南科技大学培训基地建设	国家科技部	2013 年 1 月	3.0	席升阳
4	创业教育与专业教育耦合、联动与促进问题研究	教育部人文社会科学项目	2010 年 10 月	7.2	张项民
5	基于学情调查的本科生学习效果评估体系研究	河南省高等教育教学改革项目	2014 年 7 月	5	陈跃
6	地方高校大学生学习投入和满意度的实证研究	河南省教育科学"十二五"规划课题	2014 年 6 月	0.3	陈跃
7	促进大学生创业的法律建构与效度问题研究	河南省大中专毕业生就业创业研究课题	2011 年 5 月		张项民
8	中外合作办学模式下大学生职业生涯规划教育研究	河南省大中专毕业生就业创业研究课题	2011 年 5 月		张平祥
9	大学生弱势群体就业对策与实践	河南省大中专毕业生就业创业研究课题	2011 年 5 月		易军鹏
10	困难家庭毕业生就业援助体系研究	河南省大中专毕业生就业创业研究课题	2011 年 5 月		张宏山
11	中原经济区建设与毕业生就业关系研究	河南省大中专毕业生就业创业研究课题	2012 年 5 月		张　静

续表

序号	项目名称	项目来源	立项时间	科研经费（万元）	负责人
12	地方综合性大学研究生就业指导服务体系构建研究	河南省大中专毕业生就业创业研究课题	2012 年 5 月		程 才
13	河南省高等教育与社会就业能力正相关关系研究	河南省社科联调研课题	2014 年 5 月		赵锡凤
14	中原经济区建设与毕业生就业关系研究	河南省社科联调研课题	2015 年 5 月		张 静
15	地方综合性大学研究生就业指导服务体系构建研究	河南省社科联调研课题	2014 年 5 月		程 才
16	促进大学生创业的法律建构与效度问题研究	河南省社科联调研课题	2014 年 5 月		张项民
17	中外合作办学模式下大学生职业生涯规划教育研究	河南省社科联调研课题	2014 年 5 月		张平祥
18	大学生弱势群体就业对策与实践	河南省社科联调研课题	2013 年 5 月		易军鹏
19	困难家庭毕业生就业援助体系研究	河南省社科联调研课题	2011 年 8 月		张宏山
20	基于学生满意度的人才培养质量研究	X 大学教育教学改革项目	2013 年 12 月	0.3	宋书中
21	X 大学本科生学习投入对学习收获的实证研究——基于学情调查数据的分析	X 大学 2013 年度教育教学改革项目	2013 年 12 月	1.5	陈 跃
22	基于学情调查的本科生学习效果评估体系研究	X 大学 2014 年度重大教育教学改革项目	2014 年 12 月	1.5	陈 跃

表 10 - 9　　　　2010—2015 年该校教师获奖情况一览

序号	项目名称	获奖类别名称	等 级	负责人	获奖时间
1	将大学生就业培训和职业规划纳入课程体系的探索与实践	河南省高等教育教学成果	一等奖	田子俊	2013 年 4 月
2	综合性高校大学生实践与创新能力培养体系的研究与实践	河南省高等教育教学成果	二等奖	刘春峰	2013 年 4 月

续表

序号	项目名称	获奖类别名称	等级	负责人	获奖时间
3	创业教育与专业教育耦合研究	河南省优秀社科成果	二等奖	张项民	2014 年 7 月
4	深化创业教育、创建可持续发展实验教学模式	X 大学教学成果	一等奖	朱文学	2011 年 10 月
5	创业型大学视阈下的大学生心理健康教育模式研究	河南省社科联	二等奖	赵锡凤	2011 年 4 月
6	困难家庭毕业生就业援助体系研究	河南省大中专毕业生就业创业研究优秀成果奖课题	三等奖	张宏山	2012 年 5 月

表 10 – 10　　　　2010—2015 年该校教师出版专著情况一览

序号	作者	著作名称	出版时间
1	郭新宝	中国创业教育体系的构建问题研究	2014 年 9 月
2	张项民	创业教育与专业教育耦合研究	2013 年 11 月

表 10 – 11　　　　2010—2015 年该校教师发表论文情况一览

序号	作者	论文名称	期刊名称	出版时间
1	张项民	商业模式决定创业出路	中国人才	2012 年 7 月 15 日
2	张项民	好的创业团队从哪里来	中国人才 – 转业军官	2012 年 6 月 15 日
3	张项民	创业的路径选择	中国人才	2012 年 5 月 15 日
4	张项民	好项目等于成功了一半	中国人才	2012 年 2 月 15 日
5	张项民	创业从商业计划书开始	中国人才	2012 年 3 月 15 日
6	张项民	创业中的财务管理	中国人才	2012 年 8 月 15 日
7	田虎伟	大学生创业机会识别能力的培育	黄河科技大学学报	2011 年 9 月 1 日
8	田虎伟	论增进实践性学识的高等教育研究方法	扬州大学学报高教研究版	2013 年 8 月 30 日
9	郭新宝	创业者的三维创业资本研究	西北农林科技大学学报（社会科学版）	2014 年 1 月 1 日

续表

序号	作者	论文名称	期刊名称	出版时间
10	郭新宝	创业教育对建立创新型国家的作用及政府推动	科技进步与对策	2012 年 9 月 1 日
11	王 丽	河南省大学生网上创业现状调查及对策研究	河南科技	2012 年 11 月 15 日
12	刘先红	创业教育实验教学的改革与实践	科技创业月刊	2012 年 10 月 1 日
13	王运玲	智能交通系统课程融入创新创业教育改革探讨	中国教育技术装备	2012 年 1 月 1 日

（二）教育教学成果特色及影响

X 大学经过 20 多年的就业创业教育教学理论探索，积累了丰富的就业创业教育教学科研成果，形成了自身特色。许多成果在就业创业教育教学实践中得到了广泛的应用，取得了良好的效果，获得了有关部门的高度认可，产生了广泛的社会影响。

1. 就业创业教育教学理论逐渐科学化和系统化，特色明显

（1）首次提出了"中国创业学学科体系"。2003 年 X 大学开始创建"中国创业学学科体系"的尝试，2005 年出版了我国第一套"中国创业学"系列丛书，丛书包含《创业精神学》《创业知识论》和《创业行为学》三大板块，共计 280 万字的《创业哲学》《创业伦理学》《创业心理学》《创业经济学》《创业管理学》《创业环境学》《创业人才学》《创业法学》《创业实务》和《大学生创业》10 本书。本系列丛书以创业过程为主线，全面系统、深入浅出地阐述创业实践中面临的主要问题与解决方案，并辅以大量中国的和外国的案例。由此奠定了 X 大学在国内创业学学科体系研究领域的地位，产生了广泛的影响。

（2）积极探索我国大学创业教育体系。我国大学创业教育体系是我国创业教育理论界长期探索的热点和难点问题，直接影响着我国大学创业教育的开展。X 大学在国内较早系统地开展我国大学创业教育

体系研究，提出并逐渐形成了自身特色的我国大学创业教育体系。

2008 年，席升阳教授出版了《我国大学创业教育的观念、理念与实践》，探讨了大学创业型人才培养的目标与方式、课程与实践、保障与评价和研究型、教学型、职业教育型大学推进创业教育所应选择的模式；并站在社会与大学转型的角度，对我国大学开展创业教育进行功能分析与价值评价，提出了促使中国大学向创业型大学发展的建议。2010 年，席升阳教授申报的"中国创业学学科体系与创业教育科学性问题研究"项目荣获 2010 年度国家社会科学基金立项资助。2014 年，郭新宝副教授出版了《中国创业教育体系的构建问题研究》，系统研究了大学创业教育的科学性，合理构建了中国创业教育体系，对有效推进中国大学创业教育的开展，具有重要的理论和实践意义。

（3）系统地提出了创业教育与专业教育耦合模式。2010 年以来，通过张项民教授主持教育部人文社会科学项目"创业教育与专业教育耦合、联动与促进问题研究"等课题，从创业教育实践中的问题开始，立足于当前经济发展尤其是产业发展的大背景，运用教育学、管理学、经济学等理论，梳理了国内外专业教育和创业教育发展与演进的脉络，构建了专业教育与创业教育耦合与联动的模型，提出了课程推进型、专业实践式、项目参与式和产学研合作式的创业教育与专业教育融合的运作模式或实施路径，并在实践中得到了 7 个个案研究进一步印证和深化研究成果。

2. 以理论研究指导和推动就业创业教育实践探索，成果丰硕

X 大学在做好就业创业教育教学理论研究的同时，更加重视理论与实践相结合，在校内外开展了大量的就业创业教育实践探索，成果丰硕。

（1）强化大学生就业创业实践活动。X 大学积极搭建大学生就业创业平台，为大学生就业创业实践提供了有力的支撑。1992 年，X 大学成立大学生创业中心；2010 年 12 月，X 大学、洛阳市涧西区人民政府共建大学生创新创业基地暨信息产业孵化基地成立；2010 年 5 月，X 大学大学生 KAB 创业俱乐部成立；2014 年 12 月，经校长办公

会研究决定，开始启动"机械设计及方程式赛车大学生创新实践平台"等20个大学生创新实践平台建设。

X大学开展了丰富多样的大学生就业创业实践探索，主要包括：①竞赛活动。主要有大学生创业计划（"挑战杯"、洛阳市"创富"竞赛、洛阳市高新区创业大赛等）竞赛、中国大学生铸造工艺设计大赛、全国大学生"飞思卡尔杯"智能汽车竞赛、"华图杯"全国大学生创业大赛、娃哈哈市场营销大赛等。2010—2015年，X大学在就业创业各类大学生竞争中，获得佳绩，成绩突出，累计获得各类奖励总计1000多项。②创业实践活动。X大学鼓励在校大学生积极开展创业实践活动，为创业大学生提供专业指导和帮助，涌现出了一批在校大学生创业的典型。金涛、马铭智、张伟林都是河科大电子商务专业的大四学生，早在大二时，他们就开始尝试利用所学创业知识，开网店做生意。2014年的"双12"，他们在网上用一天时间卖了近300件货物，销售额近6万元。两年多的时间，从最初的"单枪匹马"到现在的"最强三人团队"，从最初的月营业额1万元到现在的月营业额20万元，成功摸索出了一条电子商务专业在校大学生的创业之路。

X大学的毕业生由于在校接受了比较系统的创业教育，为他们日后成功创业打下了坚实的基础。例如李磊同学，他是X大学2008级学生，2012年毕业后从事英语培训机构，创办英语口语培训学校，目前洛阳市开设4个分校。此外，X大学涌现出了像广州金逸服饰有限公司总经理王立章、广东中资国际投资执行董事陈炎斌、广州科泓金属制品有限公司董事长付山泓、山东省鱼台县委史晓庆等一大批创富精英。

（2）做好就业创业社会服务实践工作。通过主持"河南省创新型产业聚集区创新方法（TRIZ理论）示范推广工程"等科技部课题，成立了以张项民、郭凯、韩德超和汪莉为主的TRIZ培训队伍，建立了6家TRIZ培训基地，先后在洛阳隆华传热节能股份有限公司、洛阳市黄河软轴控制器股份有限公司等企业先后开展了20多期培训，使企业掌握了TRIZ方法，有力提升了企业创新能力。

张项民教授先后20多次参加洛阳市电视台就业创业专题活动和

洛阳日报社"创富"点评，邓国取教授作为洛阳市工商联创业指导教师，参加了30多家企业创业活动，郭献强副教授一直参与洛阳市互联网创业众筹活动。

3. 成果被业界认可，影响广泛

X大学首次提出了"中国创业学学科体系"，出版了10本创业学系列丛书，得到了国内同行专家的高度认可，成为我国现行创业学学科体系的范本。

X大学对我国高校创业教育体系进行了系统研究，提出了研究型、教学型、职业教育型大学推进创业教育模式，在2011年中国高等教育学会创新创业教育分会年会做了主题发言，获得与会专家的高度认可。

张项民教授通过主持《创业教育与专业教育耦合、联动与促进问题研究》教育部人文社科项目，提出了课程推进型、专业实践式、项目参与式和产学研合作式的创业教育与专业教育融合的运作模式，在国内外多所高校得到应用，获得2014年河南省优秀社科成果二等奖。

2008年1月，X大学被全国青联、团中央中国光华科技基金会授予"全国创业教育示范高校"称号；2008年12月，X大学校团委被全国青联等授予"2008年度全国青年创业教育先进集体"称号；2009年5月，X大学被确定为"河南省大学生创业教育示范学校"；2010年、2011年获团中央等"全国青年就业创业教育先进集体"；2012年12月X大学被评为"全国高校创业教育研究与实践先进单位"，张赞平教授、张项民教授荣获"全国高等学校创业教育先进个人"称号。

《人民日报》《中国青年报》《中国教育报》等媒体从不同方面予以50余篇的报道。其中"创业人才"的研究在《光明日报》等72家媒体以"新世纪人才新理念：创业人才学创业浪潮造新宠"为题进行报道与转载，在社会产生较大影响。

张赞平教授、席升阳教授、张项民教授等专家20余次应邀在教育部、科技部、河南省科技厅、河南省团中央等部门主办的会议上作报告和经验推广。2012年12月，在中国高等教育学会创新创业教育分会上，张赞平教授、张项民教授介绍了该校《积极构建三位一体创业教育体系，努力培养学生创新创业能力》的工作经验，受到学会和与会代表的认可。2012 年 9 月河南省创业人才发展高层论坛暨工作推进会在郑州举行，张项民教授应邀参会并作了主题为《草根创业、人才创业与创业河南》交流发言，为创业和创业者提供了许多具有指导意义和可操作性的理论方法和意见建议。2012 年 7 月，河南省高校就业指导课程及教材建设工作研讨会在信阳召开，会上，学校招生就业处副处长王冰峰以《积极实施三位一体创业教育，努力培养学生创新精神和创业能力》为题作了典型发言，介绍了学校在大学生创业教育、创业研究、创新和就业实践等方面的做法、成效和经验。受到了来自河南省 100 多所高校领导老师的好评。

第三节　X 大学就业创业指导课程建设存在的问题及改进建议

一　存在问题

（1）专职教师少，师资力量不足。该校目前创业就业类课程共有 5 名专职教师，专职教师力量明显不足。

（2）学时学分设置安排尚不能完全满足教育部和省教育厅的相关文件要求。根据教育部办公厅《大学生职业发展与就业指导课程教学要求》（教高厅〔2007〕7 号），各高校就业指导课程不少于 38 学时；根据《普通本科院校创业教育教学基本要求》（教高厅〔2012〕4 号），全各高校要开展创业教育，并将其纳入教学计划，不少于 32 学时，不低于 2 学分。目前，该校把就业与创业类课程合并在一起，将其纳入教学计划，合计 32 学时，2 个学分。

（3）按照该校本科培养方案，目前开设的就业创业课程共有 11 门，学生可依据自身情况选择其中之一并修完取得学分，即完成培养要求。尚未按照低年级学生开设职业生涯规划，高年级学生开设就业指导的要求进行安排课程。

（4）在课程教学中，由于面对不同专业的学生，在教学与实践的方式方法上不能满足不同专业学生的需求，该校目前有理、工、农、医等11大学科门类、90个本科专业，而开设的就业创业类课程教学内容相对比较单一，未能够考虑学生的专业特点，突出不同专业的差异性。

二　原因分析

（1）目前学校担任就业创业教育课程的任课老师，专职教师仅有5人，兼职教师37人，科班出身的教师甚少；且兼职老师多为行政或各学院辅导员。由于目前高校并没有对口的相关专业，无法招聘到新老师来充实专职教师队伍，而该校目前的教师中其所学专业和研究方向与就业创业有一定差异，培养专职的就业创业类教师尚需一段时间。目前学校每年学习就业创业指导类课程的学生达9000余人，覆盖4个校区，师生比超过1∶200。

（2）目前该校所执行的学生培养方案为2012版，其撰写、审核、定稿截止时间为2011年，所以，仅依据教高厅〔2007〕7号《大学生职业发展与就业指导课程教学要求》的规定，将就业指导课程纳入学生培养方案，并根据学生的需求，在讲授的同时，增加了创业的相关内容，未满足2012年下发的《普通本科院校创业教育教学基本要求》，将创业类课程单列。

（3）在2012版人才培养方案制定过程中，由于对该类课程的学生需求了解不足，对其重要性认识不够，仅仅是按照教育部和省厅文件精神，将就业创业类课程纳入了公共必修课程，目前开设的就业创业类课程仅按照通识教育进行授课，对于如何依据学生不同年级的特点，有效开展就业创业指导与教学工作研究不够。

三　意见和建议

（一）加强就业创业指导课程师资队伍建设

教师是教学的主体。高素质的师资队伍是提升就业创业指导课程质量的重要保证。今后学校将继续聘请拥有教育学、心理学、思想政治教育、社会学、管理学等学科背景并具有相关工作经验的教师担任就业指导课程授课教师。通过选派就业创业指导课程教师参加国家级、省级就业创业培训班，鼓励他们获取全球职业规划师、国家高级职业指导师、职业指导师、就业指导师、创业指导师、心理咨询师等专业资格证书，努力提高师资水平。

举办课程培训班、教学技能比赛、教学观摩等活动，不断增强就业指导课程教师的业务素质。同时，加强与校外专家的联系，建立专家库，成立就业创业指导顾问团。聘请相关行业的成功人士、人力资源主管等来校授课，提高教学管理。努力建设一支结构合理、相对稳定、专兼结合、高素质、专业化的师资队伍。

（二）认真落实文件要求，规范就业创业课程设置

该校计划制订 2016 版人才培养方案是：力争增加就业创业类课程的学分，将就业指导和创业类课程分开单列，均纳入公共必修课程中，设置 4 个学分。在全校范围内，结合不同年级、专业学生的特点，有针对性地开展就业创业指导课程的教育教学工作，不断提高教学质量。

（三）结合课程特点，不断更新教学内容、改进教学方法，提高教学管理

1. 教学方法是否得当，在很大程度上影响着课程的授课效果

在教学方法上，高校应遵循理论联系实际、因材施教的原则，通过课堂讲授、观看视频、案例分析、情景模拟、分组讨论、角色扮演等方法，以讲授与训练相结合的方式进行，改革传统教学模式，强化实践操作环节，突出就业技能培养，力求从宏观与微观、理论与实践、知识与能力相结合的层面上，对就业相关知识、技能进行阐释、介绍和训练，增强就业指导课程的针对性和实效性。在教学手段上，高校应利用网络等媒介，使用多媒体教学，制作内容丰富、图文并茂的课件，增加课程的形象性与趣味性，吸引学生的注意力，提高学生的学习兴趣。在教学过程中，教师应尊重学生的主体地位，充分考虑学生需求，发挥学生的积极性和创造性，加强与学生的互动，通过发言、讨论、点评等形式，帮助学生掌握就业技巧，从而提高教学效果。同时，积极拓展就业指导第二课堂，引导学生到招聘会现场参加应聘，到用人单位进行实习见习，使学生深刻感受就业氛围，增强就

业的紧迫感和危机感，变被动就业为主动就业。

2. 教学内容上，对理工类、人文类和经管类学生的不同需求差异进行分析，引导学生根据专业差别选择更合适自身专业特点的就业创业指导课程，来提升自身就业创业能力

针对理工类学生在课程教学中加强其技术能力、管理能力和企业家能力的就业创业培养，课外内容可考虑技术创业、风险投资、企业家精神等内容；针对人文类学生在课程中适当开设创业技能课程，以弥补人文类大学生创业技能知识方面的不足，课外素质教育可考虑增加参观企业、访问消费者，创业计划大赛等内容；针对经管类学生可结合 KAB 创业教育，侧重学生创业意识培养，评估创业者潜力、识别创业者特征、领导力、决策力、风险承担等内容。

下篇 学院发展战略

大学是学科和事业单位组成的矩阵。学科在大学的主要表现形式和组织方式是学院。大学的学术活动基本上由学院来完成,大学内各个学院的发展状况直接决定了大学整体实力的强弱。高校实施战略管理既是当今高等教育管理的一种管理理念,也是政府实施对高等教育宏观管理的要求;高校战略管理始于高校发展战略规划,而高校战略规划应该是一个自下而上与自上而下的多次反复的过程,学院战略规划成为整个大学战略规划的基础和重要组成部分,学院发展战略是否有效实施直接关系到大学发展战略的成败。

制定学院发展战略是制定高校发展战略的必然要求,是学院科学发展的必然要求。高校战略管理理论是学院发展战略的基础理论。学院发展战略与高校发展战略相比具有五个方面的不同点:主题相对集中、常常受到所在高校发展战略的制约、所选择参照系的单位层次不同、其重点与特色可以与高校发展战略的重点和特色没有关联等。制定学院发展战略一般要经过意识、调研、草案、咨询和决策五个阶段。

学院战略实施涉及战略规划编制、战略实施中的战略宣传、领导力、制度、资源和环境等多种因素匹配和支持。需要采取如下措施,以促进学院战略实施:加强战略领导,推进战略管理;分解目标、任务,进行责任分担;优化资源配置,保证战略重点;完善制度设计,加强战略评估等。

在理论探讨的基础上,以 X 大学农学院 2003 年制订的《全面整合 重点突破 主动出击 应对挑战 X 大学农学院振兴行动计划——"1441" 振兴工程》以下简称(《"1441" 振兴工程》)中长期发展战略规划及其实施 10 年的成效为例,对学院发展战略理论进行了验证。

第十一章　地方性大学学院发展战略概述

第一节　研究背景

战略管理是指组织为了长期的生存和发展，在充分分析组织外部环境和内部条件的基础上，确定和选择组织战略目标，并针对目标的落实和实现进行谋划，进而依靠组织内部力量将这种谋划和决策付诸实施，以及在实施过程中进行评估与控制的一个动态管理过程。战略管理的实质是使组织能够适应、利用环境的变化，提高组织整体的优化程度，注重组织长期、稳定的发展。它包含战略规划、战略实施和战略评价三个环节。战略管理既是一种现代管理理念，又是一种新的管理方式，更是一个动态管理过程。国外高等教育领域引入战略始于20世纪70年代末，其战略管理经历了一个从战略到战略规划，再到战略管理的过程。

目前国内对高校层面实施战略管理的重要性已经在一定范围达成了共识，并取得了一些有价值的研究成果。然而对大学所属的学院实施战略管理还没有引起足够的重视，现有少量研究主要集中在大学所属独立学院的战略管理研究上。众所周知，由于独立学院自身的独立性，对独立学院发展战略的研究实质上仍然属于高校层面的发展战略。

大学是学科和事业单位组成的矩阵。学科在大学的主要表现形式和组织方式是学院。大学的学术活动基本上由学院来完成，大学内各个学院的发展状况直接决定了大学整体实力的强弱。高校实施战略管理既是当今高等教育管理的一种管理理念，也是政府实施对高等教育宏观管理的要求；高校战略管理始于高校发展战略规划，而高校战略规划应该是一个自下而上与自上而下的多次反复的过程；因而学院战略规划成为整个大学战略规划的基础和重要组成部分，学院发展战略是否有效实施直接关系到大学发展战略的成败。

然而，在我国当今大学学院发展战略制定和实施过程中，存在着诸如认识不到位、应付思想严重，制定程序不科学、随意性大，目标管理不到位、执行不力、评估不到位等一系列问题，严重影响了战略管理作用的发挥。地方性大学是我国高等教育大众化进程的主要依靠力量，地方性大学能否又好又快发展直接影响到我国高等教育大众化进程。为此，本项目拟以地方性大学所属的学院发展战略为研究对象，采用理论研究和实证分析相结合的研究方法，探讨大学学院发展战略的基本特点和规律，并进行必要的实证研究，推进学院的战略管理，促进其持续快速发展，进而推进我国地方性大学的战略管理，以服务于我国高等教育大众化的实践。

第二节　学院发展战略的概念、特征及其开展研究的必要性

一　学院发展战略的概念与特征

发展是指事物由小到大、由简到繁、由低级到高级、由旧物质到新物质的运动变化过程。战略是筹划和指导全局的方略。因此，发展战略是指一种科学规划的、积极的、向前的、全局性的蓝图。战略具有指导性、全局性、长远性、竞争性、系统性和风险性的特点。

学院战略是学院各种战略的统称，包括竞争战略、发展战略、品牌战略、人才开发战略、资源开发战略等。学院发展战略是学院诸多战略中的一种，是对学院发展的谋略，是对学院发展中整体性、长期性、基本性问题的谋略。

学院发展战略有五个特征。一是发展性。这是学院发展战略的本

质特征，它以着眼于学院发展而区别于其他学院战略。虽然有些学院战略也是为学院发展服务的，如学院竞争战略和人才战略，但是它们的着眼点与发展战略是不同的。竞争战略着眼于竞争，人才战略着眼于人才。二是整体性。整体性是相对于局部性而言的。任何学院战略谋划的都是整体性问题，而不是局部性问题。三是长期性。长期性是相对于短期性而言的。任何学院战略谋划的都是长期性问题，而不是短期性问题。四是基本性。基本性是相对于具体性而言的。任何学院战略谋划的都是基本性问题，而不是具体性问题。五是谋略性。谋略性是相对于常规性而言的。任何学院战略都是关于学院问题的谋略而不是常规思路。

在这五个特征中，第一个是学院发展战略的本质特征，后四个是学院发展战略的一般特征。学院发展战略的本质特征为学院发展战略所专有，学院发展战略的一般特征是任何学院战略都具备的特征。学院发展战略必须同时具备上述五个特征，缺少其中任何一个特征也就不是典型的学院发展战略了。但是，学院战略必须同时具备上述后四个特征，缺少其中任何一个特征就不是典型的学院战略了。

同时，我们还应当看到，由于学院发展战略是学院各种战略的总战略，所以学院发展战略的整体性更加突出。也就是说，学院发展战略比其他学院战略针对的问题更加倾向于全局性问题。从某种意义上说，学院发展战略是其他学院战略的上位概念，是统率其他学院战略的总战略。用学院发展战略指导其他学院战略，用其他学院战略落实学院发展战略。这就是学院发展战略与学院其他战略之间的关系。

加强学院发展战略研究，在任何学院都是主要领导人的责任，也就是说，只有主要领导人才能主持学院发展战略的研究工作。①

二　开展学院发展战略研究的必要性

（一）是高校发展战略研究的必然要求

第一，从学院发展战略和高校发展战略两者之间的逻辑关系上看，学院发展战略从属于学校发展战略，学院发展战略是种概念，学

———————————

① 赖伟民：《发展战略》，http：//baike. baidu. com/view/1613702. htm。

校发展战略是邻近的属概念，两者之间是一种种属关系。这是因为高等学校组织结构的主要特点是学科和事业单位组成的矩阵，学科水平是高等学校质量和水平的主要标志，高校的人才培养、科学研究和为社会服务都是以学科为基础进行的，而学科在高校中的主要组织方式和表现形式是学院。也就是说，高校的学术活动基本上由学院来完成，高校内各个学院的发展状况直接决定了高校整体实力的强弱。因而学院发展战略的成败直接影响乃至决定高校发展战略的成败。

第二，从高校战略管理的工作程序上看，学院发展战略应该与高校发展战略同步甚至先于高校发展战略。高校战略管理始于高校发展战略规划，而高校战略规划应该是一个自上而下与自下而上的多次反复的过程。从我国高校学院发展战略规划的实践上看，虽然大多数学院战略规划是在学校发展战略规划的推动下进行的，但是如果没有学院战略规划特别是学院学科建设规划，那么学校战略规划也难以成形，即使勉强成形，也不可能完全符合学校各个学院的实际，最终也难以实施。

我国高等教育管理研究专家蔡克勇认为，高校"发展战略规划不能由学校少数领导加上几个参谋人员关在屋子里写出来，而要发动全校师生员工做深入的调查研究，让他们通过调查研究了解他们领域和学科跟先进比较起来差距在哪里，应该怎么样采取措施赶上先进。然后，再综合大家的意见，制订全校性的规划。这样的规划才有生命力，才能够变为师生员工的行动，才可以有连续性"。①

（二）是学院科学发展的必然要求

学院是高等学校的基本构成单元，又是相对高校中其他职能部门而言，具有较强自主性和独立性的二级单位。当今高校之间的竞争，从表面上是综合实力的较量，但其核心是学科建设水平之间的较量，实际上亦即学院之间的较量。因此，在当今高等教育日益市场化、国际化、竞争日益加剧的今天，要提升高校自身的核心竞争力，必须从

---

① 蔡克勇：《高校战略规划制定的重要性及梳理四个关系》，《现代大学教育》2008 年第 4 期。

提高学院的竞争力抓起。

战略管理既是一种现代管理理念，又是一种新的管理方式，更是一个动态管理过程。笔者认为，战略管理不但适合高校管理，而且可能更适合学院管理，这是由学院的组织特性、权力运行和学科建设的特点所决定的。

第一，学院是个"松散的学术性组织"，学院内部既存在行政权力，也存在学术权力，甚至是以学术权力为主导；学术权力的运行天然倾向于民主制度，倾向于学术事务本身的真理性成分，当然学者的学术影响力也会起到相当的作用。学院的这种组织特性和权力运行特点，使得传统的计划式、行政命令式等管理方式的运行效率受到限制。而以尊重人的主体精神为基本特质的战略管理理论与学院的组织特性和权力运行特点相吻合，比较适合于学术性组织管理。

第二，学院的中心任务是进行学科建设，学科建设的水平和学术成就的大小需要长期不懈的建设和努力；这就特别需要也特别适合进行战略管理。原教育部部长周济认为："作为先进水平的一流学科，其高标准、高水平的奋斗目标主要体现在两个方面：一是学术成就，二是学科建设水平。一方面，一流的学术成就包含三个主要的内容：培养一流的高素质人才，创造一流的科研成果，提供一流的社会服务；另一方面，一流的学科建设水平也包含三个主要的内容：具有一流的学科方向，拥有一流的学科队伍，建设一流的学科基地。因而，学科建设的根本任务就是凝练学科方向、汇聚学科队伍、构筑学科基地"。[①] 学院学科方向的选择与凝练是一个长期过程，不但与学术大师和学科带头人的学术倾向和学术积累有关，而且更需要一个强大的学术团队来支撑；学科基地的构筑需要建设一流的实验室、工程中心以及良好的工作氛围等，这需要长期、大量的投入和营造。也就是说，通过学科建设、凝练学科方向、汇聚学科队伍、组建大团队、构筑大平台、争取大项目、创造大成果等都非一日之功，需要早谋划、早引导，实施战略管理，经过长期努力才能取得。

---

① 周济：《谋划发展　规划未来》，《中国高等教育》2003 年第 2 期。

然而，在我国当今高校学院战略管理实践中，由于学院战略管理理论研究滞后，导致学院在发展战略规划制定和实施中，存在着诸如认识不够、应付思想严重，制定程序不科学、随意性大，目标管理不到位、执行不力，评估不到位等一系列问题，严重影响了战略管理作用的发挥。因此，开展学院发展战略研究，是加强学院战略管理，实现学院科学发展的必然要求。

三 地方性大学学院发展战略的理论基础

战略管理是指组织为了长期的生存和发展，在充分分析组织外部环境和内部条件的基础上，确定和选择组织战略目标，并针对目标的落实和实现进行谋划，进而依靠组织内部力量将这种谋划和决策付诸实施，以及在实施过程中进行评估与控制的一个动态管理过程。战略管理将战略的制定、实施、评价看成一个完整的过程来加以管理，以提高这一过程的有效性和效率。战略管理的实质是使组织能够适应、利用环境的变化，提高组织整体的优化程度，注重组织长期、稳定的发展。战略管理过程包括战略规划、战略实施和战略评价环节，见图11－1。

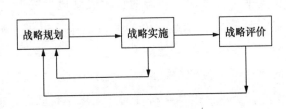

图 11－1 战略管理过程

战略规划是一种带全局性的总体发展规划，包括战略指导思想、战略目标、战略重点、战略措施和战略阶段等方面的内容。战略实施是将战略规划转化为现实绩效的过程。战略实施是整个战略管理的主体。战略评估是监控战略实施，并对战略实施的绩效进行系统性评估的过程，包括检查战略基础、衡量战略绩效、修正和调整战略等。战略评估的结果，可以作为调整、修正，甚至终止战略的合理依据。①

高等教育领域引入战略这一概念，是在 20 世纪 70 年代末。在美国，凯勒于 1983 年发表的《学术战略：美国高等教育管理革命》一书，被认为是战略管理在高等教育领域内流行的"催化剂"。高校实施战略管理的意义在于：促进高校明确办学方向，更快地提高办学水平，实现跨越式发展，增强高校适应复杂和快速变化的环境能力，积极应对激烈竞争，实现高校的使命。②

我国高校编制发展战略规划，推行战略管理，大体经历了思想萌芽、初步探索阶段，在进入 21 世纪之后，在众多因素的作用下，越来越多的高校加入到编制和实施战略规划的行列之中，标志着我国高校的战略管理进入了全面铺开阶段。③

目前我国高等教育理论界已对学校发展战略规划的内涵、目的、意义、内容、方法和注意事项等方面进行了较多的研究，并且开始对高校战略实施、战略评估等给予了关注，从而形成了比较全面的高校战略管理理论。高校战略管理研究既为学院发展战略研究提出了客观要求，也为学院发展战略研究提供了理论支撑。

① 刘献君：《论高校战略管理》，《高等教育研究》2006 年第 2 期。
② 张婕、王保华：《高校战略管理研究述评与思考》，《辽宁教育研究》2007 年第 10 期。
③ 陈廷柱：《我国高校推进战略规划的历程回顾》，《高等教育研究》2007 年第 1 期。

第十二章 地方性大学学院发展
战略规划的制定

学院发展战略规划是一种带全局性的学院总体发展规划，包括战略指导思想、战略目标、战略重点、战略措施和战略阶段等方面的内容。其制定过程应该做到内容完善、目标明确、程序规范、措施得当等。

第一节 学院发展战略的主要内容

一 学院使命

主要是对学院办学的愿景、定位、任务、奋斗目标等内容的总体表述。例如，在 X 大学农学院 2003 年制定的《"1441"振兴工程》文本中是这样表述该学院的使命的："特色鲜明、优势凸显、充满活力、校内居于前列、省内外有重要影响的现代生命科学学院。"

二 战略指导思想

战略指导思想是确定战略目标、重点、措施和发展阶段的基本依据。要根据我们所处时代的特征、党和国家对教育的要求、高等教育的规律、本校总体发展规划以及本学院发展状况，提出学院的指导思想。作为地方性大学的学院，其战略指导思想要体现所在地区的特殊背景，与所在的区域（省、市、自治区）的发展战略紧密结合，为地方经济建设和社会发展提供人才资源、智力支撑和知识贡献。

如某地方性大学地处湖北省宜昌市，三峡工程是湖北省的发展重点，同时宜昌市的战略目标是建设省域副中心城市、创建"水电旅游名城"和"长江中上游中心城市"。因此其战略指导思想中的重要内容之一是"坚持既服务地方经济建设和社会发展，又保持服务水利电力学科优势"。

三　战略目标

战略目标是学院在一个较长时期内全局性的发展奋斗目标，是整个战略的核心。战略目标要有具体的时间、确定的内涵、可以计量的成果、有明确的责任。它的确定为学院在战略期内的发展指明了方向，提出了总的任务。目标定位不宜远离战略期限且定位过高，过高不能给人以真实感，反而失去激励人心的作用。

还要避免目标过分趋同化，否则就会导致战略重点和战略措施的趋同，因而并不真正具备核心优势和竞争力。一所大学的特色，就是由若干学院支撑起来的，甚至一个具有特色的学院就能支撑起一所大学，正是这种难以替代的个性，才使其具有存在的价值。如美国麻省理工学院的理学院和工程学院，它们都有明确的办学理念，在各自的领域内都作出了重大的贡献。

四　战略重点

战略重点的选择是实现战略目标的关键环节。战略重点也是学院资源配置的重点，对于资源较紧张的地方性大学学院来说，确定战略重点可以集中主要的人力、物力、财力解决关键性的问题，从而带动整个战略全局的发展，促进战略目标的实现。

学科是教学、科研、人才培养的基础，是高科技的生长点，是智力资源的聚集点，将学科建设作为战略重点，对于学院的发展具有重要意义。要建成省内、国内甚至国际一流的学院，没有一流的学科就不可能培养出一流的人才、创造出一流的科研成果，从而也不可能成为一流的学院。

地方性大学学院要从所在地方的经济、社会、文化发展的需要出发，结合学校已有的学科优势，有选择、有重点地建设若干"特色学科"，从而以点带面，向外逐步辐射，拓展新的学科和学科群，形成学科之间的交叉融合与资源共享机制。

五 战略措施

战略措施是指同实现战略目标有直接关系的若干主要措施和政策。战略目标的实现要靠战略措施来保证。战略规划的特色，往往体现在战略措施上。不少规划中的措施，往往显得一般化。因此，一定要解放思想，更新观念，敢于提出重大的超常规措施。

对于地方性大学的学院来讲，资金短缺问题比较突出，已成为其发展最关键的制约因素。为了保障战略目标的实现和战略重点的落实，如何制定出经费筹措方面的具体措施显得尤为重要。

六 战略阶段

战略阶段是指一定战略期内，由于条件和任务的变化所表现出来的阶段性。正确地划分战略阶段是为了有步骤地实现战略目标。所以战略阶段也可以称之为战略步骤，是一种实现战略目标的对策。若未进行战略阶段划分，则会导致实施过程模糊，缺乏可操作性。一般来说，一个大的战略期大约需要经历准备、发展和完善三个阶段。

发展战略的形式可以是总体的战略规划，也可以是就学院发展中的某一重大问题形成的战略规划，如师资建设、毕业生就业等。地方性大学学院的历史传统不同，学科结构和人员结构不同，所处地域不同，因而每个学院战略规划的过程都是一个创造过程，每一个发展战略都应该是独特的，若规划基本上是一个模式，表现出高、大、空，将不利于战略实施。

第二节 制定学院发展战略的
基本程序与方法

一切有效的战略决策，都必须基于对组织内部和外界的各种因素和力量——对有关影响本组织未来的竞争与发展能力的经济、政治、社会、法律和技术力量的及时信息——进行分析与鉴定。著名的管理学家赫伯特·西蒙认为，决策就是一种信息活动，决策过程就是从收集信息开始，经过信息的过滤、处理、加工和利用，最后到信息的反馈和控制的一个过程。①

一 确定环境信息

作为高等学校的学院，其环境所涉及的范围很广，我们不可能对所有环境都进行分析，而是根据战略管理的信息需求来界定对象。类型不同的学校，学科结构不同的学校，所处地域不同的学校，对环境的信息需求是不同的。总的来讲，可划分为：（1）世界政治、经济、文化发展的趋势；（2）国家政治、经济、人口及制度、政策发展变化的状况；（3）高等教育的走向及同类高校发展的情况；（4）学校所在地区社会、经济、文化及相关行业科学技术发展的状况；（5）地方性大学学院所在高校的学科结构、教育经费、建校历史、地理位置、在国内高校的排名、学校规模等。②

二 收集环境信息

根据信息需求，确定环境对象后，院校研究人员则应有计划地收集环境信息。以收集信息的具体对象为坐标轴，收集信息的方式可分为：无目的地浏览；有针对性地观察；非正式收集；正式收集。以收集信息的操作频率为坐标轴，收集环境信息可划分为三种：不定期收集；定期收集；连续性收集。

学院应当成立一个工作组或院校研究室，承担起收集和建立信息库的责任。

三 收集学院信息

收集内部资源信息可通过各种业务数据库或问卷和访谈的方式，直接向师生员工进行调查，掌握学院的师资状况、教学科研设施、经费、学科结构、各级学生比例、科研产出、毕业生就业状况等信息。

发展战略的制定，不单单是少数领导的意见和行政部门的事情，来自教师和学生的信息也很重要。在 2002 年由中国教育部举办的北京"中外大学校长论坛"上，英国诺丁汉大学校长科林·坎普贝尔

---

① 马培培：《新建地方综合性大学发展战略研究》，硕士学位论文，南京师范大学，2007 年。

② 同上。

说："决策越是放权，就越成功。在构思大学未来和开展对话的时候我越是更多地容纳教师，效果就越好。"

四 战略分析

（一）分析环境因素

分析环境信息的目的是通过一定的手段和方法从复杂的信息与线索中，清理出重点影响战略形成的因素，以便于下一步的战略的制定和选择。这方面的方法和技术很多，如内外因素评价方法、PEST 分析法、波特模型法、利益相关者分析法、竞争者分析法、价值链分析法、雷达图分析法、因果分析法等。这里重点介绍最基础的外部因素评价法（EFE 矩阵法）。

EFE 矩阵法对外部的关键因素进行分析评价，它将影响组织发展的关键环境信息输入战略分析评价体系，可帮助组织综合评价经济、社会、文化、人口、环境、政治、法律、技术及竞争等方面的信息。EFE 矩阵法对外部的关键因素进行分析评价，是通过对组织的外部环境给组织带来的机会和威胁进行打分的方法来进行的。

EFE 矩阵法操作步骤[1]：

第一步：列出确认的环境信息。因素总数在 10—20 个，首先列举机会，其次列举威胁，要尽量具体。

第二步：赋予每个因素以权重，其数值由 0.0（不重要）到 1.0（非常重要）。权重标志着该因素对于组织在行业中取得成功影响的相对大小。

第三步：按照组织现行规划对各关键因素的有效反应程度为各关键因素进行评分，范围为 1—4 分，"4"代表反应很好，"1"代表反应很差。

第四步：用每个因素的权重乘以它的评分，就得到每个因素的加权分数。

第五步：将所有因素的加权分数相加就得到组织的总加权分数。

结果分析：如果总加权分数越接近 4.0，则反映组织有效利用了

---

① 刘献君：《高等学校战略管理》，人民出版社 2008 年版。

外部环境的机会，并将外部威胁的潜在不利影响降至最小；如果总加权分数越接近1.0，则说明组织没能利用外部资源或回避风险。

（二）分析内部因素

内部因素评价可以采取多种方法进行，这里主要介绍 IFE 矩阵法，它将影响组织发展的关键内部因素信息输入战略分析评价体系，以确定组织的优势和劣势。内部分析需要收集和吸收有关组织的管理、财务、运行状况、条件、研究和开发、计算机信息系统等运行方面的信息。

IFE 矩阵操作的步骤：①列出在内部分析过程中确认的内部因素，因素包括优势和劣势两个方面；②赋予每个因素以权重，权重标志着该因素对于组织在行业中取得成功影响的相对大小；③为各关键因素进行评分，范围为1—4分，"4"代表重要优势，"1"代表重要劣势；④用每个因素的权重乘以它的评分，就得到每个因素的加权分数；⑤将所有因素的加权分数相加，就得到组织的总加权分数。

结果分析：如果总加权分数大大高于平均分2.5而接近4.0，则反映组织的内部状况总体而言处于优势；如果总加权分数大大低于平均分2.5而接近1.0，则说明组织的内部状况总体而言处于劣势。

五　战略选择

根据分析，可将学院的发展战略组合为不同选择方向，分别是优先战略、稳定战略、培育战略、回避战略、自然消亡战略（见图12－1）。①

对于不同发展战略的选择主要是看对学院是否适用，很难简单判定哪种战略最好，哪种战略最差，只能说一种战略是最适合某种情况的。从上述两个维度就可以决定学院的战略取向。学院需要根据外界环境因素和自身资源特点选择适合本院的发展战略。

六　战略制定

学院所处的环境性质不同，制定战略规划的方法不同。战略理论

① 柴旭东：《建设高等教育强国与大学发展战略的选择》，《现代教育科学研究》2008年第6期。

的研究人员和战略管理实践者创造了大量的方法和技术用于战略制定，如 SWOT 分析法、战略地位和行动评估矩阵法（SPACE）、波士顿矩阵法（BCG）、通用矩阵法、V 矩阵法、EVA 管理法、定向政策矩阵法等。这里主要介绍 SWOT 分析法。

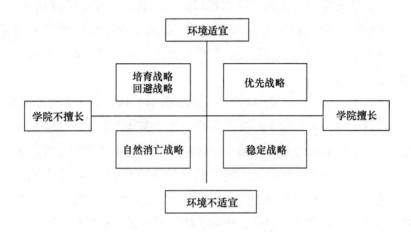

图 12 - 1　学院的战略选择

SWOT 分析法的步骤：进行组织的外部环境分析（如 EFE 外部因素评价），列出对于组织来说外部环境中存在的发展机会（O）和威胁（T）；进行组织内部条件分析（如 IFE 内部因素评价），列出组织目前所具有的优势（S）和劣势（W）；把识别出来的组织优势分为两组：一组与组织存在的外部机会相关，另一组与存在的外部威胁相关；同样地，将组织的劣势按机会和威胁也分为两组。把组织的优势、劣势与机会、威胁配对：优势—机会（SO）、优势—威胁（ST）、劣势—机会（WO）、劣势—威胁（WT）。

结果分析：①优势—机会（SO）组合——这是一种最理想的组合，任何组织都希望凭借组织的优势和资源来最大限度地利用外部环境所提供的多种发展机会，由此来制定组织的战略规划。②优势—威胁（ST）组合——在这种情况下，组织应巧妙地利用自身的优势来应对外部环境的威胁，其目的是发挥优势而降低威胁。但这并非意味着一个组织，必须以自身的实力来正面地回应外部环境中的威胁，合适的策略是慎重而有限度地利用组织的优势。③劣势—机会（WO）组合——组织已经识别出外部环境所提供的发展机会，但同时组织本身又存在着限制利用这些机会的组织弱点。在这种情况下，组织应遵循的策略原则是，通过外在的方式来弥补组织的劣势，以最大限度地利用外部环境中的机会。如果不采取任何行动，实际就是将机会让给竞争对手。④劣势—威胁（WT）组合——组织应尽量避免处于这种状态。组织一旦处于这样的位置，在制定战略时就要降低威胁和劣势对组织的影响。事实上，这样的组织为了生存下去必须要奋斗，否则可能会面临死亡的境地。而要生存下去可以选择适度控制规模、精简结构、集中力量的战略，以期能克服劣势或使威胁随时间的推移而消失。

院校研究工作者在前期工作的基础上，经过专题研究，提出发展战略的初步方案。这个过程也是一个听取意见的过程，要通过召开座谈会，个别征求意见等多种方式，听取意见。最后由主管领导正式决策，确定发展战略方案。

第三节　学院发展战略规划文本形成过程

制定学院发展战略并没有严格意义上的固定程序，但一般而言，从文本形成的过程看，大体需要经过意识、调研、草案、咨询和决策五个阶段。

一　意识阶段

由于受我国高等教育管理体制的制约，作为独立事业法人的高校尚且习惯于按照其行政主管部门的要求安排其主要事务，作为高校下属非独立法人的学院更习惯于一切听从学校的安排，涉及学院长远发展大计的战略规划更是如此。因此，目前我国绝大多数学院自己主动制定学院发展战略的案例不多。实际情况是绝大多数学院的发展战略规划往往都是在高校战略规划的要求下被动制定的。然而，一份对学院发展真正具有长期指导意义的学院发展战略规划应当起源于学院主要领导人主动的、自觉的意识和行动。因为只有学院主要领导人首先感觉或理解到学院发展战略有必要，才会真正下功夫去筹划它、研究它、制定它。因此学院主要领导人真正意识到发展战略的重要性在当前就显得特别重要。这就要求学院主要领导人不但要有高度的事业心、责任感，还要有大视野、大胸怀，才可能形成大思路。就操作层面讲，学院主要领导人应当把自己主要精力放在事关学院发展的大事情上，主要考虑学院面临的整体性问题、长远性问题和基本性问题，勇于挑战自我，发现学院在现有发展思路上存在的问题和不足，树立"为官一任，造福长远"的意识。

二 调研阶段

学院主要领导人一旦认识到学院发展需要战略，就应该进行调查研究。为制定发展战略而调研必须考虑如下因素：本学科国内外发展的现状与趋势，本学科人才供求现状及趋势，本学科在国内外和省内外的地位，假想的超越对象及潜在对手，可用的现实资源及潜在资源，自身的核心优势及潜在优势、自身的劣势，所面临的机遇与挑战等。思考这些问题必须冲破现有观念、应用相关知识、尊重自我发现。总之，调研阶段一定要视野开阔、思维灵活。

X大学农学院在制定《"1441"振兴工程》之前，就曾对国内合并院校中的农科院系发展情况进行了广泛调研，如对浙江大学农业与生物技术学院、上海交通大学农业与生物学院为代表的国内一流综合性大学的农科院系和以西南科技大学生命科学与工程学院、广东湛江海洋大学农学院为代表的地方综合性大学农科院系进行了广泛调研，获得了宝贵的经验。

三 形成草案

在调研的基础上要形成一个学院发展战略草案。学院发展战略草案不需要很具体、很系统、很严谨，但需要反映学院发展的主要矛盾，并提出解决这个主要矛盾的核心对策。学院发展战略草案的提出对有关人员是一次重大考验。它要求提出者要富有责任心和事业感，富有智慧和勇气；要求倾听者要虚怀若谷、深思熟虑，不要排新妒异、情感对立、以驳为快。

四　咨询阶段

为防止发展战略失误、提高发展战略水平，学院在确定发展战略之前，应该就非保密问题征求学院、学校及社会有关方面特别是学校领导、战略专家的意见。鉴于自身能力有限，有些学院可以采取委托外部专家制定的办法。即使采取这种办法，在战略专家提交发展战略研究报告之后，除了内部充分讨论，也要再适当征求外部有关方面的意见。

五　决策阶段

在经历上述阶段之后，只要认准对学院的长远发展有利，学院主要领导要敢于决策，同时辅助做好宣传发动工作。一份成功的学院发展战略在学院发展史上必将具有里程碑的意义。①

第四节　学院发展战略制定与高校发展战略制定的异同

总结学院发展战略制定的经验，比较学院与学校发展战略制定过程中的异同，有助于深入把握学院发展战略的特点。

一　从发展战略的主题上看，学院发展战略的主题相对集中

学科既指一定科学领域或一门科学的分支，也代指教学的科目，还可指代学界的或学术的组织单位，即高等学校利用学问划分来组织高校教学、研究工作，以实现高校培养人才、发展科学、服务社会之职能的单位。这里的学术组织单位即学院或学系。因此，学院的一切工作都应围绕学科来进行，学院战略管理的主题也应围绕学科建设来筹划。

在我国当前高等教育管理体制条件下，绝大多数高校中的学院由于没有独立的财务、人事调配权等，因而，学院战略管理的主题实际上也主要集中在学科建设方面。学科建设既包括本专科专业建设、研究生学位点建设、实验室或研究基地建设、精品课程建设等，也包括

---

① 《企业发展战略》，http://wiki.mbalib.com/wiki/。

课题立项、发表或出版论文论著、研究经费、科研获奖等内容；而对学院财政、基础设施、办公条件、师资调配等方面由于没有决策权而往往不作为学院发展战略的重点。

而制定高校发展战略不但要考虑学科建设规划，还要包括校园建设规划、师资队伍建设规划以及教学管理、科研管理、学生管理、财政、后勤保障等诸多方面的规划。因此学院发展战略的主题相比较于学校发展战略而言，其主题相对集中、单一。

二 从制约因素层面看，学院发展战略制定常常受到所在高校发展战略的制约

学院发展战略当然要考虑国际国内的政治、经济、文化、社会发展状况，特别是学院所属学科在国内外发展状况，更为重要的是，学院发展战略的制定直接受到所在高校发展战略的制约。这是因为学院战略规划一般都是在学校发展战略指导思想、战略目标、战略任务等的指导下进行的；学院战略的实施往往受到学校的客观条件、政策导向、战略重点等的直接影响；同时学校战略管理的成败也会直接影响到对学院战略管理效果的评判。因此，学院发展战略的制定在很大程度上直接受到所在高校发展战略的影响和制约。

三 制定学院发展战略与制定高校发展战略所选择参照系的单位层次不同

基标法是制定发展战略规划与实施战略评价的主要方法之一。高校发展战略规划所选择的参照系往往是国内外同一类型和层次或者高一层次的高校，而制定学院发展战略时，其所选择的参照系往往是国内外同一类型和层次或者高一层次高校中学院或学系。

四 学院发展战略的重点与特色可以与高校发展战略的重点和特色没有关联

由于学院与高校所处地位、层次、权限不同以及不同的学院在自己所属高校中的地位不同，因此，学院发展战略的工作重点及特色塑造可以与所属高校发展战略的重点与特色没有关联，特别是那些在学校中处于非主导地位的学院。但是，如果经过长期发展，一旦学院在学校中的地位发生了变化，这种情况也会发生变化。

第十三章　地方性大学学院发展战略的实施与评估

战略实施是将战略规划转化为现实绩效的过程，即战略实施是动员教职工生将已制定的战略付诸行动，是战略管理的行动阶段。战略实施是整个战略管理的主体，已经制定的战略无论多么好，如未能实施将不会有任何的实际意义。[①] 战略实施是一项系统工程，做好从战略制定、战略宣贯、领导力、体系支持、资源支持和环境等多方面的工作是保证战略实施的关键。

第一节　影响学院战略实施的主要因素

一旦对学院发展战略达成一致，并确定了长期目标，战略管理过程就进入了实施阶段，这个关键的新阶段不仅受到其本身各阶段因素的影响，而且受到战略制定阶段的诸多因素影响，因为战略制定和战略实施总是相互依赖、相互影响的。依据战略管理过程的角度，笔者认为，可从战略制定、战略宣贯、领导力、体系支持、资源支持和环境方面来探索影响战略实施的各种因素。

一　战略制定

一个学院必须首先明确它的使命愿景，基于内外部环境的分析，建立长期目标和整体战略。在这个发展战略制定的过程中，应发动学院全体教职工生积极参与战略制定。不同人员有计划地参与不但可以

---

① 张永胜、万威武：《战略实施的影响因素分析》，《商业研究》2003 年第 20 期。

为决策提供多样化的信息和战略选择方案，以提高战略决策的质量；而且还可以增加人们对战略的了解和认同，进而减少实施中的阻力，从而有利于战略的实施。另外，战略制定的结果必须以一种清晰、明确的方式呈现出来，它勾画出企业未来的发展方向和总体路线，确定企业决策的优先次序。

二 战略宣贯

学院战略规划一旦确定下来，学院领导班子就应当不仅要针对内部人员阐释和沟通战略，进行相关培训和动员工作，还要向与战略实施相关的重要外部人员或组织宣讲企业战略，进而获得他们的支持。许多学院忽视了战略宣贯阶段，使得战略实施的相关责任人缺乏对学院战略的深刻理解和认同，因而战略的实施缺乏自觉性和创造性，这是导致战略实施不力的重要原因之一。

三 领导力

以学院领导班子为代表的领导能力，是战略实施至关重要的驱动力量之一。领导构成的四个要素是权力、对人的基本理解、对下属的鼓舞力、领导者营造的组织气氛。在多数情况下，战略实施是做从前没有做过的事（因为战略目标通常具有挑战性），领导者的主要任务就是鼓舞学院教职工，使他们能够朝着共同的使命，满腔热忱地投入战略实施过程，主动克服困难去实现学院的战略目标。更重要的是，领导者要能够为实施提供切实的、持续的支持。

四 体系支持

实施战略的关键就是要将战略作为规章制度来对待，即战略必须制度化，它必须渗透到整个学院，也只有这样，实施人员的日常决策行为才能与长期战略保持一致。战略渗透始于目标计划体系，即将长期目标分解成短期目标和行动计划，将学院战略转化为职能策略并建立关键业务流程以创造竞争优势。

战略实施还有组织结构、薪酬和文化这样三个基本的"杠杆"。钱德勒指出，战略与结构关系的基本原则是结构追随战略。组织结构设计的目的是有效地利用资源和能力去实现学院的战略意图。学院不仅要使各个岗位的职责和权力清晰明确，还要能有效地进行横向和纵向协调与整合。薪酬制度是联系个人目标和学院目标的桥梁，如果这场游戏对任何一个人都没有切身利益，战略实施就将失败。建立与战略相适应的学院文化，消除旧文化中的阻碍因素，是推动战略实施的重要方法。另外，建立全方位的沟通体系以使关于实施状况或与组织活动相关的信息顺畅流动，也是保障战略有效实施的必要因素。

五　资源支持

战略如果没有相应的资源跟随，是不可能有结果的。资源不仅是学院各项活动开展的保证，而且也是促使人做事的激励诱因，因此战略实施如果缺乏资源或资源配置不当，将从两方面损害战略目标的实现。由于除了人力资源之外的有形资源均可用价值形态来衡量，因此战略实施中的资源一般关注人员和资金的分配。其中人员方面，要在关键岗位配置优秀人才，提高学院人员的整体水平，并且建立人才储备，不断为战略实施输送有效人才；资金方面，要拥有充足的资金，预算尤其要支持关键性战略活动。

六　环境

战略制定阶段对环境的变化进行了充分的预测，但随着战略实施的进行，实际的环境可能出现意想不到的状况，为了保障战略实施的成功，学院必须及时发现和应对这些变化。具体来说，环境因素包括参照系、校内其他学院、教师、学生、本学科学术前沿及技术、国家及学校相关政策等，尤其应当关注学校的行为，并与学校相关部门保持良好的关系。对这些因素的监测和评价，应当贯穿战略实施的整个过程，因此，学院应当建立一个全面的监控体系，保障战略得到有效的实施。[①]

第二节　推进学院战略实施策略

美国杰出高校战略规划专家，北科罗拉多大学教授若雷、谢尔曼在 2001 年出版的《从战略到变革——高校战略规划实施》一书中提

---

① 胡强：《战略实施的影响因素研究》，《现代商业》2010 年第 14 期。

出了包括运用预算来资助战略变革，运用参与方式、力量或者权力，设立目标和关键绩效指标，通过学校人力资源管理系统来规划变革和实施变革，运用奖励系统促进和支持变革，通过教职员工发展来实施变革，利用文化的作用实施变革，利用传统或与传统分离，发展和使用变革先锋，在现有可用的或容易改造的系统上建构 11 种有效实施战略的途径与方法。① 参考国内外已有高校发展战略规划及学院战略规划的实施相关研究成果，结合中国大学学院实际情况，笔者认为，应从以下四个方面推进学院战略的实施。

一 分解目标、任务，明确各自责任

在学院战略实施中，首先要分解目标、任务，将五年规划的目标、任务分解到年度，制订年度工作计划；其次将学院的年度目标、任务分解到学系、所或教研室；最后是学院要年初部署，年终检查考核，从而不仅使各自责任明确，而且还能保障推进落实。② X 大学农学院在推进"1441"工程发展战略过程中，为推进战略实施，每年根据学院战略总体目标和学校目标管理的要求，把总体目标分解为年度目标，然后把学科建设、科研、教学等年度目标分解到各个学系、研究所，再分至每个教授、博士、副教授、硕士等具体教师，形成"千斤重担大家挑，人人头上有目标"的良好局面。

二 优化资源配置，保证战略重点

保证战略重点是战略实施中必须要解决的一个十分重要问题。而资源配置是实现规划目标、保障战略重点的最重要保障。爱荷华州立大学教务长阿伦（Allen）认为："预算应该遵循规划，而不是规划遵循预算。"爱荷华州立大学确定未来五年的预算政策都是以战略规划为导向，一方面，把资金投向规划确定的重点发展领域，集中财力，保证重点，确保规划目标的实现；另一方面，新的预算模型将根据规划执行情况，

---

① ［美］丹尼尔·若雷、赫伯特·谢尔曼：《从战略到变革 高校战略规划实施》，周艳、赵炬明译，广西师范大学出版社 2006 年版。
② 刘献君：《论高校战略管理》，《高等教育研究》2006 年第 2 期。

激励、支持和奖励在实现战略规划目标方面取得进展的单位。① 高校层面的资源配置是这样，学院层面的资源也应如此。在无战略规划的学院，资源的配置往往取决于政治或个人的因素，而战略规划使资源能够按照规划确定的发展重点和目标进行配置。用于实现预期目标的资源主要包括财力、物力、人才和技术资源，其中财力资源分配是重中之重。

三　完善相应的制度、机制，加强战略执行力

忙于紧急的事情而忽视重要的事情，这是战略管理中的大忌。现在的学院领导必须花大量的时间来应付各种突发的事情、上级布置的事情、群众因切身利益而找上门来的事情，各种各样的会议和接待等，往往因此忽视了学校发展的大事。一年下来，十分忙碌，但有关学校发展的大事却没有抓住。要解决这一问题，一方面要提高领导艺术和战略领导能力，另一方面要有相应的制度来保证。制度是思想转变为行为的中介，没有相应的制度，再好的思想、规划都是空的。

需要建立的制度有很多，如决策制度、教学管理制度、科研管理制度、人事和财务管理制度等，但最为重要的是年度考核制度、中期与终期评估制度和激励制度。评估是战略管理中的一个重要环节，少了这一环节，战略实施就得不到保证。② 评估之后要有激励机制跟进。评估结果要作为奖惩的依据。

四　加强战略领导，推进战略管理

几乎所有最好的学院都是因为有了有力的战略领导才获得成功的。高水平的学院领导是学校最宝贵的资源。高水平的战略领导必须有战略眼光、战略思维和战略勇气。战略眼光是指领导者视野开阔、审时度势，善于从复杂的现象中看到事物运动的基本态势，抓住基本规律，从眼前的利益中超越出来，突破经验的视野，对社会需求进行全局、客观的把握，穿透眼前，看到长远。战略思维是指领导者思考问题要着眼于全局，着眼于未来，不计一时一事之得失，从学校发展

---

① 湛毅青、彭省临：《美国高校战略规划的编制与实施研究———以爱荷华州立大学为例》，《现代大学教育》2007 年第 4 期。

② 刘献君：《论高校战略管理》，《高等教育研究》2006 年第 2 期。

的根本利益考虑问题，善于取舍，牢牢把握学校发展的大方向。战略勇气是指领导者要以超越、怀疑、批判的精神，勇于超越各种形式的禁锢和守旧观念深刻地批判和反思，进行前提性追问、主体创造与建构，在战略实施中，勇于作出果断而强硬的决策，敢于"有所为有所不为"，敢于在自己的位置上创新，创一流，创唯一。①

在战略实施中，战略领导主要体现在确立战略方向、明确战略重点上。战略方向包括两个部分：核心理念和学院前景展望。在对学院外部环境和学院发展历史及现状深刻把握的基础上，提出自己的核心理念，并对学院发展前景作出展望，以此来统筹规划发展，聚集力量、凝聚人心。如 X 大学农学院在 2002—2012 年的 10 年发展过程中，把 2003—2005 年、2006—2008 年、2009—2012 年分别看作是求生存、求发展、内涵发展求实力的关键三年。每一届班子都会认真总结上届学院取得的成绩与经验，深刻分析存在的问题与困难，科学估计面临的机遇与挑战，反复调研，广泛论证，提出思路，定好规划。

在求生存的三年中，学院领导班子特别是李友军院长针对农学院发展中遇到的问题，提出了"全面整合，重点突破，主动出击，迎接挑战"的口号，于 2003 年下半年，在全院开展了教育思想、教育观念大讨论，同时，兵分三路对浙江大学、上海交通大学、西南科技大学、湛江海洋大学等综合性大学中农科学院发展情况进行调研，厘清了学院的发展思路，科学制定了学院的发展规划，即农学院《"1441"振兴工程》：抓住一条主线，依托四大优势，实现四大突破，强化十大措施。

在求发展的三年中，学院领导确立了学科建设、队伍建设、条件建设、实力提升"四位一体"的工作思路，即以科学发展观为指导，以加快学科建设为龙头，以提高综合实力为核心，以优化队伍建设为关键，以完善条件建设为保障，促进学院各项事业的快速发展。

2009—2012 年为学院内涵发展增实力的三年。学院围绕"质量立院、科研强院、人才兴院"的战略，以深化内涵建设为核心，以不断提高核心竞争力为目标，主动规划，重在建设，突出重点，全面推

---

① 刘献君：《论高校战略管理》，《高等教育研究》2006 年第 2 期。

进，狠抓落实，全面加强人才队伍建设、教学质量工程建设、学科建设和党的建设，持续提高人才培养质量和科研水平。

由于战略方向明确、战略重点突出，经过十年的战略实施，X大学农学院由一个2002年主要专科教育为主的学院发展到目前河南省属三所重点综合性大学之一的X大学26个学院中，核心竞争力已经跻身于各学院中的前列。

第三节　地方性大学学院发展战略评估

战略评估是监控战略实施，并对战略实施的绩效进行系统性评估的过程，包括战略编制评估、战略实施评估、战略绩效评估等。[①]

一　学院发展战略评估的主要内容与基本方式

（一）战略评估的内容

1. 战略编制评估

战略编制评估是以战略制定的过程与结果为评价对象的评估。主要评价战略制定是如何制定的，制定了什么样的战略，战略制定的怎么样三个方面，主要涉及战略分析与战略规划（设计、方案）两个领域。在操作实践中，战略编制评估通过对战略分析的全面性、战略内容的完整性、战略制定方法的科学性、战略规划体系的合理性等战略评估，检查战略规划的基础是否坚实，战略规划方案是否可行。

第一，战略分析的全面性。战略分析的全面性，一方面是指对学校发展局势的审度的完整性，另一方面是指发展局势评价的深刻性。发展局势的审度的完整性要求对发展环境的外部稽核与自身审视的内部稽核无缺漏，发展局势评价的深刻性要求对发展环境蕴含的发展机遇与发展挑战认识要精深，与学校发展优势及发展"瓶颈"的结合精到。

第二，战略内容的完整性。一个完整的战略规划应该包括战略使命、战略分析、战略定位、战略目标与方案、实施计划、资源配置和

---

① 刘献君：《论高校战略管理》，《高等教育研究》2006年第2期。

执行摘要等部分。战略内容的完整性既要求七个部分相互依存、融为一体，又要求从战略使命到执行摘要存在顺序性逻辑演绎关系以及逆序性递进关系。

第三，战略制定方法的科学性。制定科学可行的战略规划要求战略制定过程要借鉴和选择适应战略规划编制要求的工具与方法。如战略分析的 SWOT 分析法、战略使命描述的专家咨询法。

第四，战略规划体系的合理性。战略规划体系的合理性决定战略规划的有效性。战略规划体系的合理性主要表现在学校战略发展定位的准确性、战略目标的一致性、竞争性战略与发展性战略的适应性、战略措施的可行性。

2. 战略实施评估

战略实施评估就是战略规划执行评估，主要评价战略执行过程中战略规划"靠什么执行？"与"怎么样执行？"两个问题。

"靠什么执行？"是战略实施的资源评估问题。主要考察执行战略资源的充分性与资源结构的匹配性，即推进战略执行的机构设计与制度安排、实施战略的人员配置与职能分工、实施战略的有形资源尤其是资金预算。

"怎么样执行？"是执行战略的方式评估。主要考察战略管理的流程以及为执行而开展的战略实施动员和系统性培训。战略管理的流程评估关注战略实施流程的科学性和通畅性，战略实施动员和系统性培训评估关注动员与培训的针对性和实效性。

3. 战略绩效评估

战略绩效评估是对战略实施效果的全面衡量，通过战略实施效果与战略目标的全面比对，找出目标偏差，并采取纠偏措施。因此，战略绩效评估的本质是战略实施的控制性手段。

（二）战略评估的基本方式

内部评估（自我评估）和外部评估是战略评估的两种基本方式。

内部评估以学院内部人员为主体，通过专项工作的检查与总结，进行过程评估；通过关键指标的层层分解、战略目标与实施绩效的历史比较，与同类院校中同类学院的横向比对，进行绩效评估。外部评估以学院利益攸关者为主体，既可以通过专项工作评估如"人才培养工作水平评估"进行；又可以通过由学院利益攸关者组成的发展战略委员会对学院发展战略规划进行专项评估；或委托具有一定权威的第三方如管理咨询公司进行评估。

二　学院发展战略评估的程序

战略评估是有计划、按步骤进行的有组织活动。由于评估类型不同，评估程序略有差异，但只要是正式性战略评估，一般需要经历"组织准备""实施评估"和"评估总结"三个相互关联的阶段。

（一）组织准备

战略评估组织准备包括：（1）确定评估对象；（2）制定评估方案，特别是评估指标体系；（3）选择和培训评估人员。内部评估以校内专家及战略规划制定与执行机构的主要成员为主；外部评估根据评估的目标要求，选择学校利益攸关者或邀请由政府机构、行业协会、合作企业、教育研究与评估机构专家组成的评估组织，或经过一定程序确定的第三方评估机构。

（二）实施评估

无论是内部评估，还是外部评估，均要求以战略规划为评估依据，按照确定的评估方案，进行程序化评估，收集战略规划及实施程序信息，对相关信息进行综合分析，选择恰当的方法实施评估。

（三）评估总结

从实施评估过程中收集的信息中，发现战略规划目标与实施绩效的偏差，对偏差产生的原因进行分析，形成评估报告（评估总结）。战略评估的根本目的是发现学校战略管理存在的问题，提出管理建议，为战略控制提供依据。因此，评估报告的重点是发现战略执行偏差，分析偏差的成因，提出继续实施现行计划或控制调整措施。评估报告除呈送学校领导、委托单位外，还应按照委托方的要求，以建议书的形式分送战略执行单位。[①]

---

① 赵明安：《高等职业院校发展规划的战略评估》，《武汉船舶职业技术学院学报》2011 年第 4 期，第 5—8 页。

第十四章　X大学农学院发展
战略的实证研究

运用上述发展战略的理论与方法，以 X 大学农学院 2003 年制定的《"1441"振兴工程》为例进行实证研究，作为检验、修正上述理论的主要依据，推动学院战略管理理论的发展和应用。

X 大学成立于 2002 年 8 月，是河南省委、省政府为了优化省内高等教育结构布局，经国家教育部批准，由洛阳工学院、洛阳医学高等专科学校、洛阳农业高等专科学校三所高校合并组建而成，是河南省重点支持建设的第三所综合性大学之一。X 大学农学院是在原洛阳农业高等专科学校农学系的基础上成立的，2002 年合并伊始，该学院时有专任教师 42 人，其中教授 6 人，副教授 12 人；一个本科专业（农学），四个专科专业（农学、农教、烟草、种子）；在校生 1000 余名。这种情况在当时 X 大学 16 个教学学院中，本科专业及在校生数、专业层次等都属于垫底型的学院。同时当时学院发展还面临着如生源不足、就业存在一定困难，本科专业太少、专业面太窄，学科带头人缺乏，实验实习条件相对薄弱，教师学历相对偏低、科研实力不强等诸多问题。其中最为亟待解决的问题是：如何帮助农学院广大教师完成合并伊始人们心理上过渡？如何在 X 大学诸学院中获得应有的尊重？这成为当时学院领导班子最为亟待解决的问题。为此，农学院领导班子审时度势，在广泛调研和深入思考的基础上，以制定学院发展战略为契机，通过广泛讨论，制定了《"1441"振兴工程》①，明确了学院

---

① 该行动计划是在以李友军教授为院长的农学院领导班子大力支持下，于 2003 年 12 月，由田虎伟、程荣超、陈明灿、端木通知 4 人写作小组起草，其中，田虎伟为组长，后经农学院教师讨论和党政班子联席会议研究通过而成。

中长期办学使命、目标、重大举措等，勾画出学院发展宏伟蓝图，成为指导学院中长期发展的行动纲领，取得了良好的效果。

第一节　X大学农学院振兴行动计划
——《"1441"振兴工程》

近几十年来，科学技术迅猛发展，经济全球化趋势加剧，促使高等教育国际化、多样化、综合化的步伐加速。我国高等教育也开始融入这一世界性的潮流之中，由社会的边缘逐步走向社会生活的中心，高等教育从单一化走向多样化，从偏重量的增长到强调质、量并重，注重健全人格和个性化人才培养。高校内的学科与课程也日益以灵活的方式向综合化、多样化、职业化和人文化的方向发展着。伴随着高等教育体制改革的进一步深化，高等教育内部之间的竞争将更加激烈，高校间的竞争越来越取决于以学科建设为核心的办学层次、学术水平、人才培养质量等实力的竞争。整个高等教育呈现出一幅绚丽多姿的画卷。

该校正处于努力建设国内先进的综合性大学的新征程中，作为X大学的一个重要农科学院，农学院正面临着前所未有的巨大机遇和挑战。怎样充分借助合并契机、科大品牌和理工优势，与时俱进，乘势而上，焕发出新的生机，为"科教兴国、科教兴豫、科教兴农"提供智力支持，为该校跨越式发展增光添彩，是摆在我们面前的一项紧迫任务和庄严使命。

根据该校"国内先进，省内居于前列，具有明显特色的综合性大学"的发展目标，农学院决心把建设"特色鲜明、优势凸显、充满活力、校内居于前列、省内外有重要影响的现代生命科学学院"作为自己的奋斗目标，全面实施振兴工程，促使农学院持续、快速、健康发展。

一　国内综合性大学农科院系发展的趋势与经验

当前我国农业正在进行的结构性调整对大批高素质、高技能的农业人才提出了现实需要，我国在加入世界贸易组织后农业面临的新形势对农学和生命科学提出了新的更高的要求，以生物技术、信息技术为核心的现代高新技术为改造农业高等教育提供了契机。

国内综合性大学农科院系在激烈的竞争中只争朝夕，主动出击，加速发展，呈现出"千帆竞发、百舸争流"的生动景象。使综合性大学农科院系办学层次高端化、学科专业综合化、人才培养复合化等发展趋势越发明显。综观国内一流综合性大学以及与类似的地方综合性大学农科院系的发展进程，可以清楚地看到它们成功的经验。

（一）以合并为契机，抢抓机遇，大胆改革

通过我们对国内近十所综合性大学农科院系的考察分析，它们大体可分为两个层次，第一层次是以浙江大学农业与生物技术学院、上海交通大学农业与生物学院为代表的国内一流综合性大学的农科院系，其前身分别是浙江农业大学农科院系和上海农学院。第二层次是以西南科技大学生命科学与工程学院、广东湛江海洋大学农学院为代表的地方综合性大学农科院系，其前身分别是绵阳农业高等专科学校和湛江农业高等专科学校。

上述这些学校在分别与其他院校合并成立新的综合性大学后，他们都不失时机地借助合并这一历史性机遇，以更改学院名称、整合传统农科专业为突破口，提升办学层次，在较短时间内成功地实现了层次由低到高、影响由小到大、实力由弱到强的质的跨越，走出了一条快速健康、充满生机与活力的可持续发展兴院之路。

在办学层次上，第一层次的学院在合并后分别依托国内一流综合性大学的品牌优势迅速实现了办学层次由以本科为主向以研究性学院为主的转变，第二层次的学院则抓住合并的机遇，迅速实现了向本科教育的转变，在硕士研究生培养层次上也取得了实质性的突破，接连实现了办学层次的由专升本、由本升硕两次跨越。

在提升办学层次的同时，他们都能充分利用综合性大学理工科优势，不失时机地采取了诸如推进学科、专业的整合和优化，加强师资队伍建设，加大资金投入，改善办学条件等一系列改革举措。

（二）面向交叉学科，推进学科专业整合与优化

综合性大学农科院系，在学科建设上都积极面向交叉、边缘学科

求发展，在专业设置上坚持"大调整""宽口径"，主动适应生命科学发展与经济全球化的新形势和现代农业发展的需要，对原有农学类专业进行了实质性改造，提升了专业质量，迅速地扭转了招生被动局面，使学院重新焕发了生机。

例如，处于第一层次的上海交通大学农业与生物学院原有 13 个专业，经过两次调整新设置了"植物生物技术""资源环境科学"等五个专业。浙江大学农业与生物技术学院把原来的五个专业整合为一个"应用生物科学"专业，下设"种子科学与工程""应用分子生物学""茶学"等 5 个专业方向，使传统的农学学科得以优化。其后，招生形势迅速好转，该学院的本科招生，1999—2003 年分别高出省重点线 10 分、29 分、24 分、44 分、50 分，并校后曾一度被取消的省外招生资格又恢复了。第二层次的学院在专业设置上都新上学科交叉的生物技术等专业，为学院快速发展提供了动力和平台。

（三）实施"宽口径、厚基础、个性化"的培养方案，促进学生综合素质的提高

在积极推进学科专业整合的同时，各个院系在课程设置上都非常注重"宽口径""厚基础""个性化"，实行学分制、选修课制、"双语"教学等形式，打好专业基础平台，构筑综合性大学农科教育教学新模式。

第一层次的学院纷纷围绕人才培养目标的提升，不断调整、修订教学计划，通过重新设置课程，推出特色课程、精品课程，前两年打通公共基础课程，后两年按专业或专业方向分流等形式拓宽、加厚学生的专业基础。

第二层次的学院则纷纷向非正规课程"要基础、要个性"，鼓励学生参加科技活动如全国大学生"挑战杯"，实行导师制，外语学习附加课时制、早读制和四级一票否决制等形式促进了学生综合素质的提高。

（四）加大人才引进、培养力度，着力打造高素质教师队伍

教师队伍素质的高低，很大程度上决定着培养人才的质量，也关系到学院的发展。上述各层次学院都加大了"外引内选"的教师队伍建设力度，着力打造一支高素质教师队伍。一是加大高层次人才引进

力度，从外部引进高学历、高职称、造诣深甚至有国外学习研究经历者；二是选派优秀教师到一流大学或港澳地区、国外深造；三是围绕学科方向建立学科梯队，使每位教师明确研究方向，促使其围绕研究方向提高深造。

例如，上海交通大学农业与生物学院在学科方向上确定了植物生物技术、植物遗传育种、资源环境科学、生态学等 13 个学科方向，通过采取教师个人申报和组织协调相结合的方式，明确每位教师的发展方向；每月组织一次教师业务报告会，营造浓厚的学术氛围。这些举措有力地促进了教师业务素质的提高。目前已有 60% 的教师获得了博士学位，80% 的教师有国外学习或研究经历，新引进教师占 50% 左右。西南科技大学生命科学与工程学院利用与中国科技大学对口扶贫的政策优势，选派教师到中国科技大学学习、进修，邀请该校相关知名教授为教师授课，举办专题讲座；利用学校品牌专业建设经费和其他政策性经费支持，选派教师到香港科技大学和国外大学进行各种形式的研修、学习。

（五）加大资金投入，构筑学科教学研究平台

高素质、高质量人才的培养，既要有高水平的教师，也要具有与教育目标相匹配的教学实验实习和开展科学研究的良好条件，以多层次、多角度地满足学院教学、科研需要。各学校都非常注重加大资金投入，改善教学实验实习条件，构筑学科教学研究平台。

例如，第一层次的浙江大学农业与生物技术学院，拥有耕地 220 多亩，水域 100 多亩，塑料温室 10600 平方米，玻璃温室 940.7 平方米的教学农场。近年来，投资了 700 多万元，装修了实验楼，购置了实验仪器设备，建起了高标准重点实验室；投资 225 万元建起了一个实验中心，为学生实验实习创造了良好条件；又投入 500 万元，新建"浙江大学植物科学实验中心"。处于第二层次的西南科技大学加大了对生命科学与工程学院实验设备的投入，实验设备总价值由合并前的不足 50 万元跃升到如今的 300 万元。

（六）加强科学研究，形成研究特色

学校的科研水平从一定程度上反映了一所学校的办学水平。各校

下篇 学院发展战略

共同的特点：一是领导高度重视；二是教师精力投入；三是项目经费增加；四是研究层次提高。

第一层次学院以现代农业高新技术为主攻方向，在国家级研究项目、大额研究经费上取得了重大突破。

第二层次学院都纷纷调整研究方向，整合各方力量，形成合力和优势，申报大型重点项目，取得明显成效。近两年来，年均科研经费均在 100 万元以上。例如，西南科技大学生命科学与工程学院在科学研究方面，以小麦、水稻和西部特有的天麻、麦冬等为研究对象，加大了与中国工程物理研究院和当地种子公司的合作力度，在横向科研上取得了较大突破，近三年，学院横向科研经费占到年均科研经费的 70% 左右。不但拓展了研究领域，提高了研究的档次，而且还拓宽了研究经费的来源渠道，壮大了研究实力，形成了学院的研究特色。

（七）加强对外合作交流，实行开放式办院

上述各个学院从学科专业建设经费和其他专项经费中抽调资金，通过资助学科带头人、学院相关领导到国内重点大学、港澳地区、国外进修、考察，聘请知名专家做专题报告，聘请重点大学退休教授承担专业基础课程，与外界合作从事研究开发等形式，加强对外交流与合作，更新了观念，借鉴了外部成功的经验，巧借了外力，实现了学院跨越式发展。

二　农学院面临的形势

认清目前的形势，抓住一切有利条件，克服不利因素，顺应趋势，图谋发展，是摆在农学院面前的重大课题。

（一）发展振兴的优势条件

（1）X 大学的品牌优势。X 大学是河南省重点大学，其较高的社会地位和较大的社会影响力，为农学院发展赢得了良好的外部环境和难得机遇，为农学院在层次提升、人才培养、科学研究、学术交流等方面提供了更多的资源、更多的机遇、更广阔的空间、更大的舞台。

借助合并契机和科大品牌，农学院迅速实现了本科招生，使办学层次得以提升；从中国农业大学引进博士，实现了高学历人才引进零的突破；学校对实验室经费的投入，使农学院的实验条件得以初步改善；在合并后的较短时间内申硕的机会与尝试，使农学院明确了努力方向、积累了经验、坚定了信心。

（2）X大学的理工优势。X大学是一所多科性综合大学，其学科门类覆盖理、工等8个学科门类。学科门类较为齐全，尤其是工科基础厚、实力强，可促使学科交叉、渗透和融合，为学科建设带来了新的增长点、发展点和突破点，为农学院增强综合实力、提高办学层次、形成教学科研新特色提供了平台；更为农业与生命科学、环境科学、工程技术科学、人文社会科学、信息科学等新兴、交叉学科的结合提供了必要条件。

（3）农学院的农科特色优势。在过去的20多年中，经过不懈努力，我院在作物新品种选育、种子生产技术体系、旱作农业技术、牡丹开花技术等研究方面已具备了较好的基础，取得了一批重大成果，形成了明显研究特色。

几年来，农学院共获省部级科技成果奖25项，其中，该院选育的豫麦10号是河南省高校唯一通过国家审定的小麦品种，是河南省十大推广品种之一；由该院主持完成的省、市重大科技攻关项目"甘薯脱毒快繁及产业化开发应用"，已有12个品种脱毒成功，在生产上大面积示范应用，累计推广40万亩，平均增产78.5%，获洛阳市科技进步一等奖、河南省第十届发明博览会优秀奖；"牡丹周年开花技术"，首次实现了人工控制条件下周年四季开花，洛阳市委、市政府领导赞扬这项研究是多少金钱也难以得到的政治声誉。

（4）农学院的人才团队优势。该院是在原农学系的基础上广泛吸收有关人员重新组建的。现有专任教师45人，其中教授8人，副高职称人员13人，副高职称以上人员占专任教师的47%；博士7人（含在读），硕士19人（含在读），硕士以上人员（含在读）占专任教师的58%，有硕士生导师2人、省跨世纪学术技术带头人2人、市跨世纪学术技术带头人4人、省优秀中青年骨干教师2人。师资队伍结构合理，整体实力较强。

农学院主要领导发展思路清晰，能够统揽全局；领导班子团结一致，能够形成合力；上下思想一致，能够形成共识；人才资源充足、能够干事创业。该院每一名教职员工都能站在全局的高度，理解和支持学院的改革发展，具有强烈的危机感、紧迫感和责任感。我院已初步形成了"务实进取、拼搏向上、无私奉献、爱院兴院"的浓厚氛围，改革发展振兴的时机趋于成熟。

（二）发展振兴中亟待解决的问题

（1）生源不足，就业存在一定困难。高校的扩招，使考生在专业选择方面有了更大的回旋余地。由于历史和人们思想认识等原因，使得一些长线专业和艰苦专业受到考生冷落。其中农学类学科因专业老化、考生兴趣不大，受到的冲击较大。招进来的学生志愿调剂的多，第一志愿的少。2003 年，农学院烟草专科专业计划招生 105 人，实际报到 55 人，报到率为 52.4%。农学本科专业计划招生 140 人，实际报到 82 人，报到率为 58.6%，均低于该校平均报到率。由于现行体制等原因，学生就业存在一定困难，一次性就业率较低。

（2）专业划分过细，专业面太窄，亟待整合。教育作为上层建筑的一部分，本应走在社会发展的前沿，推动生产力的发展，但是我们现在的农科教育却远远滞后于生产力的发展。其中一个重要的制约因素就是传统的专业和学科多，适应社会需求和生产力发展的新专业、新学科少。目前，农学院仅一个本科专业，现有学科和专业因划分过细过窄，缺乏活力和发展后劲，也不利于学生的成才和就业，亟待整合。

（3）人才培养目标与社会需求存在较大差距。农学院原来的培养目标，以服务区域经济，培养应用型人才为主要目标，培养层次专科偏多，培养目标和层次与综合性大学的培养目标和层次有较大差距，难以适应社会对人才复合型、创新型的要求。努力培养和造就能够为现代农业、生物农业、设施农业及其他相关行业服务的高素质现代农业人才，已成为该院一个亟待解决的重大问题。

（4）学科带头人缺乏的问题比较突出。农学院尽管原有一支在教学、科研方面水平较高的教师队伍，但与综合性大学的要求相比还存在一定的差距，高层次学科拔尖人才匮乏显得比较突出。

（5）实验实习条件相对薄弱。长期以来，由于种种原因，基础设施欠账多，设施落后，代表现代化农业发展方向和技术的设施少。目前我院仍无校内教学、科研试验农场，教师不得不在外租地搞科研。现有实验条件也不能满足教学科研需要。

良好的机遇、有利的条件，使我们精神振奋，充满信心；暂时的困难，使农学院上下一心、思改思进。

三 农学院振兴的思路与目标

（一）总体思路

以加快学科建设为主线，以高水平学科队伍和重大科研项目为支撑，凝练学科方向、构筑学科基地；以提升办学层次、提高办学质量为核心，"压专扩本争硕"；用现代生物技术和信息技术整合传统农学学科，努力办成特色鲜明、优势凸显、充满活力、校内居于前列、省内外有重要影响的现代生命科学学院。

（二）具体目标

（1）实现办学层次的突破。第一，增设本科专业 2004 年农学（应用生物科学方向）、生物技术（植物生物技术）两个本科专业招生；2005 年将农学专业调整为应用生物科学专业，增设资源环境科学专业。

第二，争上硕士点争取 2005 年植物学和作物栽培与耕作学两个硕士学位点开点并招生。

（2）实现师资队伍质的突破。加大高层次人才引进、培养力度，引进学科带头人 3—5 名，在 2005 年使博士学位获得者达 10 人以上，硕士学位以上人员占专任教师的 80% 以上。

（3）实现人才培养质量的突破。在注重"宽口径、厚基础、个性化"的基础上，以培养高级应用型、复合型人才为主，兼顾创新研究型人才；毕业生就业率逐年提高，达到或高于校内毕业生就业平均水平。

（4）实现科研服务的突破。在科研项目上，瞄准有重大需求的前瞻性课题，集中力量、协作攻关，力争在国家级重大项目上有所突破；树立为地方区域经济服务的思想，积极推进"教授兴村""科技大院"等工程，争取使年科研经费达到或超过 100 万元。

争取建成 1 个校级重点实验室、2—3 个院级重点实验室，在新校区建成一个现代化实验示范农场。

四　农学院振兴的十项措施

（一）解放思想，更新观念，图谋发展

思想主导行动，思路决定出路。为此，学院拟在 2004 年上半年以"整合、振兴、发展"为主题，开展教育思想、教育观念大讨论，努力实现教育观念的现代化。

首先要转变"等、靠、要"的消极等待观念和闭关自守、固守传统农科的旧观念，以良好的心态、昂扬的斗志，勇于探索，大胆改革，拓宽农学学科发展的新路子。

其次要转变定位方式，跳出农科办农科的思维定式。摆正位置，把农学院放在 X 大学这所综合性大学的大背景下重新定位，而不是放在农业大学的背景下思考问题；立足现实，不追求主导学科，而要努力成为优势学科；不求做大，但求做强。

最后要转变学科设置思路，积极推进学科的整合与优化。充分利用 X 大学工科较强的优势，加强多科综合，优势互补，向交叉、边缘学科拓展。在专业设置上，要坚持"大调整""宽口径"，主动适应生命科学发展和经济全球化的新形势。

在转变上述观念的同时，还要树立新的人才观、质量观，形成以素质教育为核心的先进的教育思想体系，统一认识，为学院的改革、发展与振兴奠定思想基础。

（二）建议将我院确定为农科院系综合改革试点单位

为适应农科院校并入综合性大学的新形势，面对新情况、新问题，需要新探索。这是时代的呼唤，也是学校发展的需要，更是农学院义不容辞的责任。

农学院作为原洛阳农专成立最早的系科，基础厚、实力强、特色明显，愿主动承担起改革试点的重任。为此，农学院恳请学校把他们作为农科院系综合改革试点单位。农学院将以此为动力，加速发展，探索综合性大学农科院系改革发展之路，为该校其他农科院系发展提供经验借鉴。

（三）建议将农学院更名为"生命科学与工程学院"

（1）21 世纪是生命科学的世纪，成立生命科学与工程学院是综合性大学发展的战略举措。21 世纪是生命科学的世纪，生物技术作为其重要分支，在社会发展的进程中起着巨大的推动作用。建立生命科学与工程学院，培养现代生物技术人才是综合性大学的必然选择。

综观省内外综合性大学，都把建立一个高水平的生命科学学院，作为学科整合、学校发展的战略举措。

其成立有两种基本形式：其一，由农科院系并入的综合性大学，合并时利用农科优势直接把农学院（系）定名为生命科学与工程学院（系），如西南科技大学。或者合并后把农学院（系）更名、调整为生命科学类学院（系），如上海交通大学农业与生物学院、浙江大学农业与生物技术学院。其二，无农科院系并入的综合性大学，通过整合学科，新建生命科学学院（系）或生物工程系，如北京大学生命科学学院、清华大学生命科学学院、郑州大学生物工程系、河南大学生命科学学院。

（2）调整建立生命科学与工程学院是 X 大学发展的现实需要。X大学是一所多科性综合大学，迅速建立一个与该校地位和影响相匹配的生命科学与工程学院是该校发展的现实需要，该校多学科的优势，农学院的良好基础，也使其成为可能。

（3）调整建立生命科学与工程学院必将赋予农学院新的活力。农学院目前的院名及其下属学科与专业设置，是制约农学院发展的"瓶颈"。将农学院更名、调整为生命科学与工程学院，必将赋予农学院新的内涵，拓展学院发展的外延，打破制约"瓶颈"，在学科、专业、师资队伍以及招生就业等方面焕发出新的生机与活力。

（四）积极推进学科的整合与优化

随着现代生物技术的迅猛发展，与生物科学联系十分紧密的农业正在发生着质的变革。传统的农业学科正与现代生命科学、信息科学、环境科学、工程技术学科进行重组、改造，促使农业高等教育以农为主、综合发展的态势已经形成。用现代生物技术、信息技术来改造、整合传统农业学科是综合性大学农业学科的特色和优势。因此，顺应时代发展需要，用现代生物技术提升改造农学院现有农学专业，培育新兴、交叉专业势在必行，具体可分为两个实施阶段：

第一阶段（2003—2004 年），"压专增本"：①压缩或停招专科专业；②农学专业（应用生物科学方向），招 70 人；③增加生物技术专业（植物生物技术方向），招 130 人。

第二阶段（2004—2005 年），"扩本争硕"：①把农学专业调整为应用生物科学专业，招 70 人；②增设资源环境科学专业，招 70 人；③生物技术专业（植物生物技术方向），招 70 人；④争上两个硕士点，招 20—30 人。

（五）改革人才培养模式，提高人才培养质量

按照"宽口径、厚基础、个性化"的方针，尝试按院招生的"2 + 2"人才培养模式，即一、二年级的公共课和专业基础课相同，三年级按专业方向进行分流，实行导师制，对学生进行个性化培养。在教学内容和课程体系上，整合传统教学内容，开设新的综合性课程，扩充生物化学、分子生物学、细胞工程学等前沿学科知识，增加新的实验、实习环节，使学生掌握最新的生物科技知识，全面提高教学质量。用多媒体等现代化信息技术，努力实现教学方法和教学手段的现代化。利用综合性大学的学科优势，加强素质教育，加强创新、创业精神和实践能力的培养，将学生培养为"科学研究、技术推广及经营管理"等类型的高层次人才。

（六）加强课程体系建设，提高教学质量

目前，农科专业的课程内容普遍存在着窄、专、旧等问题，不能适应现代化农业科技发展的需要。因此，要以该校新一轮修订本科教学计划和实行学分制为契机，加大力度，对有关课程进行整合，除旧增新，深化学科的交叉和融合，打破专业界限，对不同专业的同一门课程做到"三个统一"，即统一教学大纲，统一教材，统一课时。按照"宽、博、新"的要求，构建新的课程体系。

（1）增加生物信息类内容和选修课程。增加分子生物学、细胞工程学、分子遗传学、信息工程学等新兴学科内容。增开选修课，使选修课增加到 10—15 门，选修课以人文、生物和信息等前沿学科为主。

（2）选用高质量教材。本科生选用综合性大学同类教材、面向21 世纪教材或获奖教材，生物化学、分子生物学、分子遗传学、细胞

工程学等专业基础课尽可能选用外文原版教材。

（3）加大实践教学改革力度，使实践教学贯穿于学生在校学习的全过程。将实验教学、课程实习、生产实习、毕业设计等环节对应于理论教学的四个学年中分步实施，减少验证性实验，增加综合性、设计性实验。

（4）夯实基础，以评促建。专升本后，如何夯实基础，规范管理，顺利地通过教育部的本科合格评估，使本科教学质量明显提高，是农学院面临的一项紧迫任务。为此，该院应把迎评工作作为一条主线贯穿于教学工作始终，作为一把手工程，强化领导、建章立制、规范管理、加大投资、以评促建、提高质量。

（七）汇聚学科队伍，形成梯队优势

没有一流的教师，就不可能有一流的大学，高素质的教师队伍是学院发展的根本保证。2003年申报硕士点的经历，使农学院深刻地认识到硕士点之所以与该院失之交臂，一个主要因素就是缺少高层次的拔尖人才。因此，学院将在学校的统筹下，以高度的责任感、使命感和历史紧迫感，做好拔尖人才的引进与培养工作。

（1）引进高层次学科带头人。通过选聘、柔性引进等方式，加大高层次拔尖人才引进力度。2003—2004年重点引进3—5名在生物工程、作物高产栽培理论、旱作生理生态、植物资源利用等方面有一定建树的高层次学科带头人。

外聘院士、知名专家和优秀企业家等人士为农学院客座教授，并组成顾问团，共谋学院未来的振兴、发展大计。

（2）加大高层次人才的培养力度。每年选派2—3名学术带头人到一流大学、中国科学院及港澳地区或国外学习进修或做高级访问学者。

（3）积极推进中青年教师的"硕博化"工程。今后要按照农学院确定的学科研究方向，有计划地选派教师到国内一流综合性大学攻读学位。到2005年，力争全院专职教师具有硕士以上人员达80%以上，其中博士学位者达20%以上。

（4）开设学者论坛，营造学术氛围。每月安排2—3名学科带头人、硕士或副高以上人员做业务报告；学科带头人、博士、教授每年面向全院师生举行一次学术报告会。

（八）构筑学科基地，打造高水平研究平台

学科基地是教学和科学研究发展的基本支撑条件。为了尽快扭转学院教学和研究基础设施相对薄弱的被动局面，在基础设施及实验室建设上主要抓好以下几方面工作：

（1）加大实验室建设力度，满足教学、科研需要。为满足本科教学评估需要，根据本科教学评估的要求，首先，对原有实验室的管理体制进行调整，组建3—4个功能型实验室（分析天平室、显微解剖室、大型仪器室等）；按研究方向建设3—5个研究型实验室（细胞工程、生物工程、旱作生理生态等），并逐步向本科生开放；其次，通过专家进一步论证，用好日元贷款和本科专业建设资金，满足本科专业教学需要；最后，争取专项资金和外部资金，重点建设细胞工程和生物工程实验室，促进高水平研究平台的形成。

（2）分步实施，建设高标准教学实验农场。根据国家教育部对农科类学生实习基地的要求，恳请学校在新校区建设一个100—150亩的高标准教学实验农场，以满足2005年本科教学评估和科学研究的需要。其具体建设可分两期实施。

第一期：2003年年底至2004年3月，在新校区划定50—80亩实验实习农场，争取在2004年4月种植教学实验材料，满足本、专科教学急需。

第二期：实验实习农场面积扩大到100—150亩，争取学校、学院、课题组和社会企、事业单位多方投资，逐步建成一个现代化、高标准的实验示范农场。

（九）凝练学科方向，争上硕士点

根据农业现代化和区域经济发展对农业科学技术的需要，对学科发展的方向进行凝练，使学科结构更优化，定位更准确，重点更突出，特色更鲜明。以高产、优质、多抗作物新品种选育为龙头，以旱作生理生态研究为重点，力争在作物高产栽培与理论、旱作生理生态、植物遗传育种、植物脱毒快繁、牡丹产业化开发及植物资源的开发利用等方面形成独具特色、相对稳定的研究方向，以这些特色研究为支撑，通过深入、细致、扎实的工作，创造条件，争取在 2005 年使植物学和作物栽培与耕作学两个学科的硕士点开点并招生，2005 年计划招收硕士研究生 20—30 人。

（十）发挥自身优势，积极为地方经济建设服务

为地方经济建设服务是高等学校的重要职能之一。我们要进一步强化为地方经济建设服务的意识，在学科建设和科研方向上要面向地方经济建设，瞄准前瞻性课题，集中优势力量，开展研究，争取在事关地方经济发展的重大项目上有所突破；在院内分配制度上，积极引导、鼓励教师深入社会，主动投身地方经济建设的主战场，推进"教授兴村""科技大院"工程，以贡献求支持、以支持求发展；找准教学、科研、成果转化与地方经济建设的结合点，加大与地方政府部门、科研、企事业单位的协作攻关力度，争取在科学研究、技术推广、人才培训等方面有大的作为。

农学院振兴行动计划，是该院在"三个代表"重要思想指引下，综观国内外综合大学农科院系的发展趋势，分析了该院振兴发展面临的形势，在广泛调查、论证基础上达成的共识，必将对该院发展产生重大而深远的影响。农学院坚信，在校党委、校行政的正确领导下，在学院全体师生员工的共同努力下，伴随着学院振兴行动计划的实施，农学院将和学校一道迎来一个灿烂明媚的春天！

第二节　X 大学农学院 10 年工作简要回顾

一　工作基础①

农学院是在原洛阳农专农学系的基础上组建的，成立时尽管经历了 27 年的发展，但在综合性大学中仍具有"小、弱、远"三大明显特征。

所谓小，是指规模小：合并时，农学院仅有教职工 56 人，本科

① 本节由 X 大学农学院院长李友军教授于 2012 年 4 月执笔写作。

专业仅有 1 个，本科生仅有 62 人。

所谓弱，是指实力弱：合并时，教师中没有 1 个博士，学生教育以专科为主，农学院仪器设备总值仅 154 万元；科研经费不到 20 万元，发表论文 52 篇，出版著作 3 部。

所谓远，是指远离校机关，交通不便，信息较为闭塞。

同时，农学院在发展中还面临着招生专业少，学生报到率低、实验设备投入不足、办公经费较少等诸多困难。

二　工作成效

（一）办学层次取得突破

合并后三年实现了由专科向本科、由本科向研究生教育的两次跨越。2004 年，学院实现了全部本科招生，2005 年一次申报成功包括农学和理学两个学科门类的 4 个硕士点。目前，农学院本科专业有 5个：农学、种子科学与工程、生物科学、生物技术、资源环境科学，自考本科专业 2 个：农学、生物技术，形成了以农学学科为优势，生物科学和环境科学为两翼专业协调发展的格局见表（14－1）。拥有农学校级特色专业、作物学校级教学团队、生态学校级双语教学示范工程、农学与生物校级教学示范中心、作物栽培学等 6 门校级精品课程。学院的教学评估受到教育部评估专家的肯定，并受到专家组长的重视及深入考察和好评。

表 14－1　　　　　　2002—2011 年本科专业设置一览

年份	本科专业				
2002					
2003	农学				
2004	农学	生物技术			
2005	农学	生物技术	生物科学		
2006	农学	生物技术	生物科学		
2007	农学	生物技术	生物科学		
2008	农学	生物技术	生物科学	资源环境与科学	
2009	农学	生物技术	生物科学	资源环境与科学	
2010	农学	生物技术	生物科学	资源环境与科学	
2011	农学	生物技术	生物科学	资源环境与科学	种子科学与工程

（二）师资队伍取得质的突破

目前，农学院共有教职工100人，专职教师（包括教辅）91人。有教授11人，副教授38人，高级职称人数占53.9%。共有博士53人，占58.2%。教授、博士人数位居全校第二位。有博士生导师1人、硕士生导师27人，省管专家1人、省学术技术带头人2人（见表14-2）。

表14-2　　　　　2002—2011年农学院师资状况统计

年份	总人数	专任教师人数	教授	副教授	硕士	博士	副高以上职称占专任教师比例（%）	博士学位占专任教师比例（%）
2002	56	42	6	12	13	0	42.86	0.00
2003	58	43	8	10	14	1	41.86	2.33
2004	71	56	7	11	26	4	32.14	7.14
2005	84	67	8	13	34	9	31.34	13.43
2006	89	74	8	16	34	19	32.43	25.68
2007	100	85	10	19	36	32	34.12	37.65
2008	99	84	11	22	39	37	39.29	44.05
2009	94	81	12	26	36	40	46.91	49.38
2010	97	80	35	32	44		57.50	55.00
2011	101	82	11	42	27	52	64.63	63.41

（三）人才培养质量显著提高

学生第一志愿率由2002年的寥寥无几到2005年之后的100%，平均报到率由2002年的61.39%提高到现在的98%左右。2002级首届本科生的考研录取率达32.79%（见表14-3），之后连续4年稳居全校第一，年年被评为考研先进单位。学生就业率一直稳定在98%以上，位于全校前列。学生工作的"六个工程"和"六条途径"受到教育部李卫红副部长的高度好评。

（四）学科建设水平显著提高

目前，学院有一级硕士点3个：作物学、生态学、生物学，二级硕士点15个和1个农业推广专业硕士学位授权点。作物学为该校6

个省级一级重点学科中的一员，植物学为省级二级重点学科。有洛阳市"旱作与节水生理生态"和"洛阳市牡丹生物学"2个市级重点实验室及"牡丹培育与深加工"河南省高校工程技术研究中心。

表14-3　　　　农学院人才培养质量主要指标变化情况

项目 / 年度	四级通过率（%）	考研录取率（%）	第一志愿上线率（%）	报到率（%）	就业率（%）
2002				61.39	
2003				58.45	
2004	48.32			77.78	
2005	75.31		199.5	88.34	94.1
2006	42.98	32.79	176.3	89.76	97.2
2007	60.01	40.51	213.9	90.41	95
2008	74.83	43.80		96.63	95
2009	71.47	55.87		96.43	98
2010	72.66	37.33		96.12	98
2011	64.68	46.65		93.07	100

（五）科研水平大幅度提高

2011年，农学院共承担国家级项目8项，省部级和地厅级项目26项，全年入院科研经费达362万元，SCI、EI收录18篇，著名期刊26篇，核心期刊87篇，出版教材4部，专著3部。特别在承担高级别项目和成果奖励上成效显著。2007年在农科院系率先实现了国家自然基金的突破，五年来获国家自然基金资助的项目达11项，位居全校的第二位（见图14-1）。获国家科技进步二等奖1项，省科技进步二等奖6项。培育小麦新品种2个，玉米新品种1个。

（六）学院综合实力显著提高

班子团结，思路清晰，议大事，抓机遇，干实事；同志们心系学院，埋头苦干，潜心教学科研，"艰苦奋斗，拼搏向上"的农学精神不断巩固和深化，学院综合实力和社会影响力显著提高。学院的教学评估受到教育部评估专家及专家组长的双重好评，招生第一志愿率、新生报到率、学生就业率和考研录取率不断提高，该校农科跨入2009年中国大学农学50强，名列第49位。院党委荣获学校"先进党委"和"河南省高等学校先进基层党组织"称号。

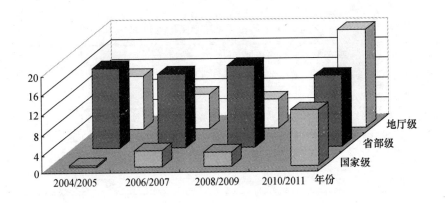

图14-1 农学院教师主持各级纵向课题情况

三 主要举措

（一）认真调研谋划，厘清工作思路，制定发展战略

思想主导行动，思路决定出路。如果说，第一届是农学院求生存关键几年的话，第二届则是农学院求发展的关键三年，第三届是农学院内涵发展求实力的关键几年。每一届班子都会认真总结上届学院取得的成绩与经验，深刻分析存在的问题与困难，科学估计面临的机遇与挑战，反复调研，广泛论证，提出思路，订好规划。

第一届针对农学院发展中遇到的问题，提出了"全面整合，重点突破，主动出击，迎接挑战"的口号，2003年下半年，在该院开展了教育思想、教育观念大讨论，同时，兵分三路对浙江大学、上海交通大学、西南科技大学、湛江海洋大学等综合性大学进行了学习考察，厘清了学院的发展思路，科学制定了学院的发展规划，即农学院《"1441"振兴工程》：抓住一条主线，依托四大优势，实现四大突破，强化十大措施。

第二届确立了学科建设、队伍建设、条件建设、实力提升"四位一体"的工作思路，即以科学发展观为指导，以加快学科建设为龙头，以提高综合实力为核心，以优化队伍建设为关键，以完善条件建设为保障，促进学院各项事业的快速发展。

第三届确立了内涵发展增实力之路，即围绕"质量立院、科研强院、人才兴院"的战略，以深化内涵建设为核心，以不断提高核心竞争力为目标，主动规划，重在建设，突出重点，全面推进，狠抓落实，全面加强人才队伍建设、教学质量工程建设、学科建设和党的建设，持续提高人才培养质量和科研水平。

（二）采取各种措施，创造团结和谐、发愤向上的工作氛围

建立了学院党政班子议事制度，班子成员能够讲团结，顾大局，识大体，遇事及时沟通，达成共识。在广大教职工中，通过政治学习和正面教育引导，开展丰富多彩的文体活动，制定规范的管理措施，公开、公平、公正的处理学院事务，树立了正气，增强了学院的凝聚力和感召力。目前，农学院达到了空前的团结，领导班子团结、勤奋、务实，广大教工爱院兴院、干事创业、人人争先。

（三）加强制度建设，规范学院管理

先后制定了《农学院月初例会制度》《院办公室岗位职责》《研究所所长岗位职责及考核办法》《农学院院内奖金分配办法》等规章制度20余项和10个教学、科研、学科建设奖惩文件，规范了学院管理，提高了工作效率。

（四）解放思想，加强高层次人才的引进和培养工作

合并之初的2003年，硕士点申报的失之交臂，使我们深刻地认识到高层次拔尖人才的重要性。在随后制定的农学院《"1441"振兴工程》中，农学院就明确地提出，要在学校的统筹下，以高度的责任感、使命感和历史紧迫感，做好拔尖人才的引进与培养工作。这一点现在说起来看似容易，但当时学院的情况是本科招生专业只有1个，招生人数少，报到率低，农学院老师的教学工作量津贴和岗位津贴都非常低，是否进人教师和干部的认识并不十分一致。该院顶住压力，利用学校的优惠条件，严格执行学院制定的"德才兼备，既能公关，

又能科研"的进人标准，以热情、盛情打动人，加大了博士的引进力度。2003 年，从中国农业大学引进博士 1 人，实现了学院博士零的突破，之后逐年增多。仅 2007 年一年就引进博士 11 人。2008 年之后，农学院逐步地提高了进人标准，重点引进具有海外经历和高水平 SCI 论文的博士。近八年来，农学院共引进博士 34 人，占全院博士人数的 64.1%。在加大博士引进力度的同时，该院明确提出了要积极推进中青年教师的"硕博化"工程，近八年来，农学院共送培博士 26 人，其中，已获博士学位 19 人，送培博士占农学院博士人数的 35.9%。目前，农学院共有博士 53 人，占全院教师人数的 58.2%。

（五）采取措施，鼓励青年教师脱颖而出

一是利用前几年农学院招生数量较少的机会，选送优秀博士到中科院、北大、清华等综合性大学做博士后研究，进一步提高该院的科研水平和能力，同时加大与国家科研院所和著名综合性大学的联系。近几年来，农学院共送出博士后研究人员 15 人。

二是提倡和鼓励优秀博士到国外做高级访问学者，进一步开阔视野，提高能力。现已回国 2 人，即将送出 3 人。

三是出台措施，加大教学、科研和学科建设的奖惩力度。近年来，学院陆续出台奖惩文件 10 个，有力地促进了学院的教学、科研和学科建设工作，促进了青年教师的脱颖而出。毕业的博士中，已有 1 人被推荐为河南省杰出人才，1 人被评为河南省高校创新人才，4 人被评为河南省高校青年骨干教师。

（六）创造条件，加强科研和学科建设工作

农学院现有实验室面积 1289 平方米，教学仪器设备总值 419 万元，实验农场可利用面积仅有 40 余亩，且设施极不配套和完善。为解决这些问题，一方面学院利用有限的经费，极力改善实验条件，建立开放实验室，全方位、全时段为教师和学生开放，同时加大教学实验室在没课情况下的开放力度；另一方面全院教师不等、不靠、不抱怨，凭着高度的责任感和使命感，利用自己的经费购买设备、把自己的工作室改造为实验室等，创造条件，高标准地完成他们承担的省市及国家级科研项目，受到了有关领导和专家的好评，为持续争取高级别的项目奠定了基础。农学院 2015 年获得的两项面上项目就是在完成了青年基金项目的基础上获得的。

目前，学院在小麦、玉米新品种选育、旱作与节水、牡丹生物学研究及四级种子生产技术等方面已形成明显特色，在省内外具有重要影响。

四　主要经验

十年的实践使农学院深刻地认识到，学院要实现快速的发展，厘清思路，科学制定规划是前提；团结和谐，创造干事创业的氛围是保证；结合实际，加强制度建设是基础；抓住重点，集中精力搞建设是途径；科研促进教学，加快学科发展是核心；引进与培养并举，促进优秀人才脱颖而出是关键。

五　努力方向

学院发展的内涵建设有待于进一步深入，有影响力的专家、学者还需下大力气培养，实验农场和实验室建设还需进一步加强。

回顾农学院十年来的工作，可以自豪地说，一个特色明显、优势凸显、充满活力、团结和谐、发展后劲十足的农学院已经形成，同时我们也坚信，在校党委、校行政的正确领导下，在有关部门的大力支持下，农学院一定会在科大的跨越式发展中做出更大的贡献！

X 大学访谈分组总结

机电工程学院

时间：2012 年 5 月 15 日晚上 7 点 30 分

地点：西苑校区图书馆会议室

参加人员（大三）：王文举、冯伟伟、徐啸、田小雷、沈亚奇、李志帅、王帅、陈宅宗、梁辉

讨论时间：80 分钟

主要内容：学业挑战度、生师互动

要想考试成绩好还得看往年试卷。

导师以团队形式做项目，和老师沟通少。

实验室设施差，基础化教育和实验脱节。

学习课本知识，感觉成绩和学习没有必然联系，强制自习太多。

学习有交流，其他交流少。

教师上课不能把手机关机，影响正常上课。

教师上课是副业，教学应付。

搞科研的教师讲课较好（老师有钱却骑破自行车，很感动）。

行政教师多，形式主义强。

教师照本宣科。

学业强度不够，很多是学校已经规定好的。

学生比较懒惰，学校不要怕严格要求学生，学生潜力很大。

课程分布不合理，大二课程应该多一点、严一点，理论和现实应该相结合。

老师可以带学生进行实验活动。

大二课程少，大三课程多。学习时间多，挺难的。

课程要求一般，专业课要求高。

学习多不多主要看学生态度，大学时大众化教育，无专心研究，应付考试。

技术经济学这类课程无意义，学习太杂了。

政治经济等可以从其他途径了解到。

大一、大二专业课少，公共技术课多（物理大化），大三课程多。

四、六级和专业无关。

大三实验多，实验要求降低。

实践理论，没看过实物，就去接受理论。

制度很严，人情在，实际要求降低了。

平时成绩，考试成绩，教师找平衡，给学生开绿灯。

不要怕大面积挂科，留级无意义，学生希望学校严格一点。

提前修学科，很困难。学生有要求，选课很麻烦，考试撞车，完全学分制。

考试难度不高，课本深度可以。

资金投入少，行政支配学术，教师个人能力也不同。

成绩符合正态分布。导师素质不一样，感觉大学老师不忙，在忙自己的事情，老师学生彼此应付。

学校对老师挂科率有要求，造成要求更松，老师为了考试而讲课。

总结：

学校里面很多制度制定很严格，很具有公平性，但是，执行起来就会考虑人情因素，像考试，本来一个学生成绩不及格，要挂科，老师就会把平时成绩打得很高，使其可以顺利通过考试。学校设置留级等制度基本上没有约束力。

材料科学与工程学院

时间：2012 年 5 月 17 日下午 3 点

地点：开元校区图书馆 2 楼

参加人员（大一）：翟树森、张越航、丁飞翔、王晓国、石洪勇、

李亚江、韩超男、史俊娜、王文东

讨论时间：60 分钟

主要内容：生师互动、教育经验丰富程度

感觉互动没有必要，对有些课程不是太感兴趣（像数学）。

老师对学习要求不高，没有强调学习的重要性，认为学习没有用。

对学生要求一下子松了，早晚自习强调不强制，生活太安逸了。

学习的内容太少，没有问题去问，和同学讨论比较方便。

活动内容不是很感兴趣，过去凑人数。

进大学堕落了，自控能力差。

信息不流通，学生和老师沟通不到位（有什么项目的学生也不知道）。

校内网使用不方便。

有些老师普通话不好，听不懂说话内容。

课程可以公开，相互间进行学习。

课程应用不清，电子版课件很落后。

不重视电脑的运用，常规操作不行。

C 语言应该上机实际考试。

课程安排不合理，一下子增多。

无形的作业多。

强制性的东西应该有，学习积极性不高，关于学习的活动少，学习目标不明确。

调动学生学习的积极性，使学生有学习的意愿，多引导学生学习，体会到课程的重要性。

开一些切合实际的讲座。

考试的形式化比较严重。

团体很重要，有问题大家一起解决。

总结：

大学生不能很快从高中的学习模式中走出来去适应大学的学习模式，同时教师又没有强调学习的重要性，使得很多学生认为大学生就不用好好学习了。学生普遍认为大一这一年特别重要，着重强调学生的学习方式，调动他们的学习积极性，同时，可以多开展一些和学习有关的活动、介绍和专业相关的比较浅显的知识，使学生有一个逐渐适应的过程，也可以使学生的学习更具有目标性。

教师之间讲课水平差距比较大，可以将比较受学生欢迎的教师课程公开，使老师和学生之间可以相互学习。

一些学生认为，和老师互动没有必要，一般问题学生之间讨论一下就可以解决了，去和老师讨论会比较麻烦。

X大学六项因素分专业对比分析数值（学业挑战度）

多重比较

(I) 学科	(J) 学科	平均差 (I−J)	标准差	显著性水平	95% 置信区间 下限	上限
经济学	法学	1.0500	2.7240	0.7000	−4.2938	6.3937
	教育学	5.6477	6.4670	0.3826	−7.0389	1.8334E1
	文学	−0.1698	2.7044	0.9500	−5.4750	5.1355
	历史学	2.3739	6.4670	0.7136	−1.0313E1	1.5061E1
	理学	0.4899	2.6152	0.8514	−4.6404	5.6202
	工学	−1.2843	2.3734	0.5885	−5.9402	3.3717
	农学	−0.7415	2.5103	0.7677	−5.6660	4.1830
	医学	−2.7294	2.4876	0.2728	−7.6095	2.1507
	管理学	3.2983	2.6152	0.2074	−1.8320	8.4286
法学	经济学	−1.0500	2.7240	0.7000	−6.3937	4.2938
	教育学	4.5978	6.2008	0.4585	−7.5666	1.6762E1
	文学	−1.2198	1.9851	0.5390	−5.1141	2.6746
	历史学	1.3240	6.2008	0.8310	−1.0840E1	1.3488E1
	理学	−0.5601	1.8618	0.7636	−4.2124	3.0923
	工学	−2.3342	1.5034	0.1207	−5.2835	0.6150
	农学	−1.7915	1.7113	0.2954	−5.1487	1.5657
	医学	—	1.6780	0.0245	−7.0711	−0.4877
	管理学	2.2483	1.8618	0.2274	−1.4040	5.9007
教育学	经济学	−5.6477	6.4670	0.3826	−1.8334E1	7.0389
	法学	−4.5978	6.2008	0.4585	−1.6762E1	7.5666
	文学	−5.8175	6.1922	0.3476	−1.7965E1	6.3299

续表

(I) 学科	(J) 学科	平均差 (I-J)	标准差	显著性水平	95% 置信区间 下限	95% 置信区间 上限
教育学	历史学	-3.2738	8.5353	0.7014	-2.0018E1	1.3470E1
	理学	-5.1578	6.1537	0.4021	-1.7230E1	6.9142
	工学	-6.9320	6.0550	0.2525	-1.8810E1	4.9463
	农学	-6.3893	6.1099	0.2959	-1.8375E1	5.5968
	医学	-8.3772	6.1006	0.1699	-2.0345E1	3.5907
	管理学	-2.3494	6.1537	0.7027	-1.4422E1	9.7226
历史学	经济学	-2.3739	6.4670	0.7136	-1.5061E1	1.0313E1
	法学	-1.3240	6.2008	0.8310	-1.3488E1	1.0840E1
	教育学	3.2738	8.5353	0.7014	-1.3470E1	2.0018E1
	文学	-2.5437	6.1922	0.6813	-1.4691E1	9.6037
	理学	-1.8840	6.1537	0.7595	-1.3956E1	1.0188E1
	工学	-3.6582	6.0550	0.5458	-1.5536E1	8.2201
	农学	-3.1155	6.1099	0.6102	-1.5102E1	8.8706
	医学	-5.1033	6.1006	0.4030	-1.7071E1	6.8645
	管理学	-0.9244	6.1537	0.8806	-1.1148E1	1.2996E1
理学	经济学	-0.4899	2.6152	0.8514	-5.6202	4.6404
	法学	0.5601	1.8618	0.7636	-3.0923	4.2124
	教育学	5.1578	6.1537	0.4021	-6.9142	1.7230E1
	文学	-0.6597	1.8330	0.7190	-4.2555	2.9361
	历史学	1.8840	6.1537	0.7595	-1.0188E1	1.3956E1
	工学	-1.7742	1.2958	0.1712	-4.3162	0.7679
	农学	-1.2314	1.5322	0.4217	-4.2372	1.7743
	医学	—	1.4948	0.0314	-6.1518	-0.2869
	管理学	2.8084	1.6986	0.0985	-0.5238	6.1406
工学	经济学	1.2843	2.3734	0.5885	-3.3717	5.9402
	法学	2.3342	1.5034	0.1207	-0.6150	5.2835
	教育学	6.9320	6.0550	0.2525	-4.9463	1.8810E1
	文学	1.1145	1.4675	0.4477	-1.7645	3.9934
	历史学	3.6582	6.0550	0.5458	-8.2201	1.5536E1
	理学	1.7742	1.2958	0.1712	-0.7679	4.3162

续表

(I) 学科	(J) 学科	平均差 (I-J)	标准差	显著性水平	95% 置信区间	
					下限	上限
工学	农学	0.5427	1.0684	0.6116	-1.5532	2.6387
	医学	-1.4452	1.0141	0.1544	-3.4346	0.5443
	管理学	—	1.2958	0.0004	2.0405	7.1246
农学	经济学	0.7415	2.5103	0.7677	-4.1830	5.6660
	法学	1.7915	1.7113	0.2954	-1.5657	5.1487
	教育学	6.3893	6.1099	0.2959	-5.5968	1.8375E1
	文学	0.5718	1.6799	0.7337	-2.7238	3.8673
	历史学	3.1155	6.1099	0.6102	-8.8706	1.5102E1
	理学	1.2314	1.5322	0.4217	-1.7743	4.2372
	工学	-0.5427	1.0684	0.6116	-2.6387	1.5532
	医学	-1.9879	1.3026	0.1272	-4.5433	0.5676
	管理学	—	1.5322	0.0085	1.0341	7.0456
医学	经济学	2.7294	2.4876	0.2728	-2.1507	7.6095
	法学	—	1.6780	0.0245	0.4877	7.0711
	教育学	8.3772	6.1006	0.1699	-3.5907	2.0345E1
	文学	2.5596	1.6459	0.1201	-0.6692	5.7885
	历史学	5.1033	6.1006	0.4030	-6.8645	1.7071E1
	理学	—	1.4948	0.0314	0.2869	6.1518
	工学	1.4452	1.0141	0.1544	-0.5443	3.4346
	农学	1.9879	1.3026	0.1272	-0.5676	4.5433
	管理学	—	1.4948	0.0001	3.0953	8.9601
管理学	经济学	-3.2983	2.6152	0.2074	-8.4286	1.8320
	法学	-2.2483	1.8618	0.2274	-5.9007	1.4040
	教育学	2.3494	6.1537	0.7027	-9.7226	1.4422E1
	文学	-3.4681	1.8330	0.0587	-7.0639	0.1277
	历史学	-0.9244	6.1537	0.8806	-1.2996E1	1.1148E1
	理学	-2.8084	1.6986	0.0985	-6.1406	0.5238
	工学	—	1.2958	0.0004	-7.1246	-2.0405
	农学	—	1.5322	0.0085	-7.0456	-1.0341
	医学	—	1.4948	0.0001	-8.9601	-3.0953

注：＊平均差在 0.05 以内的显著性水平。

X 大学硕士毕业生调查问卷

亲爱的同学：

您好！首先祝贺您通过研究阶段的学习顺利走向工作岗位！在您即将离开母校之际，我们想了解一下你对学校研究生培养管理的看法，以便为今后的研究生培养管理政策制定提供依据。本问卷属于无记名调查问卷，共计有 50 道小题，可能需要花费你 20 分钟左右的时间，每题均为单项选择，如果你觉得有多种答案，请从中确定最主要的一项，并在相应题号的选项上画"√"。谢谢！

您读研专业属于：

①人文社会学科；②理工农医类学科

您读研专业属于类型：

①全日制学术型学位；②专业学位成绩

1. 您认为您被录取到学校读研的最重要原因是：

①入学考试成绩名次；②研究能力；③理论基础；④综合素质；⑤其他

2. 您的第一学历是：

①中专、中师、高中；②普通大专；③普通本科

3. 您目前读研专业与您的原来所学专业的一致性：

①完全一致；②同属一级学科；③跨一级学科；④跨学科大类（共有 12 个学科大类）

4. 您读硕士研究生的最主要目的是：

①不想马上就业；②改变目前的生活环境；③评职称或晋升职位时具有竞争优势；④觉得自己适合做研究；⑤工作需要充电；⑥其他

5. 您目前就读的专业与您当初报考志愿的一致性程度是：

①完全一致；②校内调剂专业；③跨校同一专业调剂；④跨校跨专业调剂

6. 如果您读研前有工作经历（无工作经历者不选），您认为工作经历与您研究生期间的学习之间关系是：

①有很大帮助；②有帮助；③说不准；④帮助不大；⑤完全无帮助；⑥其他

7. 您目前接受的是哪种导师指导方式：

①单一导师制；②正副导师制；③指导小组制；④其他

8. 您最赞成哪种导师指导方式：

①单一导师制；②正副导师制；③指导小组制；④其他

9. 您最赞成下列哪种导师与学生的组合方式：

①学生选导师；②导师选学生；③导师、学生双向选择；④学院指定导师；⑤学院统筹兼顾

10. 自从您被确定导师后，您接受导师指导的平均次数是：

①每周--次；②每两周一次；③每月一次；④每一个半月一次；⑤每两个月一次

11. 您认为导师对您的要求是：

①很严格；②严格；③一般；④不太严格；⑤很不严格

12. 您对导师的指导效果的态度是：

①很满意；②满意；③说不准；④不满意；⑤很不满意

13. 您认为目前您专业的课程数量：

①很大；②大；③一般；④小；⑤很小

14. 您认为目前您专业的课程覆盖面：

①很宽；②宽；③一般；④窄；⑤很窄

15. 您认为目前您专业的课程前沿性：

①很强；②强；③一般；④弱；⑤很弱

16. 您对改进您专业课程数量的建议是：

①压缩；②保持现状；③增加

17. 您对改进您专业课程结构的最主要建议是：

①增加研究方法和工具类必修课程；②增加研究前沿类选修课

程；③保持现状；④压缩一些必修课程

18. 在您专业课程学习期间，你们多数老师的授课方式主要是：

①以教师讲授为主；②教师讲授与学生自学相结合；③以在教师指导下的学生自学和自由讨论为主；④以做课程论文或实验为主；⑤说不准

19. 在课程学习过程中，您对待老师布置作业的态度是：

①看作是研究能力的实际训练，认真做好；②作业太多，应付能得个学分就行；③视老师严格程度而定；④其他

20. 在知识、能力和素质提高方面，您认为最有效的途径是：

①与课程相关的学习；②科研项目的参与；③与学科专业相关的实践锻炼；④学位论文的完成；⑤其他

21. 您对自己在学习与研究过程中出现的突发灵感或偶发感想的处理方式是：

①马上记下来，随后处理；②停止手中的事情，想个明白；③找人讨论，力图弄个明白；④一笑了之，随它去吧；⑤没有发生过

22. 您对待学习过程中实践环节的态度是：

①实践环节很重要，能够锻炼实际能力；②实践环节很必要，但实践内容有待改进；③没有必要；④说不准

23. 在读研期间，您参与导师研究课题的数量是：

①0 项；②1 项；③2 项；④3 项；⑤4 项及以上

24. 您参与过导师研究课题的最高级别是：

①国家社会科学（自然科学）基金项目；②除科技部之外的其他中央部委项目；③省级社会科学或自然科学项目；④地厅级项目；⑤企事业单位的横向委托项目；⑥其他

25. 如果您已经参与导师研究课题的话（未参加者不选），那么您承担的主要任务是：

①独立负责子课题的设计与实施；②收集文献；③数据整理与统计分析；④撰写课题结项报告；⑤其他

26. 您的硕士学位论文选题来源于：

①导师的研究课题；②导师指导与个人学术兴趣特长的结合；③

自主选题

27. 您对参与导师研究课题的态度是：

①很喜欢；②喜欢；③无所谓；④不喜欢；⑤很不喜欢

28. 您对导师支付研究生参与研究课题报酬的态度是：

①很支持；②支持；③中立；④不支持；⑤很不支持

29. 您在写作硕士学位论文过程中遇到的最主要困难是：

①自身的知识基础和研究能力储备不足；②自身投入的精力不足；③研究经费不足；④缺乏学术交流氛围；⑤导师指导不充分；⑥缺乏实践部门支持；⑦其他

30. （文科研究生回答）您对学校图书馆条件的态度是：

①很满意；②满意；③说不准；④不满意；⑤很不满意

31. （理工农医学科研究生回答）您对学校实验室条件的态度是：

①很满意；②满意；③说不准；④不满意；⑤很不满意

32. 您对学校网络服务的态度是：

①很满意；②满意；③说不准；④不满意；⑤很不满意

33. （文科研究生回答）近一年来，您阅读的专业书籍数量是：

①1—10 部；②11—20 部；③21—30 部；④31—40 部；⑤41 部以上

34. （理工农医学科研究生回答）近一年来，您每周做实验的时间是：

①1—4 小时；②5—8 小时；③9—12 小时；④13—16 小时；⑤17—20 小时；⑥21 小时以上

35. 您三年来参加省内外学术会议的次数是：

①0 次；②1 次；③3 次；④3 次；⑤4 次及以上

36. 您对学校学术氛围的态度是：

①很满意；②满意；③说不准；④不满意；⑤很不满意

37. 您对学校加大研究生创新项目投入力度的态度是：

①完全赞同；②赞同；③无所谓；④不赞同；⑤很不赞同

38. 您的导师目前指导的在校研究生数量是：

①1—4 个；②5—10 个；③10—15 个；④16—20 个；⑤21 个

以上

39. 您认为每名导师指导的在校研究生的最佳数量是：

①1—4 个；②5—10 个；③10—15 个；④16—20 个；⑤21 个
以上

40. 您对学校目前规定硕士研究生在学期间必须发表学术论文制
度的态度是：

①完全赞同；②赞同；③无所谓；④不赞同；⑤很不赞同

41. 您对硕士学位论文实施严格的开题报告制度的态度是：

①完全赞同；②赞同；③无所谓；④不赞同；⑤很不赞同

42. 您对研究生论文写作期间，学校实行中期检查制度的态度是：

①完全赞同；②赞同；③无所谓；④不赞同；⑤很不赞同

43. 您读研期间发表学术论文的数量是：

①0 篇；②1 篇；③2 篇；④3 篇；⑤4 篇；⑥5 篇及以上

44. 您读研期间在核心期刊上发表学术论文的数量是：

①0 篇；②1 篇；③2 篇；④3 篇；⑤4 篇及以上

45. 您对硕士学位论文答辩前实施相似性检测制度的态度是：

①完全赞同；②赞同；③无所谓；④不赞同；⑤很不赞同

46. 您最近一年在校外兼职情况：

①没有；②每周 2—4 小时；③每周 5—8 小时；④每周 9—12 小
时；⑤每周 13 小时以上

47. 您认为学校硕士研究生的学制应该是：

①1 年；②1.5 年；③2 年；④2.5 年；⑤3 年；⑥3 年以上

48. 您认为自己读研期间的最大压力来自于：

①学位论文；②找工作；③经济拮据；④其他

49. 您认为理想的研究生培养模式是：

①严进严出；②严进宽出；③宽严相济；④宽进严出；⑤宽进
宽出

50. 就业时您优先选择的职业倾向是：

①高收入；②高社会地位；③专业对口；④相关专业；⑤自己喜
欢；⑥能够就业

威廉斯创造力倾向测量表

一 完整测量表

这是一份帮助你了解自己创造力的练习。在下列句子中，如果你发现某些句子所描述的情形很适合你，则请在题后的 A "完全符合" 选项上画 "√"；若有些句子只是在部分时候适合你，则在 B "部分适合" 的选项上画 "√"；如果有些句子对你来说，根本是不可能的，则在 C "完全不符" 的选项上画 "√"。

答题要求：（1）每一题都要做，不要花太多时间去想。（2）所有题目都没有 "正确答案"，凭你读完每一句的第一印象作答。（3）虽然没有时间限制，但尽可能地争取以较快的速度完成，越快越好。（4）切记：凭你自己的真实感受作答，在最符合自己的选项内打钩。（5）每一题只能画一个钩。

1. 在学校里，我喜欢试着对事情或问题作猜测，即使不一定猜对也无所谓。

　　A. 完全符合；B. 部分适合；C. 完全不符。

2. 我喜欢仔细观察我没有见过的东西，以了解详细的情形。

A. 完全符合；B. 部分适合；C. 完全不符。

3. 我喜欢变化多端和富有想象力的故事。

　　A. 完全符合；B. 部分适合；C. 完全不符。

4. 画图时我喜欢临摹别人的作品。

　　A. 完全符合；B. 部分适合；C. 完全不符。

5. 我喜欢利用旧报纸、旧日历及旧罐头盒等废物来做成各种好玩的东西。

　　A. 完全符合；B. 部分适合；C. 完全不符。

6. 我喜欢幻想一些我想知道或想做的事。

A. 完全符合；B. 部分适合；C. 完全不符。

7. 如果事情不能一次完成，我会继续尝试，直到完成为止。

A. 完全符合；B. 部分适合；C. 完全不符。

8. 做功课时我喜欢参考各种不同的资料，以便得到多方面的了解。

A. 完全符合；B. 部分适合；C. 完全不符。

9. 我喜欢用相同的方法做事情，不喜欢去找其他新的方法。

A. 完全符合；B. 部分适合；C. 完全不符。

10. 我喜欢探究事情的真相。

A. 完全符合；B. 部分适合；C. 完全不符。

11. 我喜欢做许多新鲜的事。

A. 完全符合；B. 部分适合；C. 完全不符。

12. 我不喜欢交新朋友。

A. 完全符合；B. 部分适合；C. 完全不符。

13. 我喜欢想一些不会在我身上发生的事。

A. 完全符合；B. 部分适合；C. 完全不符。

14. 我喜欢想象有一天能成为艺术家、音乐家或诗人。

A. 完全符合；B. 部分适合；C. 完全不符。

15. 我会因为一些令人兴奋的念头而忘了其他的事。

A. 完全符合；B. 部分适合；C. 完全不符。

16. 我宁愿生活在太空站，也不愿生活在地球上。

A 完全符合；B. 部分适合；C. 完全不符。

17. 我认为所有问题都有固定答案。

A 完全符合；B. 部分适合；C. 完全不符。

18. 我喜欢与众不同的事情。

A. 完全符合；B. 部分适合；C. 完全不符。

19. 我常想要知道别人正在想什么。

A. 完全符合；B. 部分适合；C. 完全不符。

20. 我喜欢故事或电视节目所描写的事。

A. 完全符合；B. 部分适合；C. 完全不符。

21. 我喜欢和朋友在一起，和他们分享我的想法。

A. 完全符合；B. 部分适合；C. 完全不符。

22. 如果一本故事书的最后一页被撕掉了，我就自己编造一个故事，把结果补上去。

A. 完全符合；B. 部分适合；C. 完全不符。

23. 我长大后，想做一些别人从没想过的事。

A. 完全符合；B. 部分适合；C. 完全不符。

24. 尝试新的游戏和活动，是一件有趣的事。

A. 完全符合；B. 部分适合；C. 完全不符。

25. 我不喜欢受太多规则限制。

A. 完全符合；B. 部分适合；C. 完全不符。

26. 我喜欢解决问题，即使没有正确答案也没关系。

A. 完全符合；B. 部分适合；C. 完全不符。

27. 有许多事情我都很想亲自去尝试。

A. 完全符合；B. 部分适合；C. 完全不符。

28. 我喜欢唱没有人知道的新歌。

A. 完全符合；B. 部分适合；C. 完全不符。

29. 我不喜欢在班上同学面前发表意见。

A. 完全符合；B. 部分适合；C. 完全不符。

30. 当我读小说或看电视时，我喜欢把自己想成故事中的人物。

A. 完全符合；B. 部分适合；C. 完全不符。

31. 我喜欢幻想200年前人类生活的情形。

A. 完全符合；B. 部分适合；C. 完全不符。

32. 我常想自己编一首新歌。

A. 完全符合；B. 部分适合；C. 完全不符。

33. 我喜欢翻箱倒柜，看看有些什么东西在里面。

A. 完全符合；B. 部分适合；C. 完全不符。

34. 画图时，我很喜欢改变各种东西的颜色和形状。

A. 完全符合；B. 部分适合；C. 完全不符。

35. 我不敢确定我对事情的看法都是对的。

　　A. 完全符合；B. 部分适合；C. 完全不符。

36. 对于一件事情先猜猜看，然后再看是不是猜对了，这种方法很有趣。

　　A. 完全符合；B. 部分适合；C. 完全不符。

37. 玩猜谜之类的游戏很有趣，因为我想知道结果如何。

　　A. 完全符合；B. 部分适合；C. 完全不符。

38. 我对机器感兴趣，也很想知道它的里面是什么样子，以及它是怎样转动的。

　　A. 完全符合；B. 部分适合；C. 完全不符。

39. 我喜欢可以拆开来玩的玩具。

　　A. 完全符合；B. 部分适合；C. 完全不符。

40. 我喜欢想一些新点子，即使用不着也无所谓。

　　A. 完全符合；B. 部分适合；C. 完全不符。

41. 一篇好的文章应该包含许多不同的意见或观点。

　　A. 完全符合；B. 部分适合；C. 完全不符。

42. 为将来可能发生的问题找答案，是一件令人兴奋的事。

　　A. 完全符合；B. 部分适合；C. 完全不符。

43. 我喜欢尝试新的事情，目的只是为了想知道会有什么结果。

　　A. 完全符合；B. 部分适合；C. 完全不符。

44. 玩游戏时，我通常是有兴趣参加，而不在乎输赢。

　　A. 完全符合；B. 部分适合；C. 完全不符。

45. 我喜欢想一些别人常常谈过的事情。

　　A. 完全符合；B. 部分适合；C. 完全不符。

46. 当我看到一张陌生人的照片时，我喜欢去猜测他是怎么样的一个人。

　　A. 完全符合；B. 部分适合；C. 完全不符。

47. 我喜欢翻阅书籍及杂志，但只想大致了解一下。

　　A. 完全符合；B. 部分适合；C. 完全不符。

48. 我不喜欢探寻事情发生的各种原因。

A. 完全符合；B. 部分适合；C. 完全不符。

49. 我喜欢问一些别人没有想到的问题。

A. 完全符合；B. 部分适合；C. 完全不符。

50. 无论在家里还是在学校，我总是喜欢做许多有趣的事。

A. 完全符合；B. 部分适合；C. 完全不符。

二　评分方法

本量表共50题，包括冒险性、好奇性、想象力和挑战性四项。计分方法是：首先把题目分为正向记分题目和反向记分题目。其中，正向记分题目：A. 完全符合记为3分，B. 部分符合记为2分，C. 完全不符记为1分；反向记分题目：完全符合1分，部分符合2分，完全不符3分。其次，把这四项得分按单项求和，得出每项分值；最后，把四项所得分值求和，即得到你本次创造力测试得分。

冒险性：第1题（　）；第5题（　）；第21题（　）；第24题（　）；第25题（　）；第28题（　）；第29题（　）；第35题（　）；第36题（　）；第43题（　）；第44题（　）。共计11道题，其中第29、35题为反向记分题目，其余为正向记分题目。共计11道题，你的合计得分为（　）。

好奇性：包含第2题（　）；第8题（　）；第11题（　）；第12题（　）；第19题（　）；第27题（　）；第33题（　）；第34题（　）；第37题（　）；第38题（　）；第39题（　）；第47题（　）；第48题（　）；第49题（　）。共计14道题，其中第12、48题为反向记分题目，其余为正向记分题目。共计14道题，你的合计得分为（　）。

想象力：包含第6题（　）；第13题（　）；第14题（　）；第16题（　）；第20题（　）；第22题（　）；第23题（　）；第30题（　）；第31题（　）；第32题（　）；第40题（　）；第45题（　）；第46题（　）。共计13道题，其中第45题为反向记分题目，其余为正向记分题目。共计13道题，你的合计得分为（　）。

挑战性：包含第3题（　）；第4题（　）；第7题（　）；第9题（　）；第10题（　）；第15题（　）；第17题（　）；第18题

（　　）；第 26 题（　　）；第 41 题（　　）；第 42 题（　　）；第 50 题（　　）。共计 12 道题，其中第 4、9、17 题为反向记分题目，其余为正向记分题目。你的合计得分为（　　）。

冒险性、好奇性、想象力和挑战性四项合计，您的得分为（　　）。

参考文献

［1］包列克、曹领祺、申晓鹏：《"美国 NSSE"对新一轮军队院校教学工作评价的启示》，《继续教育》2011 年第 4 期。

［2］白海泉、陈艳秋、旭东：《加强高校银行贷款管理防范财务风险》，《华北煤炭医学院学报》2006 年第 6 期。

［3］［美］Ben Wildavsky：《NSSE：评价美国大学质量的又一标准》，赵巍译，《英语沙龙》（实战版）2003 年第 3 期。

［4］蔡克勇：《高校战略规划制定的重要性及梳理四个关系》，《现代大学教育》2008 年第 4 期。

［5］柴旭东：《建设高等教育强国与大学发展战略的选择》，《现代教育科学研究》2008 年第 6 期。

［6］常建坤、王永贵：《顾客关系能力的关键维度及其对顾客资产的驱动过程研究——基于顾客的视角》，《管理世界》2007 年第 11 期。

［7］陈德民：《培养大学生世界眼光》，《中国教育报》2008 年 1 月 2 日。

［8］陈功锡、袁志忠：《地方高校提高研究生培养质量的初步探索——以吉首大学生态学硕士点为例》，《高教探索》2011 年第 6 期。

［9］陈光奎等：《关于硕士研究生培养质量的实证研究——以安徽大学 2008 届硕士研究生为例》，《法制与社会》2010 年第 2 期。

［10］陈闻、宋大伟：《地方院校三年制硕士研究生培养模式调查研究——以某省属大学为例》，《高教论坛》2006 年第 6 期。

［11］陈海涛、蔡莉、杨如冰：《创业机会识别影响因素作用机理模

型的构建》，《中国青年科技》2007 年第 1 期。

[12] 陈金波：《大学生自律能力的构筑探微》，《浙江万里学院学报》2004 年第 4 期。

[13] 陈庆玲、尹倩倩：《基于大学生创业能力调查研究的培养机制初探》，《价值工程》2015 年第 34 期。

[14] 陈廷柱：《我国高校推进战略规划的历程回顾》，《高等教育研究》2007 年第 1 期。

[15] 陈向明：《质的研究方法与社会科学研究·作者前言》，教育科学出版社 2000 年版。

[16] 陈晓坤、张杰：《有限合伙制——创业资本有效的运营机制》，《学海》2000 年第 4 期。

[17] 陈雪阳、刘建新：《顾客关系的形成机理与管理策略》，《商业研究》2008 年第 4 期。

[18] 陈艳、雷育胜、曹然然：《大学生创业素质调查与思考》，《高教探索》2006 年第 4 期。

[19] 陈焱：《新创企业战略管理的探索与实践》，复旦大学，2005 年。

[20] 陈幼其：《战略管理教程》，立信会计出版社 2003 年版。

[21] 陈宇、陈冬松：《新视角下地方本科院校的高等教育评价——吉林化工学院 2009 年学情调查报告》，《吉林化工学院学报》2011 年第 2 期。

[22] 陈震红、董俊武：《创业机会的识别过程研究》，《科技管理研究》2005 年第 2 期。

[23] 崔鹏：《当代大学生创业能力的培养途径探析》，《当代教育实践与教学研究》2015 年第 9 期。

[24] 代翔、殷来宾：《论新时期大学生的诚信教育》，《河南职工医学院学报》2008 年第 10 期。

[25] ［美］丹尼尔·若雷、赫伯特·谢尔曼：《从战略到变革 高校战略规划实施》，周艳、赵炬明译，广西师范大学出版社 2006 年版。

[26] 邓学军、夏宏胜：《创业机会理论研究综述》，《管理现代化》2005 年第 3 期。

[27] 丁栋虹：《创业管理》，清华大学出版社 2006 年版。

[28] 窦宝剑：《论领导干部战略思维能力的培养》，《徐州工程学院学报》2005 年第 8 期。

[29] 都建华：《科技型创业团队的组织管理》，《中国科技产业》2007 年第 4 期。

[30] 杜裕禄、步德胜：《浅谈公共关系在大学生素质教育中的作用》，《太原大学教育学院学报》2008 年第 2 期。

[31] 杜卓君：《战略型创业：战略管理与创业之交界领域研究评述》，《生产力研究》2006 年第 1 期。

[32] 高向东、李延生：《以制度培养大学生诚信品质的实践探索》，《思想理论教育》2006 年第 7 期。

[33] 顾晓华、张景林、郑兵：《创造、创新、创业型人才培养研究》，《发明与创新》2005 年第 6 期。

[34] 郭志文、李斌成：《大学生职业生涯规划》，华中科技大学出版社 2008 年版。

[35] 海蒂·罗斯、罗燕、岑逾豪：《清华大学和美国大学在学习过程指标上的比较：一种高等教育质量观》，《清华大学教育研究》2008 年第 2 期。

[36] 韩桂宁：《浅谈企业生存发展与公共关系》，《观察思考》2008 年第 3 期。

[37] 韩时琳：《注重师生互动提高教学效果》，《中国高教研究》2003 年第 4 期。

[38] 郝登峰、付晶：《略论大学生创业战略》，《科技创业》2009 年第 1 期。

[39] 何克抗：《建构主义革新传统教学的理论基础（上）》，《电化教育研究》1997 年第 3 期。

[40] 何源、姜柏生：《高效课堂情境下生师言语互动分析》，《教学研究》2011 年第 4 期。

［41］侯立元、高光：《课堂师生互动不平等现象的成因与对策》，《教育学术月刊》2009 年 10 月。

［42］胡敏、陈立俊：《基于 SWOT 分析的大学生创业现状及创业教育对策研究》，《教育探索》2008 年第 11 期。

［43］胡明文、刘步英：《国有高校引进社会资金（融资）方式研究》，《高等农业教育》2005 年第 1 期。

［44］胡强：《战略实施的影响因素研究》，《现代商业》2010 年第 14 期。

［45］黄建国、苏竣：《日本企业内部创业制度的形成和运营模式——对中国企业技术创新的启示》，《科学学与科学技术管理》2004 年第 3 期。

［45］蒋华林、李华、吴芳、王平：《学习性投入调查：本科教育质量保障的新视角》，《高教发展与评估》2010 年第 4 期。

［46］姜彦福、邱琼：《创业机会评价重要指标序列的实证研究》，《科学学研究》2004 年第 1 期。

［47］江应中：《大学生创业心理培养》，《人才开发》2003 年第 7 期。

［48］蒋振杰：《新媒体环境下大学生创业能力的培育策略研究》，《吉林省教育学院学报》（中旬）2015 年第 11 期。

［49］赖伟民：《发展战略》，http：//baike. baidu. com/view/1613702. htm。

［50］李宝波：《课堂师生互动提高课堂效率》，《价值工程》2010 年第 33 期。

［51］理弘、张海生：《给企业主管 101 条忠告》，西南大学出版社 2006 年版。

［52］李永红、洪书生：《重视和提高研究生教育质量——基于江西省硕士研究生培养质量调查》，《教育学术月刊》2011 年第 12 期。

［53］李允尧：《浅论工商管理专业大学生的战略能力素质培养》，《教师》2008 年第 11 期。

［54］廖雷、李濛：《中国创业机会多但创业能力低》，http：//

www. people. com. cn/GB/shizheng/1027/2736049. html。

[55] 林嵩、姜彦福、张帏：《创业机会识别：概念、过程、影响因素和分析架构》，《科学学与科学技术管理》2005 年第 6 期。

[56] 刘平、吴旭舟：《研究生培养质量评价指标体系的构建》，《中国高等教育评估》2011 年第 3 期。

[57] 刘献君：《论高校战略管理》，《高等教育研究》2006 年第 2 期。

[58] 刘朔、陆根书、席酉民、梁磊：《对我国硕士研究生学习经验的调查分析》，《复旦教育论坛》2006 年第 3 期。

[59] 罗晓燕、陈洁瑜：《以学生学习为中心的高等教育质量评估——美国 NSSE "全国学生学习投入调查" 解析》，《比较教育研究》2007 年第 10 期。

[60] 罗燕、海蒂·罗斯、岑逾豪：《国际比较视野中的高等教育测量——NSSE – China 工具的开发：文化适应与信度、效度报告》，《复旦教育论坛》2009 年第 5 期。

[61] 罗燕、史静寰、涂冬波：《清华大学本科教育学情调查报告 2009——与美国顶尖研究型大学的比较》，《清华大学教育研究》2009 年第 5 期。

[62] 罗叶明：《第八个管理》，李冬红等译，清华大学出版社 2006 年版。

[63] 马培培：《新建地方综合性大学发展战略研究》，硕士学位论文，南京师范大学，2007 年。

[64] 大卫：《战略管理；概念部分（上）》，李冬红等译，清华大学出版社 2003 年版。

[65] 莫寰：《基于机会的创业过程和创业激发研究》，《现代商业》2007 年第 12 期。

[66] 欧阳仑、王有智：《新编普通心理学》，陕西师范大学出版社 1998 年版。

[67] 彭丽芳、贺渊：《浅论中小企业如何实施客户关系管理》，《厦门大学学报》（自然科学版）2003 年第 S1 期。

［68］齐佳音、李怀祖：《客户关系管理（CRM）的体系框架分析》，《工业工程》2002 年第 1 期。

［69］清华大学教育研究院：《NSSE‐China 2010 文件使用手册》，清华大学教育研究院，2011 年 1 月。

［70］邱庚香、罗家国、龚金花：《提高地方高校硕士研究生培养质量的对策研究》，《江西理工大学学报》2012 年第 2 期。

［71］日华：《初创企业如何建立内部运营环境》，《中小企业科技》2006 年第 6 期。

［72］邵兵家、于同奎：《客户关系管理：理论与实践》，清华大学出版社 2004 年版。

［73］宋本强：《高校引进社会资金亟待考虑和解决的几个财务问题》，《上海商业职业技术学院学报》2002 年第 1 期。

［74］沈媛媛：《工科研究生培养的现状分析与探讨》，《现代教育科学》2008 年第 5 期。

［75］谭英俊：《论新形势下领导者战略思维能力的培养与提高》，《攀登》2006 年第 5 期。

［76］唐柏林：《当代大学生情商教育基本策略》，《湖北社会科学》2008 年第 5 期。

［77］唐靖、姜彦福：《创业能力概念的理论构建及实证检验》，《科学学与科学技术管理》2008 年第 8 期。

［78］田虎伟：《中国高等教育研究方法的反思与重构》，中国社会科学出版社 2009 年版。

［79］田虎伟、宋书中：《论高校的学院发展战略及制定》，《大学学术版》2011 年第 9 期。

［80］田虎伟：《地方性大学"借力发展"研究——以 X 大学为例》，《大学学术版》2011 年第 11 期。

［81］田虎伟、张海丽：《中国大学生学习性投入调查的理论基础与研究进展》，《扬州大学学报》（高教研究版）2012 年第 6 期。

［82］涂丽娜：《硕士研究生学习倦怠现状调查与分析》，《教育教学论坛》2014 年第 15 期。

[83] 万圆：《试答钱学森之问：加强高校师生互动——基于控制师生比和班级规模的探讨》，《教育与考试》2011 年第 3 期。

[84] 王碧云、陈国平、邱均平：《硕士研究生教育质量调查分析——对全国 43 所高校硕士生的调查》，《教育与现代化》2010 年第 1 期。

[85] 王方艳：《试析导师指导对研究生培养质量的影响》，《高等农业教育》2010 年第 3 期。

[86] 王红军：《我国大学生创业团队建设问题研究》，《浙江工商职业技术学院学报》2008 年第 1 期。

[87] 王玫、岳峰、仇洪冰：《生师互动是提升高校人才培养质量的关键——对〈清华大学本科教育学情调查报告 2009〉的思考》，《柳州职业技术学院学报》2010 年第 1 期。

[88] 王纾：《研究型大学学生学习性投入对学习收获的影响机制研究——基于 2009 年"中国大学生学情调查"的数据分析》，《清华大学教育研究》2011 年第 8 期。

[89] 王孙禺、袁本涛、赵伟：《我国研究生教育质量状况综合调研报告》，《中国高等教育》2007 年第 9 期。

[90] 王义明：《大学生创业能力调查》，http：//blog. sina. com. cn/s/blog_ 4e8cd16f0100cdor. html ~ type = v5_ one&label = rela_ pre-varticle。

[91] 王迎军、柳茂平：《战略管理》，南开大学出版社 2003 年版。

[92] 吴宏元、金凤：《学习性投入视角下的教学质量测评与诊断——NESS – China 工具在院校研究中的应用》，《现代教育管理》2011 年第 9 期。

[93] 吴玫、Forrest W. Parkay：《云南大学本科生学习性投入程度与全国大学院校的对比》，《学园》2011 年第 3 期。

[94] 吴世华：《创业能力的内涵及培养策略》，《中国培训》2001 年第 9 期。

[95] 吴文秀：《注重师生全面互动，提高课堂教学实践》，《理论研究》2010 年第 9 期。

［96］奚佩润、叶春明：《浅论提升企业客户关系管理能力的五项措施》，《黑龙江科技信息》2007 年第 3 期。

［97］席升阳：《我国大学创业教育的观念、理念与实践》，科学出版社 2008 年版。

［98］夏雯、杜波：《试论人际关系与大学生心理健康》，《中国电力教育》2009 年第 4 期。

［99］徐翠华：《高校硕士研究生培养管理现状调查及对策研究》，《黑龙江高教研究》2007 年第 12 期。

［100］严强：《社会发展理论》，南京大学出版社 1991 年版。

［101］颜秀红：《浅谈如何提升高校教师素质》，《内蒙古电大学刊》2006 年第 6 期。

［102］易璐：《硕士研究生学风存在的问题及其对策——基于湖南省硕士研究生学风现状的调查》，《云梦学刊》2015 年第 6 期。

［103］伊·斯·马里延科：《教育过程原理》，牟正秋译，人民教育出版社 1985 年版。

［104］余国政：《基于道德教育大学生自律能力的培养》，《湖南科技学院学报》2008 年第 3 期。

［105］郁义鸿、李志能、罗博特·D. 希斯瑞克编著：《创业学》，复旦大学出版社 2000 年版。

［106］翟洪江、孙立群：《农科院校硕士研究生质量调查分析——以 A 大学为例》，《高等农业教育》2012 年第 8 期。

［107］张晨：《小企业创业论述》，《财经界》2007 年第 8 期。

［108］张彬、邹红娟：《在师生互动中建立新型的师生关系》，《中国高教研究》2002 年第 10 期。

［109］张德启、汪霞：《对普通高校本科教学工作水平评估方案改进的商榷——基于与美国 NSSE 比较的视角》，《高等理科教育》2008 年第 5 期。

［110］张海丽、田虎伟：《H 大学本科学情调查及原因分析》，《高等理科教育》2013 年第 6 期。

［111］张婕、王保华：《高校战略管理研究述评与思考》，《辽宁教育

研究》2007 年第 10 期。

[112] 张梅：《论学校组织中人际关系的调节》，《今日科苑》2008 年第 12 期。

[113] 张敏：《论公共关系在现代企业管理中的应用》，《新疆大学学报》（哲学·人文社会科学版）2007 年第 5 期。

[114] 张瑞、陈富：《硕士研究生培养质量满意度调查研究》，《西南农业大学学报》（社会科学版）2011 年第 10 期。

[115] 张文毅、李汉邦：《NSSE 对我国本科教学工作评估的启示》，《中国高教研究》2009 年第 10 期。

[116] 张永胜、万威武：《战略实施的影响因素分析》，《商业研究》2003 年第 20 期。

[117] 张宇斌：《浅析高校如何引导大学生理性面对"考证热"》，《中国校外教育》2010 年第 1 期。

[118] 曾裕华：《高校辅导员应如何引导大学生健康成长》，《当代教育理论与实践》2012 年第 7 期。

[119] 曾天德：《大学课堂教学中师生情感互动的研究》，《现代教育科学》2012 年第 9 期。

[120] 曾雪晴：《任务驱动教学法在〈商务沟通〉课程中的运用》，《湖南大众传媒职业技术学院学报》2008 年第 5 期。

[121] 湛毅青、彭省临：《美国高校战略规划的编制与实施研究——以爱荷华州立大学为例》，《现代大学教育》2007 年第 4 期。

[122] 赵婷婷、李莉：《硕士研究生教育质量现状调查研究报告——以某大学为例》，《大学教育科学》2006 年第 2 期。

[123] 赵明安：《高等职业院校发展规划的战略评估》，《武汉船舶职业技术学院学报》2011 年第 4 期。

[124] 赵文秀：《沟通——大学毕业生就业的必备能力》，《昆明大学学报》2008 年第 3 期。

[125] 钟春玲、陈华、陈兴明、万晓兰：《大学生学习性投入调查研究》，《高等理科教育》2010 年第 6 期。

[126] 钟敏真：《高等职业教育全面质量管理新探》，《职业技术教

育》2006 年第 10 期。

[127] 钟淑莲：《构建师生互动关系应把握好的几个方面》，《陕西教育》2011 年第 12 期。

[128] 周济：《谋划发展规划未来》，《中国高等教育》2003 年第 2 期。

[129] 祝启程：《培养有中国灵魂有世界眼光的现代人》，《基础教育研究》2002 年第 4 期。

[130] Ahlfeldt, S. , Mehta, S. , Sellnow, T. , "Measurement and A-nalysis of Student Engagement Inuniversity Classes Where Varying Levels of PBL Methods of Instruction are in Use", *Higher Education Research and Development*, Vol. 24, No. 1, February 2005, pp. 5 – 20.

[131] Anaya, G. , "College Impact on Student Learning: Comparing the use of Self – reported Gains, Standardized Test Scores, and College Grades ", *Change*, Vol. 33, No. 3, 2001, pp. 10 – 17.

[132] Astin, A. W. , "Student Involvement: A Development Theory for Higher Education", *Journal of College Student Development*, Vol. 25, No. 4, Sep. – Oct. 1984, pp. 297 – 308.

[133] Chen Pu – Shih Daniel, Lambert, Amber D. , Guidry, Kevin R. , "Engaging Online Learner: The Impact of Web – based Learning Technology on College Student Engagement", *Journal of Elsevier Ltd.* , No. 5, 2010, pp. 1222 – 1232.

[134] Chickering, A. W. , Gamson, Z. F. , "Seven Princples for Good Practice in Undergraducation", AAHE Bulletin, Vol. 39, No. 7, 1987, pp. 3 – 7.

[135] Drewery Jr. , Malcolm P. , "The Design and Validation of the E – NSSE and E – FSSE Surveys of Student Engagement in Engineering", *Journal of American Society for Engineering Education*, No. 6, 2007, pp. 24 – 27.

[136] Hongmei Tang, "The Experimental Study on the Effects of Active

Input and Active Output Learning Method Based on Feedback Theory", *Springer Verlag*, 2011, pp. 355 – 362.

[137] Hu Wen – Bin, Meng Bo, Wang Shao – Mei, "Research on Weights Self – learning Method Based on Bayes Net", *IMS*, No. 12, 2005, pp. 1781 – 1784.

[138] Issakova Marinal, Lepp Dmitril, Prank Rein, "Input Design in Interactive Learning Environment", *Institute of Electrical and Electronics Engineers Computer Society*, 2005, pp. 489 – 491.

[139] Kuh, G. D., "Assessing What Really Matters to Student Learning", Change, Vol. 33, No. 3, May – Jun 2001, pp. 10 – 17.

[140] Kuh, G. D., Pascarella, E. T., "What Dose Institutional Selectivity Tell Us About Educational Quality?", *Change*, Vol. 36, No. 5, Sep. – Oct. 2004, pp. 52 – 58.

[141] Lichtenstein, Gary, Mccormick, Alexander C., "Comparing the Undergraduate Experience of Engineers to all Other Majors: Significant Differences are Programmatic", *American Society for Engineering Education*, No. 10, 2010, pp. 305 – 317.

[142] Mehta Sudhir, Kou Zhifeng, "Research on Measuring and Analyzing Student Engagement in Classes Across University", *Journal of American Society for Engineering Education*, 2005, pp. 12275 – 12284.

[143] Michael Theall, "New Directions for Research on Teaching: A Rewiew of the Past Twenty Years", *Journal of New Directions for Theaching and Learning*, 1999, p. 80.

[144] NSSE Annual Results, 20102012 – 02 – 28. http: //nsse. iub. edu.

[145] Pace, C. R., "Measuring the Quality of Student Effort", *Current Issues in Higher Education*, No. 2, 1980, pp. 10 – 16.

[146] Pascarella, E. T. and Terenzini, T. T. eds., *How College Affects Student: A Third Decade of Research*, San Francisco: Jossey – Bass, 2005.

[147] Sripan Rungaroon, Suksawat Bandit, "Propose of fuzzy logic – based students' learning assessment", *IEEE Computer Society*, 2010, pp. 414 – 417.

[148] Timmons, Jeffry A. , *The Entrepreneurial Mind*, Brick House Publishing Co, 1989.

[149] Tinto and Vincent eds. , *Leaving Colleg*: *Rethinking the Causes and Cures of Student Attrition*, Chicago: University of Chicago Press, 1987.

[150] Winters Katherine, Matusovich Holly, Streveler Ruth, "How student – faculty Interactions Influence Student motivation: A Longitudinal Study Using Self – determination Theory", *American Society for Engineering Education*, No. 6, 2010, pp. 1 – 23.

后 记

本书写作始于 2008 年，连字成句，连句成篇，串篇成题，合题成书，日积月累，修修补补，历经八年，最终成稿，其中艰辛，难以言表。

本书是团结协作、共谋发展的产物。具体撰写分工如下：第一章、第二章、第六章、第十四章及上、中、下篇摘要由田虎伟撰写，第三章、第四章、第五章由河南心连心化肥有限公司企业管理部张海丽撰写，第七章、第十章由侯新生撰稿，第八章、第九章由柳延恒撰稿，第十一章、第十二章、第十三章由宋书中撰写。本书附录及参考文献由相应章节作者提供。全书由田虎伟教授、宋书中教授统一审核定稿。

在成书过程中，得到了河南科技大学副校长李支军教授、农学院陈明灿教授、经济学院张学军副教授、电器工程学院程荣超书记、管理学院杨洋博士、赵锡凤讲师等许多领导、专家提供相关章节的第一手资料，在此，对他（她）们的帮助和支持深表感谢。

感谢本书标注及由于疏忽而未能标注参考文献的作者，他（她）的研究成果为本书提供了研究基础，丰富了研究素材。

感谢中国社会科学出版社经济与管理出版中心主任卢小生编审，他为本书顺利立项、编辑和出版付出了辛勤劳动。

田虎伟

2016 年 7 月